L'ATLAS DES TRAINS DE LÉGENDE

L'ATLAS DES TRAINS DE LÉGENDE

EDITIONS ATLAS

Édité par :
Éditions Glénat

Services éditoriaux et commerciaux :
Éditions Glénat – 31-33, rue Ernest Renan
92130 Issy-les-Moulineaux

Cet ouvrage est une édition partielle de l'encyclopédie
« Les Trains de légende » publiée par les Éditions Atlas

Maquette de couverture : Les Quatre Lunes

Imprimé en C.E.E.
Dépôt légal : 2e semestre 2000 juillet 2001
ISBN : 2.7234.3450.8

INTRODUCTION

L'histoire passionnante des chemins de fer est ici racontée par l'un des meilleurs historiens mondiaux, Clive Lamming. Des débuts de 1804, dans le pays de Galles avec la locomotive de Trevithick, jusqu'aux trains modernes à grande vitesse, ce livre retrace par le détail la plus grande des aventures techniques humaines, celle qui, depuis bientôt deux siècles, a permis la révolution industrielle, la conquête de continents autres, le remodelage en profondeur de notre civilisation.
Les réseaux ferroviaires européens et américains ont tous connu un âge d'or : ainsi vous partirez à la découverte de la « Midland Compound » et de « la Black Five » en Grande-Bretagne, de la « Crampton » et de la « Pacific PLM » en France, de la « 220 American » et de la « n° 999 » pour les USA, de la « P8 Prussienne » et de la « Pacific Badoise IV F » pour l'Allemagne.
A 210 km/h, dès 1903, en Allemagne ou à 202 km/h dès 1938 en Angleterre en traction vapeur, mais plus récemment à 515km/h grâce au TGV en France, le chemin de fer s'est toujours intéressé à la vitesse. Ainsi, l'Eurostar relie les villes de Paris et Londres en 3 heures – un véritable exploit technologique !
Et demain quel sera le chemin de fer du XXIe siècle ? D'un design évolué, avec des formes nettes et rondes, parfaitement aérodynamiques, les trains de l'avenir – automotrices rapides circulant à 400 ou 500 km/h entre les capitales européennes – rouleront, malgré tout sur des rails, dignes héritiers de la célèbre « Fusée » de Stephenson de 1829.

L'ÉDITEUR

CRÉDITS ET REMERCIEMENTS

Photos de couverture : P. Morel
Vignettes : 1 de couverture A : Coll. C. Lamming, B : H.M.Petiet/coll. C. Lamming ; C : C : P. Morel, D : Coll. C. Lamming – 4 de couverture : A : SNCF-CAV/J.-J. D'Angelo, B : Colour Rail, C : The Science Museum/ Science et Society Picture Library, D : Clive Lamming
Crédit Photos :
B&O Railroad Museum, Inc. : 26, 27, 163, 164, 165, 169, 176, 177
Bildagentur Schuster : 234, 235
California State Railroad Museum, Railway & Locomotive : Historical society : 162, 167
Coll. C. Lamming : 10, 11, 20, 21, 41, 42, 43,50, 53, 54, 55, 60, 61, 80, 81, 83 (bg), 86, 87,88, 89,92, 93, 94, 95, 96, 97, 98, 99, 100, 101, 102, 144, 152, 155, 156, 157, 160, 161, 171, 192, 193, 194, 195, 198, 199, 203, 204, 205, 208, 209, 224, 225
Colour Rail : 14, 28, 71, 112, 113, 114, 115, 118, 119, 120, 121, 132, 142, 144, 196, 197
Deutsches Museum Munchen :13, 17, 18, 19, 22, 23, 182, 183
Edelweiss : 24, 25, 64, 79, 103, 136, 137, 140, 141, 145, 146, 147
EFESO-Editoriale/ Coll. P. Decroix : 213
Gec Alsthom : 220, 233
H.M. Petiet / Coll.Lamming : 35, 56, 73, 77
Hugh Ballantyne / Millbrook house Ltd : 29, 108, 109
Hulton Deutsch : 111, 139
Kansas State Historical Society : 175
The Kobal Collection : 153
Coll.J.M. Combe : 15, 78, 186
Len Sirman : 214
M. Pousaz : 190, 191
Milepost : 110, 117
Millbrook House Ltd. : 36, 68, 70, 104, 106, 107, 154, 158, 174
Musée français du chemin de fer, Mulhouse : 34, 57
Musée français du chemin de fer, Mulhouse / J.L. Tuleau : 74
Nederlands Spoorwegmuseum : 30, 31
NRM / Science & Society Pict. Lib : 32, 33, 105, 116, 122, 123, 202
National Railway Museum/ Science & Society : 216, 217
P. Decroix : 40, 46, 47, 48, 49,51, 52, 59, 65, 69, 84, 85, 200, 212, 221, 226, 227, 228 (1), 229, 231, 232, 236, 237, 238, 239
P. Morel : 66, 67, 166, 201, 210, 211, 212, 219, 230
Ph. Morel : 168, 170, 178, 205
R. A. Bowen : 75, 133, 135, 143, 228 (2)
Railroad Museum of Penna (PHMC) / Coll.H.L. Broadbelt : 172, 173
Rails sans frontières : 72, 82 (bd), 218
Salamander Books Ltd : 37 (dessin), 129, 159, 179 (dessin)
Science & Society Picture Library : 16
Science et Society/National Railway Museum : 184, 185
Sciences Museum / Science & Society Pict.Lib. : 12
SJ Stab Information Stockholm : 222, 223
Smithsonian Institution, Washington. D.C. : 150, 151
S.N.C.F. / Coll. Lamming : 44, 45, 58
SNCF/CAV : 76
SNCF – Sud-Est / Coll.C. Lamming : 62, 63
Union Pacific Museum Coll.IN 669-4-14-3 : 178 (2)
Verkehrsmuseum Nurnberg : 126, 131, 134
Verkehrmuseum Dresden : 188, 189
Verkerhsmuseum Dresden / Werksfoto Borsig : 128, 138

SOMMAIRE

CRÉATION DES PREMIERS RÉSEAUX MONDIAUX

1804

Grande-Bretagne

Locomotive de Trevithick

Cette locomotive est la première de l'histoire mondiale des chemins de fer, puisqu'elle date de 1804. Plutôt expérimentale que définitive, elle présentait la particularité d'être conduite par un homme marchant au pas à ses côtés !

M. Trevithick: un homme peu persévérant

Du genre «génial touche à tout», Richard Trevithick s'intéressait à toutes les choses de son temps, mais ne persévérait guère dans ses entreprises. Inventeur de la première locomotive et en ayant construit quelques répliques, il se désintéressa peu après de son invention. Il aurait pu se lancer dans la grande aventure naissante des chemins de fer et faire fortune, mais il laissa ce rôle à un innovateur entreprenant, George Stephenson qui sut, lui, construire et vendre ses locomotives aux compagnies de chemin de fer naissantes.

Trevithick laissa une de ses locomotives, la «Catch me who can» («M'attrape qui peut»), finir comme curiosité publique à Londres, tournant dans un manège, et emmenant des voyageurs avides de sensations bon marché pour un prix dérisoire.

Caractéristiques techniques

Vitesse maximale: 4 km/h
Diamètre du cylindre: 21 cm
Masse totale: 6 à 7 tonnes
Date de construction: 1803-1804.

La peur de la vapeur

Lors des débuts du chemin de fer, on considérait que les moyens de traction devaient varier selon les caractéristiques des lignes: chevaux pour les parties plates, halage par machines fixes pour les rampes, simple gravité avec freinage pour les pentes, etc. La locomotive à vapeur était encore l'objet de méfiance, et on craignait surtout que sa chaudière n'explosât. On l'écarta donc de la traction des trains de voyageurs.

Une chaudière sur un chariot

Mais au Pays de Galles, berceau des débuts de la Révolution industrielle, où les fonderies avaient des produits lourds à transporter, la voie ferrée apparut comme une solution très rentable; encore fallait-il disposer de la force nécessaire pour faire circuler les trains. Samuel Homfray, propriétaire des importantes fonderies de Penydaren, lança donc un défi à son ami Richard Trevithick: construire un engin capable de tracter 10 tonnes de fer. Ainsi, Trevithick conçut la première locomotive à vapeur en plaçant une chaudière sur un chariot et en la dotant d'une sorte de cylindre intérieur comparable à celui des pompes à vapeur des mines. Le piston du cylindre intérieur actionnait un lourd volant extérieur qui maintenait le mouvement lors des passages aux points morts, et qui actionnait les roues par l'intermédiaire d'engrenages.

Le 21 février 1804, la locomotive tracta non seulement ses 10 tonnes de fer, mais aussi 60 personnes qui s'étaient ruées sur les wagons pour faire le premier voyage en chemin de fer. Le trajet de 16 km demanda tout de même 4 heures et 5 minutes, mais Trevithick gagna son pari.

La machine de Trevithick fut la première locomotive digne de ce nom. Son inventeur, Richard Trevithick (1771-1833), fut en effet le pionnier de l'emploi de la haute pression dans les machines à vapeur.

LOCOMOTIVE DE TREVITHICK

1829

Grande-Bretagne

«SANS PAREIL»

Sans pareille, elle l'était, cette locomotive qui participe, en 1829, au fameux concours de Rainhill qui voit le triomphe de Stephenson et de sa «Fusée». La «Sans Pareil», construite par Timothy Hackworth, un constructeur déjà renommé, aurait pu mieux faire que d'accumuler pannes et déconvenues. Mais c'est vrai que les concours ne sont pas toujours le moment où l'on excelle le plus.

Stephenson emprunte une idée à Hackworth!

Pour le célèbre concours de Rainhill, qui devait fixer la locomotive à vapeur moderne, les deux Stephenson, père et fils, comptent bien gagner et ils y parviendront avec leur célèbre locomotive, la «Fusée». Mais George Stephenson sait que le problème est le manque de puissance des locomotives à vapeur, dont les organes doivent nécessairement être petits pour respecter le gabarit ferroviaire. Or, ce manque de puissance vient limiter très sévèrement les performances attendues. La seule solution, sans augmenter le dimensionnement du foyer et de la chaudière, puisque c'est impossible, est de forcer le tirage du foyer pour en augmenter la productivité.
Les Stephenson songent à un système de soufflets à l'instar du système installé par Marc Seguin en France. Mais, lors des longues séances d'essai précédant le concours, ils observent les locomotives des concurrents et découvrent, sur la «Sans Pareil» de Hackworth, un très ingénieux système de forçage du tirage du foyer utilisant la dépression créée dans la cheminée par la vapeur d'échappement. Sans vergogne, ils opèrent un transfert de technologie, dirait-on aujourd'hui, pour ne pas dire, plus vulgairement, qu'ils «piquent» l'idée! C'est du moins ce qu'écrit l'auteur Gustavo Reder dans son excellent livre *Le Monde des Locomotives à Vapeur.* Rendons toutefois cette justice aux Stephenson: ils avaient accepté de fournir les cylindres de la locomotive de Hackworth.

Hackworth, un concurrent isolé

Timothy Hackworth se présente au concours dans des conditions difficiles. Il travaille déjà comme ingénieur sur la ligne du Stockton & Darlington et ne peut construire sa «Sans Pareil» qu'en dehors des heures de service, et surtout la nuit, et à ses propres frais dans les ateliers de la ligne. Il fait confectionner un certain nombre de pièces à l'extérieur, comme la chaudière chez Bedlington Iron Works ou les cylindres chez Stephenson.
Mais si la locomotive paraît pataude et lourde, elle contient un dispositif intéressant d'augmentation de la surface de chauffe par tube recourbé, et le fameux système d'utilisation de la vapeur d'échappement pour activer le tirage. La locomotive n'est pas suspendue et les roues en bois, à moyeu en fonte, sont fragiles. Pesant 4,851 t, la locomotive est lourde, et bien trop lourde pour concourir puisque le règlement impose un poids limite de 4,5 t. Mais le jury, bon enfant, ferme les yeux.

Caractéristiques techniques

Type: 020
Moteur: 2 cylindres simple expansion
Cylindres: 178 x 483 mm
Diamètre des roues motrices: 1372 mm
Surface de la grille du foyer: 0,93 m^2
Masse: 4,85 t • Vitesse: 30 km/h

Les malheurs s'accumulent

Les essais sont tous perturbés par une succession de pannes et de pièces qui lâchent. Mais Hackworth ne perd pas courage et utilise à plein les «stands» de réparation mécanique que sont les forges mises à la disposition des concurrents. A force de forger, de limer, puis de repartir, le malheureux concurrent parvient à parcourir 36 km en remorquant 19 t, ceci à une vitesse moyenne de 22 km/h.
C'est honorable, mais insuffisant pour satisfaire aux exigences du concours. La «Sans Pareil» est déclarée perdante, avec circonstances atténuantes, sans doute, et laisse à la «Fusée» de Stephenson la seule place victorieuse.

Ci-contre, une maquette de la «Sans Pareil». Ci-dessous, une représentation du concours de Rainhill en 1829. Les concurrents passent devant les tribunes officielles.

«SANS PAREIL»

1829

Grande-Bretagne

LA «FUSÉE» DE STEPHENSON

On considère parfois cette machine comme la première locomotive de l'histoire, mais il n'en est rien. En revanche, elle est bien la première locomotive moderne dont toutes les dispositions seront reconduites définitivement, et elle a battu le premier record du monde de vitesse avec 56 km/h. Elle mérite donc amplement sa célébrité et des hommages respectueux.

Le concours de Rainhill

C'est effectivement à l'occasion d'un concours que naît vraiment le chemin de fer moderne. La ligne de Liverpool à Manchester est décidée, mais les locomotives à vapeur ne sont pas encore au point. On pense à la traction par chevaux, mais, pour faire le point sur les possibilités réelles de traction mécanique, les autorités locales organisent, en 1829, à Rainhill, un concours récompensant de 500 livres sterling l'inventeur d'une locomotive répondant aux critères suivants: poids de moins de 6 tonnes – longueur de moins de 4,57 mètres – suspension sur des ressorts – consommation de sa propre fumée (il s'agit sans doute de vapeur) – remorquage de 3 fois son propre poids, soit 18 tonnes maximum – vitesse d'au moins 10 miles à l'heure (16 km/h) – distance parcourue de 70 miles (112 km) en plusieurs allers et retours – coût inférieur à 550 livres sterling. Le concours dure une semaine et attire des curieux de toute l'Angleterre. Une des locomotives est vite disqualifiée: il s'agit de la «Cyclopède» qui est, en fait, animée par un cheval marchant sur un tapis roulant! Des quatre autres plus sérieuses, celle de Stephenson, appelée «The Rocket» (La Fusée), triomphe aisément de ses concurrentes. La cause est entendue: la ligne de Liverpool à Manchester sera en traction vapeur.

La «Fusée»: une locomotive actuelle

Cette locomotive est très différente des autres machines de l'époque, qui ressemblent plutôt à des wagons plate-forme transportant une chaudière verticale. La «Fusée», elle, est une véritable locomotive: sa chaudière est horizontale, avec un foyer à l'arrière et une cheminée à l'avant. Le foyer est entouré de l'eau de la chaudière. Mais, surtout, elle utilise une chaudière tubulaire, ce qui multiplie par quatre la production de vapeur par rapport aux chaudières classiques qui ne sont que de simples marmites. Les cylindres de la «Fusée» sont à l'arrière, près du mécanicien, qui peut les surveiller: ils n'ont pas encore leur place définitive à l'avant, et c'est sur ce seul point que la «Fusée» n'est pas moderne.

Une cheminée pour l'échappement

Les roues motrices de grand diamètre sont à l'avant et entraînées par des bielles pratiquement horizontales. La vapeur s'échappe par la cheminée, ce qui augmente le tirage. Les tiroirs de distribution sont commandés par des excentriques calés sur les roues motrices. L'eau est amenée par pompe d'alimentation. Enfin un tender, contenant l'eau et le charbon, est attelé en permanence à la locomotive.

Imbattable

La «Fusée» roulera de nombreuses fois à plus de 22 km/h en remorquant 13 tonnes au moins. Elle roulera à plus de 50 km/h. Si une concurrente, la «Novelty» peut presque atteindre cette vitesse record, c'est au risque d'exploser, de tomber souvent en panne et sans pouvoir remorquer les charges demandées. En fin de compte, la «Fusée» reste imbattable et fait de son inventeur le premier grand industriel du chemin de fer.

Une invention française?

Marc Seguin a inventé, en France, un type de chaudière tubulaire dit «générateur tubulaire», breveté en 1828. Il n'est pas certain que George Stephenson ait eu connaissance de cette invention, car souvent, une même invention apparut en plusieurs endroits, les problèmes techniques à résoudre étant identiques sur tous les réseaux du monde. L'invention de Marc Seguin est bien antérieure à celle de Stephenson (l'ayant expérimentée dès le 11 décembre 1827), mais il la destinait à la navigation à vapeur.

Caractéristiques techniques

Poids total: 4,3 t
Vitesse: 50 km/h
Diamètre des roues motrices: 1,5 m
Longueur de la chaudière: 1,83 m
Diamètre de la chaudière: 1,01 m
Longueur du foyer: 91 cm
Largeur du foyer: 61 cm
Surface de la grille du foyer: 56 cm²
Diamètre des cylindres: 210 mm
Course des pistons: 410 mm

LA «FUSÉE» DE STEPHENSON

1830

Grande-Bretagne

LIVERPOOL-MANCHESTER

Sans aucun doute, il s'agit de la première vraie ligne de chemin de fer moderne, exploitée commercialement avec des horaires et des services voyageurs ou marchandises étoffés, et dotée de gares et d'équipements conçus pour un service intense et actif, et prise en charge complètement par une compagnie assurant toutes les responsabilités techniques, économiques et civiles du transport.

Des locomotives modernes

Pour la ligne, à la fin de 1830, Stephenson fournit la locomotive type Planet. Les cylindres horizontaux sont placés à l'avant, sous la boîte à fumée, pour que la vapeur s'échappe dans la cheminée et active le tirage. Les deux roues motrices sont placées à l'arrière, près du foyer, et les cylindres sont disposés entre les longerons du châssis et attaquent les roues motrices arrière par un embiellage interne. La Planet ressemble tout à fait à une locomotive moderne: elle en a toutes les caractéristiques, et elle est à l'origine de toutes les dispositions techniques de ses descendantes.

Trois ans plus tard, à peine, Stephenson livre la Patentee, qui est une Planet allongée par l'adjonction d'un essieu porteur arrière, mettant ainsi les roues motrices au centre de la locomotive, et surtout stabilisant la locomotive par la suppression des porte-à-faux du foyer et de la boîte à fumée. La Patentee sera la locomotive de l'Europe entière des années 1835 à 1855, et certaines circuleront encore vers la fin du siècle.

Stockton-Darlington, la ligne pionnière

Ouverte en 1825, cette première ligne est déjà d'un autre âge: entre Stockton et Darlington, des chevaux, des plans inclinés, des machines à vapeur fixes assurant le halage sur les rampes de point en point. Voilà comment on circule, et n'importe qui peut, moyennant redevance, utiliser à son gré sa voiture à voyageurs sommairement adaptée au rail par des roues à boudin de guidage!
Le transport du charbon est la seule affaire vraiment intéressante, les voitures à voyageurs n'étant que tolérées.
En fait, cette ligne, si elle a connu l'événement sensationnel du premier train tiré par la «Locomotion» de Stephenson, n'est que la transposition, à l'air libre, du chemin de fer minier avec ses wagonnets, ses plaques tournantes, et son exploitation «à la demande». Mais elle est considérée, à juste titre d'ailleurs, comme la première ligne historiquement, marquant le démarrage de l'aventure du chemin de fer. Mais cinq ans plus tard, lors de l'ouverture de Liverpool-Manchester, d'immenses progrès techniques ont été accomplis entre-temps.

La naissance de la vitesse commerciale

Mais, en 1835, un autre événement honore la ligne de Liverpool à Manchester: la vitesse de 100 km/h est atteinte pour la première fois dans l'histoire des transports. C'est une locomotive fabriquée par les établissements Sharp et Roberts, de type très proche de la Patentee de Stephenson (qui ne peut plus fournir toutes les locomotives nécessaires!) et qui parcourt le mile en 57 secondes, ou la lieue en 2,22 minutes, soit bien 25 lieues à l'heure. C'est la première fois que l'homme va aussi vite sur un engin de sa construction, et simplement en ouvrant, du bout des doigts, un robinet en laiton. La nouvelle fait sensation, laissant toutefois incrédule une foule de sceptiques, tandis que les cochers des diligences, les entrepreneurs de «roulage» assurant les transports sur route et les aubergistes des relais routiers commencent à s'inquiéter.

La naissance du rendement

Et puis la ligne de Liverpool à Manchester, avec ses millions de billets (ce sont, en fait, des jetons en cuivre), ses milliers de tonnes transportées, représente un revenu appréciable de plus de 15 % en dividendes distribués aux actionnaires, tandis que le prix des marchandises transportées à Manchester chute de la moitié par rapport à l'époque antérieure au chemin de fer, du fait du moindre coût du transport. Le chemin de fer commence à bouleverser l'économie et permet la révolution industrielle.

Ci-contre, une vision très intéressante de la composition des trains de l'époque. Les wagons de marchandises se spécialisent déjà. Ci-dessous, la gare de Liverpool en 1833.

LIVERPOOL-MANCHESTER

1835

Allemagne

LA LIGNE DE NUREMBERG A FÜRTH

C'est la première ligne allemande, et le chemin de fer commence à jouer un rôle de tout premier plan dans la construction politique, économique et industrielle de ce grand pays. L'inauguration se fait dans une ambiance enthousiaste: une immense fête populaire consacre la volonté de modernité du roi Louis Ier.

Une ligne d'essai

La ligne de Nuremberg à Fürth n'est pas une ligne très longue: elle parcourt seulement 6,4 km dans la campagne bavaroise, rejoignant la grande ville à une bourgade qui n'en demandait pas tant. En fait, il s'agit beaucoup plus d'une ligne de démonstration et d'essai, la Bavière faisant, prudemment, comme beaucoup de pays européens de l'époque. En particulier la plupart des trains sont tirés par des chevaux, l'unique locomotive faisant du mieux qu'elle peut et attendant du renfort.
Mais le succès commercial de la ligne est réel, du fait de prix très bas. La ligne clôt sa première année d'exploitation par le transport de 450 000 voyageurs, et un rendement de 50 % du capital investi. Dès l'année suivante le transport des marchandises est essayé, et, ici aussi, le succès est au rendez-vous, prouvant à l'ensemble des États allemands et européens que le chemin de fer peut être, financièrement, une excellente affaire.

L'inauguration de la Ludwigsbahn: les 7 voitures couvertes du train offrent chacune 16 places intérieures et 8 places extérieures, et les 2 voitures découvertes offrent chacune 24 places. Un coup de canon donne le départ à 9 heures, une fois les discours et les chorales entendus. Des gardes placés sur les toits et équipés d'une trompette peuvent avertir le mécanicien de la Adler en cas de problème.

Une ligne qui faillit ne pas avoir de locomotive

Le roi de Bavière Louis Ier signe un décret, en 1834, permettant la construction du chemin de fer de Nuremberg à Fürth, ceci sous l'impulsion de Johannes Scharrer, bourgmestre de Nuremberg, qui veut développer l'industrialisation du royaume. La construction de locomotives est un problème: l'industrie allemande n'est pas encore équipée pour cela, mais Scharrer est obligé, pour ménager l'honneur national, de passer commande auprès d'une firme wurtembergeoise, installée à Aalen, et qui s'est engagée à surpasser les firmes anglaises en construisant une locomotive qui consommerait moins et qui coûterait moins. Mais, ne voyant rien venir de la part du fabricant, et voyant la date de l'inauguration se rapprocher, Scharrer commence à être soucieux, et se rend dans l'usine: la clé est sous la porte depuis quelques mois... Scharrer mène son enquête et retrouve le malheureux fabricant en Autriche, et apprend que, de toute manière, le prix initial sera double de celui promis, si la locomotive est terminée. Il ne reste plus qu'à faire comme les autres réseaux anglais, français ou belges de l'époque, et de passer commande auprès de la célèbre firme Robert Stephenson & Co de Newcastle. Il s'agit en fait d'un modèle standard que la firme a à son catalogue et qu'elle a surnommé «Patentee» (brevetée). La locomotive est livrée au réseau bavarois en pièces détachées (19 caisses!), puis est reconstituée et prend le nom de «Der Adler» (l'aigle). Prévue pour l'anniversaire du roi, le 25 août, l'inauguration n'eut lieu que le 7 décembre 1835.

La naissance de la «Ludwig Eisenbahn Gesellschaft»

Dès que Scharrer fait connaître son projet, de nombreux propriétaires sont opposés à la construction de la ligne: ils craignent une chute des prix agricoles, donc des terrains, et de leurs revenus. On craint que les locomotives mettent le feu aux récoltes. Des médecins nurembergeois estiment que les voyageurs seront atteints du «delirium furiosum» du fait des secousses et de la vitesse... et pensant que regarder passer les trains pouvait aussi provoquer des maladies mentales, ils exigent la pose de hautes palissades le long de la voie!
Mais Scharrer tient bon, et parvient à fonder la «Ludwig Eisenbahn Gesellschaft» le 18 novembre 1833, prenant soin d'intégrer un prénom bien choisi dans la dénomination pour obtenir au moins l'accord tacite royal.

LA LIGNE DE NUREMBERG A FÜRTH

1835 France

SAINT-ÉTIENNE-LYON

Voulue par Marc Seguin, agissant alors en véritable pionnier de l'«aménagement du territoire» avant la lettre dans le cadre du développement industriel de toute une région, cette ligne, ouverte en 1835 sur toute sa longueur, est la première de chemin de fer française aux caractéristiques et à l'exploitation modernes.

Le sens des affaires des frères Seguin

Le 7 juin 1826, les frères Seguin obtiennent l'adjudication de la ligne Saint-Étienne-Lyon, longue de 57 km. Marc Seguin, homme d'affaires visionnaire, prévoit le développement de l'industrie et le transport de lourdes charges par les chemins de fer. Pour cette ligne, il prévoit d'importants travaux de terrassement pour que le profil soit facile et les courbes à grand rayon, ce qui permettra la circulation, à l'avenir, de trains très lourds et rapides. De profondes tranchées et 15 tunnels sont creusés, et un remblai, celui de Saint-Romain, demande 60 000 m^3 de terre. Le tunnel de Terrenoire, long de 1500 m, est percé au pic et à la main. Estimée à environ 8,8 millions de francs, la ligne coûte en fin de compte 15,3 millions: le dépassement des devis ne date donc pas d'hier, et les premiers intérêts ne sont versés que 14 années après l'ouverture de la ligne. Mais il faut dire que ce sont les expropriations et les indemnisations qui ont coûté le plus cher et représenté la dépense la plus imprévue, du fait de la cupidité et de l'esprit procédurier des propriétaires revendant leurs terrains. Prévu pour 600 000 francs, l'achat des terrains atteignit 3 633 310 francs. Voilà aussi qui ne date pas d'hier.

Ouverte par tranches successives à partir de 1832, la ligne est terminée en 1835. Les voitures pour voyageurs sont luxueuses avec leurs compartiments fermés, leurs impériales, leurs sièges rembourrés. C'est la fin de l'époque des wagons-tombereaux remplis de paille pour les voyageurs et Marc Seguin sait que cette clientèle est à considérer au même titre que celle fournissant des marchandises.

Les lignes affluents

Louis XVIII signe, le 26 février 1823, l'ordonnance accordant la concession du premier chemin de fer en France, la ligne de Saint-Étienne à Andrézieux, sur le bord de la Loire, longue de 18 km. Il s'agit de «lignes affluents», c'est-à-dire des lignes complémentaires du réseau de voies navigables, amenant les marchandises à un port fluvial. Le chemin de fer n'est pas encore considéré comme un nouveau système de transport intégral et autonome. Cette ligne est formée de pentes dévalées librement par les wagons de charbon et de rampes munies de machines fixes hissant les wagons par un treuil. Elle est ouverte aux marchandises en 1827, et le service des voyageurs commence en 1832, avec des diligences dont on pose la caisse sur un wagon plat. L'affaire est financièrement rentable, avec un intérêt de «père de famille» de 6 % l'an versé aux actionnaires, et c'est sans doute ce qui décidera d'autres promoteurs à se lancer dans l'aventure ferroviaire.

La ligne des locomotives

Marc Seguin avait décidé de se passer de machines à vapeur fixes, car ce système est complexe, générateur de pertes de temps et implique un dangereux dévalement des pentes par gravité. Il préfère la traction par chevaux et, surtout, faire confiance aux locomotives, ou «remorqueurs», selon le terme d'époque, et cela bien qu'elles soient considérées avec méfiance par l'opinion publique. Il achète deux locomotives en Angleterre chez Stephenson en 1828, puis en construit 12 autres, à partir de 1830, dotées de leur chaudière tubulaire qui donne la grande puissance nécessaire. Les deux locomotives anglaises, achetées d'occasion pour 550 livres chacune, servent en fait de modèles pour en construire d'autres, et l'une est envoyée aux ateliers d'Hallette, à Arras, l'autre allant chez Marc Seguin à Lyon dans ce but.

La ligne remporte un succès total, et les trains se suivent, nombreux. Les voyageurs du TGV qui empruntent aujourd'hui cette ligne pensent-ils qu'ils suivent un tracé établi il y a 160 ans?

Ci-dessus, une gravure d'époque, parue dans Le Magasin pittoresque, *et montrant les importants travaux de terrassement et d'ouvrages d'art effectués par Marc Seguin. Notez les rails posés sur des dés en pierre, à l'anglaise. Ci-contre, les trains de la ligne Saint-Étienne-Lyon représentés par une lithographie d'Engelmann. Notez l'emploi de chevaux ou de la simple gravité pour les voyageurs: les locomotives passent pour être dangereuses.*

1838

Allemagne

BERLIN-POTSDAM

Le 29 octobre 1838, la ligne de Berlin à Potsdam est inaugurée. Ce n'est pas la première ligne allemande, mais c'est la première ligne à partir de la capitale, et, surtout, elle marque le début d'une grande action unificatrice nationale que le chemin de fer contribuera puissamment à créer en Allemagne.

La naissance d'un grand réseau

Même si la première ligne allemande est construite entre Nuremberg et Fürth en 1835, en Bavière, c'est bien la Prusse qui prend les devants pour constituer, à partir des grande villes du nord de l'Allemagne, le réseau ferroviaire d'un grand pays industriel. Le succès immédiat de la Ludwigsbahn bavaroise, certes, est une incitation à investir dans les chemins de fer, et le message est reçu immédiatement à Berlin, où la question ferroviaire est rapidement et rondement menée. Le 24 avril 1837, les 9,25 premiers kilomètres de la ligne Leipzig-Dresde sont ouverts au public, mais c'est surtout l'ouverture de la ligne Berlin-Potsdam, le 29 octobre 1838, sur 26,6 km, qui met Berlin au centre du réseau ferroviaire naissant. Un mois plus tard, à peine, la ligne Brunswick-Wolfenbüttel est ouverte à son tour. En 1840, la grande ligne Leipzig-Dresde est ouverte sur 132 km et comporte, sur son tracé, le premier grand tunnel ferroviaire allemand.

Le mot du Kronprinz

Pour ce qui est de la ligne Berlin-Potsdam, le futur Frédéric-Guillaume IV, alors portant le titre de Kronprinz, n'hésite pas à laisser aller sa joie et son enthousiasme: «Aucun bras humain n'arrivera à arrêter le progrès de ce moyen de transport appelé à se répandre dans le monde entier.» (cité par l'auteur George Freeman Allen, dans *Le Grand Atlas des Trains*, Éd. Atlas). C'est, sans nul doute, le genre de parole qui a dû souvent être prononcé durant cette époque d'inaugurations ferroviaires nombreuses et suivies, mais elle dit bien l'espoir que l'Allemagne place dans son réseau ferré.

L'esprit anticipateur de Harckort ou de Pönitz

Lors de la création des premières lignes de chemin de fer européennes, la possibilité de leur utilisation dans le cadre d'actions stratégiques n'apparaît pas d'emblée aux yeux des états-majors. Toutefois, certains spécialistes, comme l'Allemand Harckort, proposent, dès 1833, la création d'une ligne de Minden à Cologne pour protéger l'Allemagne contre une invasion française: le souvenir cuisant de Napoléon est encore très vif... Mais la proposition n'est pas retenue.

Par contre, les idées de Pönitz, auteur en 1842 d'un livre très remarqué sur la question stratégique et les chemins de fer, ont une réelle influence sur l'opinion. Il est certain que le tracé des premières lignes du réseau allemand autorise le déplacement de troupes pour la protection sur les frontières est et ouest du pays.

Mais c'est sans doute l'essai d'un transport d'un canon, de ses servants et de ses munitions entre Berlin et Potsdam en 1842 qui marque le départ de l'utilisation effective des chemins de fer dans le domaine stratégique, démontrant par là même les possibilités considérables offertes par le chemin de fer et que bien des états-majors, malheureusement pour eux, négligèrent d'emblée. Quatre ans plus tard, en 1846, une armée de 12 000 hommes est dépêchée d'urgence à Cracovie, dans une Pologne rayée des cartes depuis 1795 et qui montre une volonté de revivre.

L'Allemagne est, à l'époque, une constellation de royaumes et de duchés, mais, en 1850, déjà 6200 km de lignes créent des liens économiques et politiques efficaces entre ces États très indépendants jusque-là. On peut déjà aller de Munich à Berlin par Nuremberg, et des correspondances sont assurées jusqu'à Hambourg, Stettin ou la Silésie et la Rhénanie. Le Hanovre crée son réseau d'État en 1842, le pays de Bade et la Bavière créent le leur en 1846, et le Wurtemberg le sien en 1850. Tous ces réseaux fusionneront au lendemain de la Première Guerre mondiale pour former la Deutsche Reichsbahn.

BERLIN-POTSDAM

1837

France

LIGNE DE PARIS A SAINT-GERMAIN

Ce n'est pas la première ligne inaugurée en France, puisque, dès 1833, la ligne de Lyon à Saint-Étienne était déjà en service. Mais c'est assurément la première ligne moderne, exploitée d'une façon commerciale et rigoureuse, et offrant un véritable service public avec des horaires précis. Mais le roi Louis-Philippe ne se risque pas dans le train inaugural, laissait la reine et ses trois fils braver le danger!

La thèse du retard français

Si le réseau anglais est déjà très développé au milieu des années 1830, en Europe le rail progresse, sauf en France et, aujourd'hui, un certain nombre d'historiens du chemin de fer parlent du «retard français».

Or, ce retard n'est pas le fait d'un refus ou d'une incapacité. De petits pays comme la Belgique ou l'Angleterre peuvent rapidement réunir les capitaux et construire un réseau, alors que la dimension du sol français demande d'autres investissements, d'autres dépenses, et des travaux d'une toute autre durée. Et la France possède déjà un excellent réseau de routes et de canaux, ce qui était loin d'être le cas partout en Europe. C'est pourquoi, en 1833, le ministre Thiers consacre 44 millions de francs pour les canaux et 29 millions pour les routes, et ne concède que 500 000 francs pour les études de voies ferrées dont l'utilité ne lui paraît guère justifiable. Au sein d'une opinion française déjà favorable, les Saint-Simoniens sont d'ardents partisans du chemin de fer, en lequel ils voient un puissant moyen d'industrialisation du pays et de construction d'une société plus fraternelle et plus juste. Grâce à eux, le projet d'un grand réseau ferré français démarre rapidement.

Les projets parlementaires de 1835

La France décide de commencer son réseau ferré en 1835 avec la soumission de deux projets de lignes: Paris-Rouen-Le Havre, d'une part, et, d'autre part, un plus modeste Paris-Saint-Germain. Les discussions sont très rudes. Des adversaires du chemin de fer sont encore présents et

Ci-contre, la gare de Saint-Germain-en-Laye au XIXe siècle. Ci-dessus, l'inauguration en 1837.

affirment, comme le fait le savant Arago, que l'on attrapera des pleurésies, des fluxions de poitrine et des catarrhes dans les tunnels qui, de toute manière, pourront s'effondrer sur les trains. Mais les discussions les plus sérieuses sont celles de la conception générale des lignes: Paris-Rouen-Le Havre doit-elle être tracée par les plateaux, selon un itinéraire direct et rapide, ou par les vallées, selon un itinéraire plus sinueux et plus lent, mais desservant alors toutes les agglomérations? Le choix par les vallées donnera à la France un réseau lent, sinueux, assurant une bonne desserte de proximité, mais peu performant sur les grandes liaisons nationales. Pour le TGV, il faudra bien construire, quelque 150 ans plus tard, des lignes nouvelles passant directement par les plateaux.

La première «vitrine technologique»

Le baron James de Rothschild fait partie de ces grandes familles où règne un esprit d'entreprise et d'innovation. Il finance la ligne de Saint-Germain, et Émile Pereire, un banquier qui fera construire des réseaux entiers en France, débute là sa carrière d'entrepreneur ferroviaire. Commencée en 1835-1836, la ligne est achevée dès 1837, aboutissant alors au Pecq, au pied de la colline de Saint-Germain, après avoir traversé plusieurs fois la Seine sur de grands ponts. Pour Pereire, cette courte ligne de 16 km est la «vitrine technologique» (dirait-on aujourd'hui) du chemin de fer et, en attirant les foules, elle démontrera les possibilités de transport que l'opinion est encore loin de soupçonner.

Les locomotives sont commandées en Angleterre chez Fenton, Murray et Jackson. Les voitures sont de construction française et offrent un réel confort en 1re et en 2e classe, tandis que les voitures de 3e classe sont de simples tombereaux dans lesquels on voyage debout...

L'inauguration du 24 août 1837 se passe très bien, mais le retard du train officiel oblige le cuisinier à replonger ses pommes de terre dans l'huile: il invente, sans le savoir, les pommes soufflées. Un mois plus tard 130 000 voyageurs ont emprunté la ligne: c'est le succès.

LIGNE DE PARIS A SAINT-GERMAIN

1837

États-Unis

LAFAYETTE

Avec son bogie avant, elle est bien le type même de la première locomotive américaine, se démarquant nettement de la locomotive anglaise dont elle est issue en ce début du XIXe siècle. Le bogie devient rapidement la caractéristique essentielle de l'ensemble du matériel ferroviaire américain, et ne se généralise en Europe qu'un demi-siècle plus tard.

William Norris, drapier... puis fabricant de locomotives

C'est bien l'exemple même du pragmatisme des pionniers américains: Norris est prêt à tout faire, pourvu que cela lui permette de faire rapidement fortune. Il passe donc sans difficulté de la vente de draps à celle des locomotives, le marché du voyage semblant infiniment plus prometteur que celui du sommeil dans une Amérique du Nord qui s'agite furieusement. Nous sommes à Philadelphie, en 1831. En 1836 une première série de 7 locomotives est prête, et Norris en assure la promotion auprès des compagnies qui commencent à se constituer. Ses locomotives réunissent ce qui se fait de mieux à l'époque: une longue chaudière terminée, à l'arrière, par un foyer très haut mais dont l'implantation, en arrière de l'unique essieu moteur, assure une adhérence maximale à ce dernier. A l'avant: les 2 cylindres inclinés sont presque horizontaux et, surtout, le bogie remplace l'essieu porteur unique de la conception anglaise.
Le bogie avant est en effet plus souple, il roule mieux sur les voies américaines posées en hâte et inscrit mieux la locomotive en courbe.

Le Baltimore & Ohio cherche des locomotives

En 1827, l'une des premières compagnies américaines ouvre sa ligne: c'est le Baltimore & Ohio. La compagnie a recours à la traction par chevaux, puis adopte de curieuses locomotives à vapeur surnommées «sauterelles», dotées de chaudières verticales très hautes surmontées de bielles de renvoi du mouvement vers les roues situées en bas. Aussi laides qu'amusantes à voir passer, ces «sauterelles» ne donnent guère satisfaction, et la compagnie cherche un autre fournisseur.
Norris fait à merveille la promotion de ses locomotives, et la compagnie du B & O est vite séduite: elle passe sa commande en 1837 pour une première machine. Nommée Lafayette en souvenir du général français et de l'aide apportée pour le combat de l'indépendance américaine, la locomotive roule remarquablement, et en souplesse, et sa construction simple et robuste lui vaut un excellent service sans incidents. Mais, surtout, elle est très performante en rampe, son foyer très à l'arrière assurant la bonne adhérence escomptée. C'est le succès, et la Lafayette fera la fortune de Norris.

Une reconstitution fidèle de la Lafayette a été faite en 1941. Cette machine est vue, ici, en train de rouler au musée de Baltimore.

Norris, premier exportateur international

Le succès est tel qu'une compagnie canadienne, la Champlain & Saint-Laurence, s'intéresse aux locomotives Norris et passe commande à son tour. Ce sera là la première exportation historique de locomotives américaines. Puis l'Autriche, l'Allemagne et même le Royaume-Uni (pourtant habitué à exporter des locomotives) passeront commande de locomotives Norris entre 1839 et 1842. L'exportation de locomotives américaines vers l'Europe est en général chose rare, et le fait mérite d'être signalé. Norris tentera même d'installer une usine près de Vienne, en Autriche, mais sans succès durable. Toutefois beaucoup de constructeurs européens copièrent les locomotives Norris.
Le catalogue de la firme comprend alors plusieurs variantes du même type de base. Vers 1850, Norris est le fournisseur d'une vingtaine de réseaux américains et, vers 1860-70, la firme est devenue l'une des plus importantes des États-Unis, fournissant notamment des milliers de locomotives du type 220, 230 ou 030. La fortune de William Norris est faite. Lafayette est donc bien un nom porte-bonheur aux États-Unis.

Caractéristiques techniques

Moteur: 2 cylindres simple expansion
Diamètre des cylindres: 268 x 457 mm
Diamètre des roues motrices: 1220 mm
Surface de la grille du foyer: 0,8 m²
Contenance en charbon du tender: 1 t
Contenance en eau du tender: 2 t
Poids total: 20 t
Longueur totale: 9,25 m

LAFAYETTE
BUILT IN 1837
B. & O. R. R.

1838

Grande-Bretagne

«LION»

Aujourd'hui la «Lion», construite en 1838, est bien la plus ancienne locomotive du monde capable de rouler car, par une succession de hasards incroyables, elle est restée en service jusqu'en 1920 et a été sauvée dès 1930. Il ne s'agit donc nullement d'une de ces nombreuses répliques qui abusent le grand public, certain d'admirer des locomotives authentiques.

L'âge de la maturité

Dix ans après le concours de Rainhill (en 1829), la locomotive à vapeur a atteint pleinement l'âge de la maturité technique. Si la «Fusée» de Stephenson, gagnante de Rainhill, comporte en elle l'ensemble des dispositions qui fixeront à jamais celles des locomotives à venir, elle les a sous une forme embryonnaire. Certes la chaudière de la «Fusée» est horizontale, et tubulaire; certes les cylindres sont pratiquement horizontaux, mais ils ne le sont pas tout à fait et doivent encore émigrer à l'avant; certes les roues motrices sont entraînées directement par les bielles, mais elles ne sont pas encore accouplées avec d'autres roues motrices. Mais avec sa cheminée à l'avant, sa plateforme de conduite arrière, son tender, son essieu porteur arrière, la «Fusée» est bien la première locomotive moderne. Dix ans plus tard, les locomotives sont techniquement définies et commencent déjà à se spécialiser en séries pour trains de voyageurs ou de marchandises. Ainsi, la «Lion» est l'une des premières locomotives pour trains de marchandises et, à ce titre, elle comporte une caractéristique technique essentielle: la présence de 2 essieux moteurs couplés par bielles.

La «Lion» en service lors d'une commémoration. Notez les voitures découvertes d'époque, dont certaines étaient même dépourvues de bancs, ainsi que la forme très particulière du foyer dit Crampton.

Révolution industrielle: les deux essieux ne suffisent plus

Le chemin de fer de Liverpool à Manchester est la première ligne ayant fonctionné comme une ligne moderne avec une véritable organisation commerciale. Le transport des marchandises est important entre Manchester, grande ville industrielle, et Liverpool, un grand port, et la «Lion» fait partie d'une importante série affectée à ce trafic. Construite en 1838 par la firme Todd, Kitson & Laird de Leeds, la «Lion» fait un service normal jusqu'en 1859, année durant laquelle elle est revendue aux autorités portuaires de Liverpool qui en font une locomotive de manœuvres dans les emprises du port. En vingt ans, les progrès en matière de locomotives ont été considérables et une petite machine à 2 essieux ne «fait plus le poids» face aux nouvelles locomotives à 3 ou 4 essieux qui, désormais, règnent sur le trafic marchandises lourd des lignes anglaises. La révolution industrielle bat son plein et le transport des marchandises ne se compte plus en tonnes mais en centaines de tonnes pour chaque train.

Deux miracles

La «Lion» reste en service jusqu'en 1920: elle a donc plus de 80 ans d'existence quand il est décidé de mettre un terme à ses louables services. Mais un deuxième miracle se produit: l'oubli de cette machine. Normalement, toute locomotive réformée est ferraillée, mais la «Lion», elle, passe entre les gouttes. En 1930, le réseau du LMS décide de fêter le centenaire de la ligne de Liverpool à Manchester et la «Lion», découverte fort opportunément au fond du dépôt où elle dormait, est restaurée et remise en service pour l'événement, puis devient pensionnaire du musée de Liverpool. Elle est encore utilisée pour des commémorations.

Caractéristiques techniques

Type: 021 à tender séparé
Moteur: 2 cylindres simple expansion
Cylindres: 300 x 457 mm
Diamètre des roues motrices: 1524 mm
Pression de la chaudière: 3,5 kg/cm^2
Masse: 15 t
Longueur: 10,3 m
Vitesse: 30 km/h

«LION»

1839

Hollande

LIGNE AMSTERDAM-HAARLEM

En ce début de la grande aventure des chemins de fer, les Hollandais sont quelque peu en retard. Il faut dire que l'existence d'un remarquable réseau de canaux peut expliquer ce choix. Toutefois, quand les Belges se mettent à construire des lignes de chemin de fer, notamment entre Anvers et Cologne, et risquent de rafler des marchés intéressants pour leurs propres ports, les Hollandais ne veulent pas être en reste.

Concurrencer les chemins de fer belges

C'est bien la première motivation hollandaise: ne pas laisser Anvers se doter seule d'un réseau de lignes de chemin de fer en direction de l'Europe entière, et principalement de l'Allemagne. Un certain William Archibald Blake, Anglais de son état, propose, mais en vain, la construction d'une ligne Amsterdam-Cologne à des parlementaires hollandais encore peu acquis aux idées ferroviaires et, surtout, dépendants du « lobby » des armateurs des voies fluviales. Toutefois, Guillaume Ier, soucieux de développer son royaume, demande une enquête officielle sur la question des chemins de fer aux Pays-Bas. Pendant ce temps, les Belges construisent des lignes et inaugurent notamment celle de Bruxelles à Malines en grande pompe.

Le royaume des voies d'eau

Au début du XIXe siècle, les Pays-Bas ont un excellent système de canaux qui assure un transport de marchandises et de voyageurs très suivi: certains canaux sont utilisés par plusieurs dizaines de milliers de voyageurs chaque année. Même si le voyage est lent, il se déroule dans des conditions de confort et de silence que la route est bien loin d'offrir. Alors, pourquoi construire des chemins de fer, quand on sait que la grande abondance de voies d'eau à traverser ferait de ces lignes une ruineuse succession de ponts et de viaducs? Quand on construira la ligne Amsterdam-Rotterdam, par exemple, on devra construire 84 ponts fixes et 12 ponts mobiles pour 85 km. L'ingénieur Conrad inventera de nombreux systèmes de ponts tournants, levants, à câbles, à vérins hydrauliques, etc. Les nombreux estuaires demanderont autant d'immenses viaducs; celui du Lek, long de 154 m, sera le plus grand pont européen en 1868.

Le bienfait des maisons de campagne

Lorsque la question d'une ligne Amsterdam-Haarlem est soulevée, les chambres de commerce des deux villes font une opposition virulente: les canaux suffisent. Mais la bonne bourgeoisie d'Amsterdam possède quelques résidences secondaires dans l'agréable ville de Haarlem et ses environs, et faire le trajet en une demi-heure au lieu de 2 à 3 heures allongerait quelque peu les week-ends! C'est pourquoi, en fin de compte, la construction de la ligne est décidée.

William Archibald Blake installe une grande forge et un laminoir à Leyde pour fournir les pièces métalliques des ponts et les rails. Conrad, l'ingénieur chargé de la construction de la ligne, adopte un curieux écartement de 1950 mm – cette voie large n'arrangeant pas les choses, car la ligne doit se faufiler sur des digues étroites et en partager le passage avec des routes déjà existantes. Heureusement, la ligne sera mise à l'écartement normal de 1435 mm vers 1855.

Le succès quand même

Le premier train Haarlem-Amsterdam, en 1839, roule à 35 km/h de moyenne et effectue le trajet en une demi-heure. L'exploitation commence avec 8 trains par jour, une fréquence et une rapidité qui vident les coches d'eau. En 1847, la ligne atteint Rotterdam et dessert Leyde et La Haye. Le chemin de fer a triomphé définitivement. Les Pays-Bas feront rapidement partie du grand réseau ferré européen dont, déjà, la Belgique ou l'Allemagne se couvrent. En 1856, on peut gagner Cologne par le train; en 1860, le réseau de chemin de fer néerlandais atteint 335 km; et en 1880, 1845 km. La Hollande n'est plus isolée de l'Europe, et ses ports feront de nouveau fortune.

Ci-contre, peinture par Wouterns Verschnur. Notez le signal ancien caractéristique des débuts de la signalisation ferroviaire. Ci-dessous, la ligne peu après son inauguration.

LIGNE AMSTERDAM-HAARLEM

1840

Grande-Bretagne

PREMIERS GRANDS TRAVAUX

Les millions de touristes admirant chaque été les Pyramides d'Égypte, l'Acropole d'Athènes ou la Grande Muraille de Chine ignorent que l'établissement des chemins de fer demanda, dès les origines, des travaux autrement importants et d'une ampleur sans précédent.

Les études préliminaires

Avant de commencer les grands travaux de chemin de fer, il est nécessaire de procéder aux études préliminaires. Une fois connus les noms des villes à relier entre elles, on fait une étude avec des cartes d'état-major (à l'époque, au 1/40 000e), comportant des courbes de niveau. Cette première étude permet d'éliminer les tracés trop difficiles à réaliser. Puis on passe à une étude sur le terrain: on trace sur la carte une «ligne de base» reliant des points repérés sur la carte et, sur le terrain, on pose des jalons aux endroits réels correspondants. Puis on lève, perpendiculairement à cette «ligne de base», et tous les 100 m, un «profil en travers» étendu sur 200 à 300 m de part et d'autre. On dresse ensuite un «plan coté» au 1/2000e ou au 1/10 000e, qui comporte aussi les courbes de niveau du terrain.

L'ingénieur calcule ensuite le volume des terrassements de manière à ce que les terrains creusés puissent, par un transport le plus court possible, donner les déblais nécessaires pour faire un remblai voisin: c'est ce que l'on appelle l'«étude du mouvement des terres».

L'exécution des terrassements et des ouvrages d'art

Alors interviennent des milliers d'ouvriers. Au pic et à la pelle, ils creusent le sol là où il est prévu de le faire et transportent les déblais avec des chariots et des chevaux là où il y aura des remblais. Les excavateurs à vapeur sont un grand progrès, mais ils n'apparaissent que vers la fin du XIXe siècle.

Les tunnels sont percés à la main, au pic. La dynamite, dangereuse, est utilisée, mais le grand progrès est la perforatrice à air comprimé, qui apparaît, elle aussi, vers la fin du siècle précédent. Pour percer droit on se sert d'un miroir renvoyant le soleil, comme ce fut le cas pour les grands tunnels suisses. La maçonnerie des tunnels est faite par des maçons. Ceux-ci commencent par la voûte et finissent, au fur et à mesure du creusement, par les piédroits. Les murs de soutènement, les ponts et les viaducs sont aussi exécutés par des maçons, une fois les calculs faits par les ingénieurs.

La raison technique de ces grands travaux

Le fondement technique du chemin de fer est le faible effort à fournir pour déplacer des masses importantes. Le cheval, sur une route, tire péniblement 500 kg, mais, sur une voie ferrée, tire un train entier formé de 10 à 12 bennes de charbon, pesant entre 5 et 10 t. Seulement, il faut que la voie soit pratiquement en palier, c'est-à-dire sans rampes ni pentes, et ne connaisse pas des rampes et pentes supérieures à 3 ou 4 mm par mètre, ce qui représente des déclivités négligeables pour les routes. Il faut donc bien égaliser le terrain emprunté par la voie ferrée, le comblant là où il descend trop bas, le creusant là où il monte trop haut, afin de faire une plate-forme pratiquement plane sur laquelle on installe voies et gares.

Ci-contre, le site du viaduc de Crumlin, sur Taff Valley Railway, en Grande-Bretagne en 1860. Le train primitif est encore très frêle et fait un contraste avec l'immensité du pont nécessaire pour franchir la vallée. Ci-dessous, les travaux d'élargissement de la tranchée du tunnel de Sevenoaks: on notera l'outillage rudimentaire, avec une simple grue, des wagonnets en bois, tandis que le travail se fait à la pioche et au pic.

PREMIERS GRANDS TRAVAUX

1843

France Grande-Bretagne

Buddicom

Ces locomotives ont connu une longévité exceptionnelle, certaines d'entre elles ayant duré plus de 70 ans! Robustes, simples, ce sont les locomotives des débuts des chemins de fer, et les constructeurs anglais les ont vendues ou fait construire dans l'Europe entière, mais surtout en France pour la ligne Paris-Rouen-Le Havre.

Plus de 32 fois le tour du monde...

En 1900, d'après l'auteur L-M. Vilain (*Le Matériel moteur des Chemins de fer de l'État*, Paris 1972), certaines Buddicom auraient totalisé depuis 1843 environ 1 300 000 km, la dernière machine ayant été retirée du service en 1916. Ce chiffre est réel, et peut être prouvé, même si ces locomotives n'avaient pas d'indicateur de vitesse ou de totalisateur. En effet, on connaît exactement leurs kilométrages grâce aux livrets des dépôts d'entretien, dans lesquels on consignait soigneusement les trajets effectués par chaque machine.

Des machines avec «chauffeur»

En 1840, les Anglais dominaient le marché du chemin de fer, et construisirent pour divers pays du monde les premières lignes, fournissant aussi le matériel roulant et même les conducteurs. En France, il s'agit essentiellement des lignes Paris-Rouen-Le Havre, Paris-Caen, Amiens-Boulogne, Orléans-Bordeaux, etc. Notons que des entrepreneurs comme Marc Seguin ont, dès 1827, ouvert la première ligne française entre Saint-Étienne et Lyon.

Des caractéristiques qui ont fait leurs preuves

La Buddicom est le type même de ces locomotives anglaises (à trois essieux dont un seul, central, est moteur) ayant déjà toutes les caractéristiques techniques qui resteront en vigueur pour plus d'un siècle de traction à vapeur: cheminée à l'avant, foyer à l'arrière, corps cylindrique central, chaudière tubulaire, cylindres horizontaux à l'avant, plateforme de conduite à l'arrière et tender séparé attelé à la locomotive et portant le charbon et l'eau.

Pesant 17 tonnes, cette machine pouvait rouler à des vitesses moyennes de 60 à 80 km/h, en tête de trains de voyageurs pesant une centaine de tonnes, ou à 30 km/h en tête de trains de marchandises pesant jusqu'à 150 tonnes.

Elles remorquaient des voitures à deux essieux et caisse en bois, inconfortables certes, mais qui marquèrent un progrès immense par rapport aux diligences lentes et instables. Le train était alors beaucoup plus sûr et permettait de faire en quelques heures un trajet qui demandait plusieurs jours par la route.

Schéma C. Lamming

Caractéristiques techniques

Vitesse maximale: 90 km/h.
Poids: 17 t
Puissance estimée: 250 CV
Contenance du tender en charbon: 1,5 t
Contenance du tender en eau: 2,1 m^3

Ci-contre, la N° 183 «Dieppe» de 1846. P. 35, une Buddicom de 1844, conservée au Musée français du Chemin de Fer, à Mulhouse.

BUDDICOM

1854

Grande-Bretagne

BRISTOL & EXETER TYPE

Ces fantastiques machines roulent à 130 km/h alors que les autres chemins de fer en sont à 40 ou 50 km/h, ceci à une époque de diligences à 20 km/h et de marche à pied. Mais elles le font grâce à la voie large de Brunel, qui aurait dû être le choix logique pour un écartement standard et qui permettait de grandes vitesses que l'on ne retrouvera qu'un siècle plus tard sur la voie dite «normale». C'est dommage!

La bataille des écartements

La compagnie du Bristol & Exeter choisit à bon escient la voie large de l'ingénieur Isambard Kingdom Brunel, dont l'écartement de 7 pieds (2,14 m) permet de faire des trains plus larges, plus stables, car bien campés sur leurs roues très écartées, et surtout plus rapides. Située dans l'Ouest de l'Angleterre, cette compagnie suit la logique du Great Western qui, elle aussi, a choisi cet écartement, et un important réseau en voie large réunit Londres à l'Ouest et au pays de Galles. Le Great Western, d'ailleurs, rachète le Bristol & Exeter en 1876.

Malheureusement, le chemin de fer impose la normalisation en toutes choses, sinon rien ne fonctionne correctement. A cet égard, l'écartement est une norme impérative pour que le matériel roulant puisse circuler partout, faute de quoi il faut arrêter les trains et transborder voyageurs et marchandises. En 1846, le réseau en voie large est de 440 km, soit plus du dixième des quelques 4000 km de voies britanniques mais, devant ces difficultés, le Gouvernement impose l'écartement de 1,435 m comme norme générale. Le Great Western renonce donc à son fantastique écartement large et entreprend une immense opération de conversion des voies et du matériel roulant qui se termine en 1892.

Originale et réservée à la grande vitesse

A l'époque où le Bristol & Exeter fait dessiner ses locomotives par Pearson et les fait construire par Rothwell & Co. en 1854, la voie large et la grande vitesse sont encore à l'honneur. Ces machines doivent prendre en charge le fameux train Flying Dutchman, le plus rapide du monde à l'époque, qui relie Londres à Exeter. Elles ont, pour faire ce travail, les plus grandes roues motrices jamais conçues dans l'histoire des chemins de fer avec un diamètre de 2743 mm. Mais surtout, ces locomotives ont des bogies directeurs, 1 à l'avant et 1 à l'arrière, car Pearson a compris bien avant d'autres ingénieurs le rôle fondamental du bogie en matière de stabilité. En fait, la locomotive est totalement guidée par ses bogies, comme une voiture ou un wagon, car les deux roues motrices centrales n'ont pas de boudin de guidage et servent uniquement à la traction.

Mais cette locomotive a un autre point particulier: si on l'observe bien, on voit qu'il s'agit d'une locomotive-tender transportant sur elle ses réserves d'eau et de charbon. Pearson a préféré éviter les complications occasionnées par la remorque d'un tender séparé, véhicule peu apte à la grande vitesse, et, comme toutes les locomotives-tenders, sa machine peut évoluer à vitesse égale dans les deux sens. L'eau est transportée dans des caissons placés entre les longerons du châssis, ce que permet bien sûr les généreuses dimensions du matériel en voie large. Les cylindres et les bielles eux aussi trouvent place entre les longerons, ce qui donne une allure très nette et très dégagée à la locomotive. Vers la fin de leur carrière, ces superbes machines furent modifiées en type plus classique 211 avec suppression du bogie arrière et ajout d'un tender, ceci à la suite d'un déraillement qui attira une certaine suspicion sur elles.

Caractéristiques techniques

Type: 212
Moteur: 2 cylindres simple expansion
Cylindres: 457 x 610 mm
Diamètre des roues motrices: 2743 mm
Surface de la grille du foyer: 2,15 m^2
Contenance des soutes de charbon: 2 t
Contenance des caisses à eau: 6,5 t
Masse totale: 50 t
Longueur: 9,37 m
Vitesse: 130 km/h

BRISTOL & EXETER TYPE

L'ÂGE D'OR DU RÉSEAU FRANÇAIS

1845

France

RÉSEAU DU NORD: SON HISTOIRE

Le plus petit des réseaux français par son étendue ne l'est nullement par ses performances, sa densité de trafic, sa richesse, bien au contraire: des trains prestigieux et rapides, des lignes formant un réseau très serré au service d'une région industrielle active, enfin des bénéfices confortables qui éviteront à ce réseau de tendre la main à l'État, voilà un portrait abrégé mais exact du réseau du Nord tel qu'il fut à l'époque de sa gloire.

Des Outrance aux Atlantic

Si la grande tradition de vitesse commence avec les Crampton, le style typiquement Nord naît avec les Outrance. Ainsi surnommées parce que les équipes de conduite pouvaient les pousser à outrance tellement elles étaient endurantes, ces locomotives du Nord type 220 prennent la relève des Crampton à la fin du XIXe siècle en tête des grands trains du réseau: c'est l'âge d'or de la vitesse sur le Nord. La vitesse de 115 km/h est atteinte couramment en service à une époque où le 80 km/h est déjà un exploit. Les performances des Atlantic Nord marquent la période d'avant 1914: née sous le signe des trois «3», cette locomotive devait couvrir en 3 heures (soit à une moyenne de 100 km/h) la distance de 300 km en tête d'un train de 300 tonnes, chose qu'elle fit aisément à plus de 130 km/h sur les grandes lignes du réseau du Nord français en tête de trains rapides, avant d'être définitivement supplantée, durant les années 1930, par les Pacific.

Un réseau qui a su exploiter ses atouts

Le chemin de fer du Nord est créé en 1845 par la mise en commun de petites lignes construites dès 1838 autour d'Anzin et de St-Waast, et de la ligne de Valenciennes à Lille construite en 1842. Il s'agit donc bien d'un réseau régional, qui est relié d'abord au réseau belge voisin avant de l'être à Paris en 1846. Cette année-là, le réseau prend sa dimension nationale grâce à la ligne Paris-Amiens-Lille, avec embranchement à Douai pour Valenciennes. Le réseau a pour atouts des ports très actifs sur la Manche (Boulogne, Dunkerque, Calais), deux régions industrielles (le Nord-Pas-de-Calais et la banlieue nord de Paris), mais aussi des lieux très touristiques et fréquentés à l'époque (Senlis, Chantilly, Compiègne) ainsi que des villes commerçantes et actives (Arras, Saint-Quentin, etc.) formant autant de carrefours importants. Un trafic très diversifié, des distances très courtes, un réseau chargé demandant des vitesses élevées, voilà ce qui conduit le réseau à posséder un parc de locomotives de types très divers, couvrant aussi bien la traction de trains de charbons très lourds que des trains internationaux et rapides comme la Flèche d'Or ou l'Étoile du Nord.

L'âge d'or des Pacific

Durant les années 1920, les Superpacific Nord accomplissent journellement des exploits correspondant à des puissances de 2500 et même 2700 ch, remorquant des trains de 500 à 650 t à plus de 120 km/h en palier, notamment le fameux train de luxe la Flèche d'Or Paris-Calais. Les Superpacific, devenues 231 C à la création de la SNCF en 1938, font une excellente carrière jusqu'à l'électrification du réseau Nord amorcée en 1958. L'apothéose de la traction vapeur est obtenue avec les Pacific PO modifiées par Chapelon, devenues les 3.1100 sur le Nord (futures 231E SNCF). Ces 48 locomotives accomplissent des exploits remarquables, roulant à plus de 130 km/h en tête de trains très lourds. L'une d'elles atteint 170 km/h, en 1956, lors d'essais de pousse de locomotives de type électrique sous des caténaires. Mais, en 1958, la relève est brillamment effectuée en traction électrique avec les BB 16000 roulant entre Paris et Lille à 160 km/h. Avec les TGV Nord, Eurostar et Thalys, les traditions Nord sont parfaitement maintenues sur le réseau aujourd'hui, le 300 km/h étant quotidien.

1854

France

RÉSEAU DE L'EST: SON HISTOIRE

Constituée en 1854, la Compagnie de l'Est succède à celle de Paris à Strasbourg, qui a ouvert sa grande ligne deux années auparavant. Mais le réseau de l'Est sera, malheureusement, celui de trois guerres cruelles, de l'amputation de l'Alsace-Lorraine entre 1871 et 1918, et de trop nombreux trains de soldats, de blessés, de déportés. Aujourd'hui, c'est le réseau d'une France tournée vers l'Europe.

Le réseau de l'Est, quatrième réseau français

Le réseau de l'Est n'est pas le plus important en France par son étendue ou son trafic. Le tourisme en Alsace, celui des Vosges (Vittel, Contrexéville, Plombières, etc.) forment l'essentiel de ce type de trafic, et les grandes lignes sont actives grâce à des relations internationales au départ de Paris et en direction de la Suisse, de l'Allemagne, de l'Italie, de l'Europe centrale. Le réseau dessert les bassins lorrains, de grands sites industriels métallurgiques, ce qui donne lieu à un important trafic marchandises, traditionnel et caractéristique du réseau. En temps de guerre comme en temps de paix, l'armée est la grande utilisatrice du réseau: de très nombreuses villes de garnison et des manœuvres occasionnent d'importants transports de troupes et de matériel. Cette vocation militaire explique que le réseau soit très bien équipé en lignes à double voie.

L'Alsace dans le réseau de l'Est

Dès 1839, l'Alsace a sa ligne, entre Mulhouse et Thann. Peu après, celle de Strasbourg à Bâle, longue de 140 km, elle est la première ligne française à grande distance et, surtout, la première ligne internationale européenne. L'Alsace se dote d'une industrie performante, construisant des locomotives et du matériel roulant pour l'Europe entière: des noms comme Koechlin, Société Alsacienne de Constructions Mécaniques (future Alsthom), Bugatti, De Dietrich sont, en effet, autant de grandes signatures mondialement connues, et aujourd'hui encore si l'on songe à De Dietrich ou à Alsthom. En 1871, l'Alsace-Lorraine (les départements du Bas-Rhin, du Haut-Rhin et de la Moselle) devient allemande pour 47 années. Son chemin de fer prend un caractère technique allemand avec une circulation à droite, un matériel, des signaux et des installations fixes de type spécifique. Le réseau d'Alsace-Lorraine conservera ainsi sa spécificité après 1918; il sera distinct du réseau de l'Est et géré par l'État. La création de la Société Nationale des Chemins de fer Français, en 1938, instaure de nouveau un grand réseau Est unifié.

Des Crampton aux 230

Si les Crampton ouvrent une ère de la vitesse au milieu du XIXe siècle, c'est l'apparition des locomotives compound, entre 1897 et 1914, qui donne à l'exploitation Est sa physionomie caractéristique. Le type 230, particulièrement, marque la traction Est à partir de 1903 et atteint, durant les années 1920, des performances inédites pour ce type de locomotive, la mettant à égalité avec les Pacific. Ces locomotives pouvaient effectuer un Paris-Nancy sans arrêt en moins de 3 h, réalisant, par exemple, le parcours en 2 h 58 min à une vitesse moyenne proche de 120 km/h et dépassant 140 km/h lors d'essais ou en service.

L'ère des Mountain

Vu l'accroissement du poids des trains et la demande de vitesse, l'Est songe à passer du type à 3 essieux au type à 4 essieux moteurs durant les années 1920, passant ainsi directement du type 230 au type 241 ou Mountain pour la traction des trains rapides lourds. Le prototype est construit en 1925 et, après de longues mises au point, la série est construite à partir de 1931. Elle compte 90 locomotives réparties entre les réseaux de l'Est et de l'État. La Mountain Est atteint des puissances de plus de 2700 ch à la jante. Cependant, en raison de problèmes d'instabilité, la carrière des 241 se fait en tête de trains très lourds mais peu rapides, pesant de 700 à 800 tonnes et remorqués à un bon 110 km/h. L'électrification du réseau se fera d'une manière très progressive durant les années 1950-1960; le réseau attend toujours sa ligne à grande vitesse reliant Paris au centre de l'Europe.

Ci-contre, les 230 de l'Est font la renommée des trains rapides du réseau.

3103
EST

1857

France

LE RÉSEAU DU PLM: SON HISTOIRE

Le grand réseau du Paris, Lyon et Méditerranée comprend plus de 10 000 km de lignes. De Paris, il dessert tout le sud-est de la France jusqu'aux frontières avec l'Italie, la Suisse, jusqu'à la côte méditerranéenne, englobant de grandes villes comme Lyon, Marseille, Nice, de grandes régions touristiques comme les Alpes et la Côte d'Azur. Un réseau gâté et qui sut parfaitement profiter de ses dons.

Un trafic intéressant

Le Paris, Lyon et Méditerranée jouit, de tout temps, d'une position prestigieuse avec les régions touristiques desservies comme les Alpes ou la Côte d'Azur. Et pourtant il dessert aussi des régions plates et agricoles comme le Bassin parisien, les vallées de la Seine, de la Saône et du Rhône, la Bresse. Le réseau est riche des régions à forte densité de population constituant son territoire, et beaucoup sont industrielles si l'on songe à Lyon, Grenoble, Saint-Étienne, Marseille qui, en plus, occasionne un important trafic maritime avec l'Afrique et l'Orient. Le trafic voyageurs est toujours très important, et les trains les plus prestigieux circulent sur le réseau comme le Calais-Méditerranée Express ou le Train Bleu.

Ci-contre, la Pacific PLM, la plus répandue sur le réseau français avec 462 exemplaires. Ci-dessus, une 130 mixte portant le numéro 1 du réseau, obtenue par transformation, en 1914, d'anciennes 121 rapides.

Les difficiles années 1930

Le PLM connaît un léger déficit en 1921, et à partir de 1932 ce déficit s'accroît très fortement et définitivement. Le réseau trouve, depuis 1929, un trafic inférieur à celui de 1913 avec des charges infiniment supérieures. La somme des déficits du PLM s'est accumulée pour atteindre, entre 1926 et 1936, 5 milliards 704 millions de francs: c'est, en 10 années, le montant de 2 années de recettes perdues... En face d'un réseau comme celui du Nord, qui n'a jamais fait appel au fonds commun des réseaux, le PLM fait maintenant figure de «réseau pauvre» et doit tendre la main. Victime de la crise, il ne retrouvera jamais sa prospérité d'avant la Première Guerre mondiale.

Le réseau qui apporte le plus à la SNCF

En 1938, à la création de la SNCF, cette compagnie possède un matériel très abondant, et beaucoup de types de locomotives comportent plusieurs centaines d'exemplaires comme les 687 type 230, les 462 type 231, ou surtout les 1401 type 140. Le total des engins moteurs d'origine PLM est de 5926, ce qui fait que cette compagnie constitue pratiquement le tiers du matériel moteur de la SNCF. Mais à la quantité s'ajoute aussi la jeunesse avec un âge moyen de 23,23 années, ce qui place le PLM juste derrière le Midi pour la jeunesse du parc. Toutefois, si l'on tient compte du fait que le PLM apporte 5,5 fois plus de matériel que le Midi pour un âge presque identique, on peut dire que le PLM est globalement le réseau qui apporte, de très loin, le matériel le plus récent à la SNCF.

Une constitution longue et difficile

Ce réseau est constitué après ceux du Chemin de fer de Paris à Orléans (1852), du Midi (1855) et de l'Ouest (1855), et d'une manière lente parce qu'il est formé de grandes compagnies qui elles-mêmes sont nées de fusions précédentes: le Paris-Lyon, le Lyon-Méditerranée, le Lyon-Genève, le Bourbonnais, le Rhône-et-Loire, une partie du Grand Central. Un «réseau Nord» et un «réseau Sud» persistent à l'intérieur même du PLM jusqu'en 1867 et construisent chacun leur matériel propre.

Si le réseau naît dans la région minière de Saint-Étienne, le berceau du chemin de fer français, il est rapidement étendu jusqu'à Lyon, puis réalise, en 1843, la jonction entre Rhône et Loire. Dans le Midi s'ouvrent les lignes de Beaucaire à Nîmes, de Nîmes à Montpellier. Mais c'est surtout la création de la ligne de Paris à Lyon en 1854, puis des embranchements de Dijon à Besançon et Belfort qui commencent à constituer la grande artère du PLM, tandis que les lignes Marseille-Toulon et Marseille-Aix sont ouvertes en 1858 et 1856. Le réseau a sa structure définitive au début de notre siècle quand l'ensemble des lignes difficiles du Jura, des Alpes, du Massif central sont ouvertes. Sa création aura duré plus d'un demi-siècle.

1909

France

RÉSEAU OUEST-ÉTAT: SON HISTOIRE

Le réseau de l'Ouest vit très mal jusqu'à son rachat par celui de l'État en 1909. De son côté, celui de l'État n'a pas eu, non plus, une situation brillante jusque-là. L'union de ces deux exclus de la richesse ferroviaire française fera-t-elle mieux que celle de la fable du paralytique et de l'aveugle? Il faut croire que oui, car le réseau de l'État, surtout avec Raoul Dautry durant les années 1930, parviendra à un niveau enviable.

La nationalisation: un problème ancien

La création du réseau de l'État se fait en 1878 lors d'un grand débat national sur le statut des chemins de fer, débat qui, en fait, couve depuis l'origine des chemins de fer en France. Prévue par le détail dès le début des années 1930, la nationalisation est une idée ancienne et la création de la SNCF, le 1er janvier 1938, est bien le terme de cette longue évolution. Le réseau de l'État apparaît comme un champ expérimental (on dirait aujourd'hui une vitrine) qui doit démontrer, devant l'opinion et les grands réseaux, qu'une gestion directe des chemins de fer par les pouvoirs publics ne peut être que bénéficiaire pour la collectivité nationale. Si des pays comme la Suisse l'ont compris dès la fin du XIXe siècle, la France hésite encore et ce n'est que la faillite des réseaux avec la crise des années 1930 qui, en fin de compte, met un terme à un siècle de capitalisme privé.

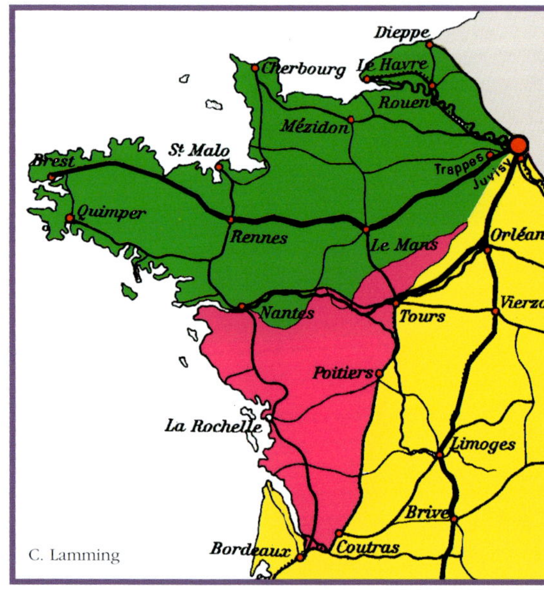

Ci-contre, un schéma montrant la position peu enviable du réseau de l'État avant 1909, coincé entre ses concurrents, l'Ouest (en vert) et le PO (en jaune) et n'ayant aucune «tête» à Paris.

Un matériel de traction hétérogène, mais pas si ancien qu'on le pense

Le matériel du réseau de l'État procède d'un regroupement de celui de deux réseaux effectué en 1909 lors du rachat de l'ancienne Compagnie de l'Ouest par le réseau de l'État. Or, déjà, ces deux réseaux avaient des parcs très hétérogènes provenant du regroupement de petites compagnies éphémères. En 1938, lors de l'intégration du réseau dans celui de la SNCF, le total des locomotives et des engins moteurs est de 3942 unités, et 422 locomotives accusent plus d'un demi-siècle d'âge! Mais la moyenne d'âge du parc de l'État est, en fait, très basse, avec seulement 23,91 années, car le réseau a fait un important (et souvent oublié) effort de reconstruction de locomotives de type 231 durant les années 1930 et surtout en 1933 et 1937. C'est ainsi que 137 locomotives de type 230 ont une année au plus et 153 de type 231 ont 5 années au plus en 1938. Bien entendu, les 58 locomotives électriques 2D2 engagées pour Paris-Le Mans sont neuves: le total des locomotives âgées de moins de 10 ans est de 14,4 % pour le réseau de l'État contre 9,2 % pour le Nord ou 7,1 % pour l'Est.

Une mosaïque de petites lignes

Formée en 1851, la Compagnie de l'Ouest comprend les lignes de Viroflay à Chartres, Paris-Laval, les deux lignes de Versailles. Elle apportera au réseau de l'État, en 1909, 6078 km de lignes (dont un grand ensemble de 400 km en voie métrique) formé de quelques grandes lignes comme Paris-Rennes-Brest, Paris-Caen-Cherbourg, Paris-Granville, mais surtout une infinité de petites lignes reliant entre elles d'innombrables petites bourgades d'une France rurale normande ou bretonne: Alençon à Pré-en-Pail et Domfront, ou encore Sillé-le-Guillaume à Sablé, ou Segré à Saint-Mars-la-Jaille, etc. Tout cela manque de trafic lourd faute de grandes villes industrielles, et la Compagnie de l'Ouest ne fera jamais fortune. Créé le 25 mai 1878, le réseau de l'État naît dans l'urgence de maintenir un service public et le manque de trafic et de moyens. Il est le produit du rachat par l'État (le vrai) de compagnies éphémères comme la Cie des Charentes, de la Vendée, de Bressuire à Poitiers, d'Orléans à Rouen, de Poitiers à Saumur, etc. Leurs lignes sont pour la plupart déficitaires et même inachevées. Mais, surtout, cet ensemble n'a aucune «tête» à Paris et fait du réseau de l'État une enclave prise entre ceux de l'Ouest et du PO. Le rachat de l'Ouest en 1909 donne enfin au réseau de l'État les gares parisiennes de Saint-Lazare et du Montparnasse.

231.D.517

1934

France

RÉSEAU DU PO-MIDI: SON HISTOIRE

Enfin créé en 1934 par la fusion du Chemin de fer de Paris à Orléans et du Midi, cet important réseau desservant l'ensemble du grand Sud-Ouest de la France a donc demandé presque un siècle pour sa constitution définitive. Longtemps formé de deux réseaux distincts, le PO, d'une part, et le Midi, d'autre part, sa fusion tardive ne fait que juxtaposer deux réalités très différentes sur le terrain.

Le Paris-Orléans: bien plus qu'une ligne reliant ces deux villes!

La compagnie du PO a un nom bien trompeur: pendant des décennies, beaucoup de voyageurs se sont demandé pourquoi un train du Paris-Orléans allait jusqu'à Bordeaux ou La Rochelle et les enfants, lors des leçons de géographie, se sont bien embrouillés dans cette affaire et ont eu quelques zéros pointés!

Il est vrai que la ligne de Paris à Orléans, ouverte en 1843, est celle qui fonde le réseau et que l'ensemble des grandes lignes de la Compagnie du Chemin de fer de Paris à Orléans ne sont, en fait, que des prolongements à partir d'Orléans en direction du Sud-Ouest, souvent par rachat. La ligne Paris-Bordeaux est intégralement mise en service en 1853, Clermont-Ferrand par Nevers en 1855, et peu avant la guerre de 1870, le réseau possède l'ensemble de ses grandes lignes desservant ou reliant entre elles Tours, Limoges, Brive, Montluçon, Aurillac, ainsi que de nombreuses villes du Massif central. La liaison directe Paris-Toulouse est ouverte en 1884 par Cahors et Montauban. La transversale Bordeaux-Aurillac est ouverte en 1891. Le réseau compte 8400 km de lignes lors de la fusion avec le Midi en 1934.

Le Midi, cet inconnu

Situé au sud de la Garonne, dans le triangle délimité par ce fleuve et les Pyrénées, ce réseau est le seul des grands réseaux français à ne pas avoir de «tête» à Paris, ce qui lui vaut d'être peu connu du grand public. C'est en 1852 que naît la Compagnie du Midi et du Canal latéral à la Garonne; entre 1854 et 1858, d'importantes lignes sont ouvertes entre Bordeaux et Sète, Narbonne et Perpignan, Bordeaux et Bayonne. La gare de Bordeaux-Saint-Jean est le point central du réseau. Les années 1860 à 1890 sont celles de la construction des lignes vers les Pyrénées et le Massif central, faisant du Midi un réseau à fortes rampes avec des valeurs courantes de 30 ou 40 ‰, et même plus. La Bastide, culminant à 1200 m, est atteinte par Mende en 1902, et Brioude ou Saint-Flour peu avant la Première Guerre mondiale. Les grands raccordements avec le PO, le PLM et les Transpyrénéens sont terminés entre les deux guerres. Au moment de la fusion avec le PO, le réseau compte 4313 km de lignes.

Les apports du PO et du Midi à la SNCF en 1938

Le matériel formant celui de la région Sud-Ouest de la SNCF est apporté par les deux compagnies du PO et du Midi qui ont fusionné en 1934, fusion non encore terminée dans les faits, puisque, par exemple, aucun wagon de marchandises n'a reçu et ne recevra les marquages PO-Midi de rigueur. Un tradition brillante de traction vapeur a existé sur le PO avec des reconstructions de locomotives dues à l'ingénieur André Chapelon (passage au type 240 de locomotives type 231, modifications importantes de 231, etc.), mais portant sur un nombre restreint de locomotives et ne rajeunissant guère un parc qui est le plus âgé des réseaux français, en dépit d'une part de 16,26 % en traction électrique. Le PO est bien le vétéran des réseaux français avec un parc d'un âge moyen de 29,19 années. Le Midi est le réseau pionnier de la traction électrique et ses 367 locomotives électriques le rajeunissent, car 46,6% du parc a moins de 10 ans d'âge, donnant une moyenne de 22,55 années seulement. La locomotive BB du Midi marquera profondément la conception de la traction électrique de la SNCF.

Ci-contre, les fameuses «Hongroises» 2BB2 du PO: une gloire éphémère…

1938-1947

France

LA SNCF: SON HISTOIRE (1)

La Société Nationale des Chemins de fer Français est née officiellement le 1er janvier 1938, et sa volonté immédiate est de redistribuer le matériel roulant pour rendre l'exploitation plus rationnelle, mais aussi de construire du matériel nouveau dont le réseau a grand besoin. Malheureusement, la Seconde Guerre mondiale, déclarée en 1939, retarde la construction de ce matériel d'une dizaine d'années.

Gérer un parc moteur ancien

Cette première décennie de la SNCF correspond à la gestion d'un parc issu des anciennes compagnies et composé de nombreuses locomotives à vapeur de nombreux types, de locomotives électriques de types BB et 2D2 anciens, et enfin d'autorails des premières générations des années 1930. Cette période comprend aussi les nouvelles locomotives à vapeur SNCF dont la conception repose sur celle des anciennes locomotives classiques (séries P). Elle forme une période d'attente qui se termine peu après la guerre, en 1946-1947, lors de la mise en service de nouvelles locomotives électriques de pure conception Société Nationale des Chemins de fer Français.

Dès 1938, la SNCF a pour objectif d'unifier son parc moteur, d'en réduire les types et séries, et de supprimer les types anciens au profit de types nouveaux à séries réduites parce que plus productives. La mission de la Direction des Études de Locomotives est de donner naissance à 6 types de locomotives que seront les 141 P (mixtes), 241 P (vitesse), 150 P (marchandises lourds), 240 P (vitesse), 151 TQ (locomotives-tender pour trains lourds), 050 TQ (locomotives-tender pour manœuvres ou triages). Chapelon propose un programme cohérent de locomotives nouvelles vers 1940 à une SNCF possédant 11 862 locomotives appartenant à 177 séries et ayant un âge moyen de 30 ans. L'ingénieur estime que son programme pourrait diviser cet effectif par 2 ou par 3 grâce aux importants parcours journaliers que ses machines auraient pu effectuer: c'est, à peu près, ce que la 141 R allait démontrer 5 années plus tard. Mais le programme est refusé après un commencement d'exécution.

P.51, que serait cette première période de l'histoire de la SNCF sans ses mécaniciens et chauffeurs de la traction vapeur qui assurent encore la grande majorité des circulations? Ci-contre, la 240 P, une des nouvelles locomotives de la SNCF.

L'avenir est à l'électricité

La traction électrique ne décolle pas vraiment durant les années 1930, en dépit des électrifications effectuées, et elle reste «une vitrine technologique», dirait-on aujourd'hui. Le réseau électrique des années 1930 n'a rien de comparable avec, par exemple, le réseau TGV d'aujourd'hui, lequel, en moins d'une dizaine d'années, a bouleversé le chemin de fer français. La SNCF doit électrifier son réseau et ambitionne de commencer par Paris-Lyon, en 3000 V continu.

La traction diesel de ligne reste à l'étude

Trouvant dans son parc des séries de locotracteurs et quelques locomotives diesel d'origine PLM, la SNCF songe, sous l'impulsion d'ingénieurs comme Charles Tourneur, à une utilisation intensive de locomotives diesel de ligne. Mais ce projet est arrêté par la guerre, et la SNCF misera sur l'autorail pour le redémarrage du réseau à la Libération, en attendant l'étude et la mise au point de locomotives de ligne.

La nationalisation: un débat ancien

Fille d'une volonté ancienne remontant aux années 1870 (la création du réseau de l'État se fait en 1878 lors d'un grand débat national sur le statut des chemins de fer), prévue par le détail dès le début des années 1930, la nationalisation est une idée ancienne et la création de la SNCF, le 1er janvier 1938, est plus le terme d'une longue évolution que le début d'une action. La nationalisation des chemins de fer en France aura été à l'ordre du jour de 1878 à 1938, soit pendant 60 années.

Les politiques et les techniques de traction ne subissent donc, de ce fait, aucun changement durant les premiers temps de l'existence de la SNCF. Pour l'homme de la rue, la seule différence apparente sera le marquage progressif du matériel avec les quatre lettres de la société, chassant celles des anciennes compagnies, opération qui durera plusieurs années.

141.R.94

1948-1965

France

LA SNCF: SON HISTOIRE (2)

En 1948, une seconde période commence pour la SNCF – qui a 10 années d'existence – avec la construction des nouvelles locomotives électriques et diesel qu'elle vient d'étudier, de nouveaux autorails et le renouvellement de son parc de voitures à voyageurs (matériel DEV). Mais c'est aussi l'apparition d'un nouveau système d'électrification: le monophasé 25 000 V de fréquence industrielle 50 Hz qui bouleverse ce mode de traction.

Une période très active

En 1965, la SNCF a transporté 248 000 000 de t de marchandises dont, principalement, des produits métallurgiques et de construction, des combustibles, des minéraux.
Elle a transporté aussi 610 millions de voyageurs qui, en cette époque d'avant le TGV, se contentent, pour le service d'hiver 1964-1965, d'aller de Paris à Lyon à 128 km/h de moyenne, à Bordeaux à 121 km/h, à Brest à 101 km/h, à Nice à 105 km/h. En presque 30 ans, les progrès en matière de vitesse moyenne sont de l'ordre de 10 % environ pour l'ensemble du réseau – mais, c'est vrai, il y a eu l'épreuve de la guerre entre-temps. Le train n'a pas encore conquis la grande vitesse et laisse la part belle à la DS 19 sur le réseau autoroutier.

P.53 l'inauguration de l'électrification Paris-Lyon en 1952: une œuvre majeure pour la SNCF. Ci-contre, la 141 R, symbole vivant de la traction vapeur à la SNCF.

La vapeur recule

En 1965, la locomotive à vapeur est toujours le mode le plus répandu: on compte 2650 locomotives à vapeur, contre 2010 locomotives électriques, 1130 locomotives diesel et 1110 autorails. La vapeur vit cependant ses dernières années et cède progressivement la place à la traction électrique. La vapeur disparaît définitivement au moment même où se produit le premier choc pétrolier, qui, peut-être, aurait pu prolonger sa survie.

L'âge d'or de la traction diesel

La traction diesel connaît son âge d'or. Au milieu des années 1960, elle semble être la traction de l'avenir, et beaucoup pensent même que les grandes électrifications ne seront plus prolongées. Les prototypes BB 69000 et CC 70000 annoncent une traction diesel de grande puissance, apte à prendre le relais des locomotives électriques en fin de parcours sous caténaire. Il faut aussi dire que le parc diesel français a pour lui un argument de poids: celui de la jeunesse. Les autorails conservent leur confortable part du trafic avec 38 à 40 %, même s'ils sont en très léger recul.

Le renouvellement complet de la traction

Entre 1948 et 1965, la SNCF vit une 2e période qui comprend la mise en service des locomotives étudiées par la SNCF et qui sont à adhérence totale (types CC et BB), de la traction diesel de ligne, des autorails unifiés SNCF (la 2e génération d'autorails). C'est une période très intense en traction électrique, avec l'apparition du courant monophasé, du redressement à bord des machines (nombreuses solutions successives), du bogie monomoteur, du bogie à biréduction, des locomotives bicourant et polycourant, etc. La traction diesel connaît une époque de prototypes, adopte la transmission électrique définitivement (y compris sous la forme monophasé continu), le bogie monomoteur et la biréduction apportés par la locomotive électrique. Cette longue et importante époque est celle de l'abandon de toutes les solutions non viables à long terme, une époque d'épuration technique en quelque sorte, durant laquelle la SNCF est en route vers une unification de sa traction avec l'élimination de la vapeur.

Le renouvellement des automotrices

Le parc d'automotrices comporte encore du matériel très ancien comme les quelques 200 rames Standard ex-État, construites entre 1924 et 1929 et toujours en service en 1966. C'est bien l'électrification de Paris-Lyon, assurant le renouvellement du matériel de banlieue Sud-Est, qui, par la force des choses, amène l'arrivée, cette fois massive, d'un matériel très moderne à caisses en acier inoxydable: les Z 5100, qui sont mises en service à partir de 1953.

1966-…

France

LA SNCF: SON HISTOIRE (3)

A partir du milieu des années 1960, la SNCF entre dans une période nouvelle, celle de la traction actuelle, de la vitesse, du TGV et de la voiture Corail. Le «marketing», l'action commerciale sont aussi très présents, désormais, sur le front de la lutte en faveur du chemin de fer. L'écologie, de nouvelles manières de vivre et de voyager, la vitesse, la sécurité redonnent au chemin de fer sa clientèle.

Le nouvel âge de la SNCF

A partir des années 1965-1966, les choses vont désormais très vite pour la SNCF: c'est d'abord le renouvellement de la traction électrique avec des essais de moteurs synchrones et asynchrones, mais aussi un gel de l'évolution de la traction diesel de ligne, l'apparition de la troisième génération d'autorails, une politique d'automotrices électriques. La naissance du Service de la Recherche en 1966, la commercialisation du chemin de fer à partir du début des années 1970, la naissance du système TGV avec les essais des débuts en 1970 jusqu'à la mise en service de la ligne Paris-Sud-Est en 1981, voilà tout ce qui marque bien une ère nouvelle pour le chemin de fer en France, dans laquelle les politiques et les techniques de traction sont beaucoup plus intégrées dans l'offre et la demande économiques. Durant cette période s'éteignent les dernières séries d'engins du passé: traction vapeur, autorails de la première génération, anciennes séries de locomotives électriques à bogies porteurs. Le legs des anciennes compagnies a disparu.

Ci-contre, la gare Montparnasse marque l'arrivée des architectures nouvelles et fonctionnelles pour la SNCF des années 1960. Ci-dessus, la «Sybic» est le terme actuel d'une longue évolution technique commencée vers 1966.

L'évolution du trafic

Pour ce qui est du trafic voyageurs, le gain en 10 ans a été de 20 % pour le nombre transporté, et les voyageurs/kilomètres sont en augmentation de 17 % pour le réseau en entier (le TGV est seulement entré en jeu à partir des 3 derniers mois de 1981).
Le trafic marchandises, certes, est moins brillant dans son évolution: les chiffres sont alarmants avec un tonnage total transporté diminué de 32 %, des tonnes/kilomètres réduits de 21 %, des trains/kilomètres réduits de 22 %. Le nombre des cheminots a diminué de 16 %, mais les unités-kilomètres-équivalentes par heure de travail ont augmenté de 21 %. La productivité a donc été exemplaire. La qualité du service a progressé: moins d'incidents, moins de retards, sauf pour les autorails et les turbotrains, du fait du vieillissement du parc.

1992-1996: l'ère des grandes avancées

Ces toutes dernières années passent pour avoir été difficiles pour le chemin de fer français. Pourtant, cette dernière décennie est celle de grands progrès et l'acte de naissance du chemin de fer du XXIe siècle.
Au TGV Atlantique du début de cette décennie se sont ajoutés le TGV-Nord Europe, le TGV Transmanche (Eurostar) et, enfin, le TGV «Thalys». Les premières rames TGV-Duplex à 2 niveaux circulent depuis l'été 1996, avec les nouveaux TGV-PBKA rouges. La diversité du matériel va croissante avec des sous-séries bicourant ou tricourant, des remorques et des cabines de conduite différentes, des équipements de signalisation et de sécurité (système TVM 430, balises KVB, etc.).
Actuellement, plus de 400 millions de voyageurs ont utilisé le système TGV depuis sa création, parcourant plus de 800 millions de kilomètres dans des conditions de confort, de sécurité et de régularité supérieures à celles des meilleurs trains classiques de la SNCF, et pour un coût de maintenance diminué de 40 % et une capacité accrue de 40 %. Le TGV dans son ensemble assure actuellement environ 50 % du trafic voyageurs de la SNCF (21,4 milliards de voyageurs/kilomètres en 1995) sur 1280 km de lignes nouvelles desservant environ 160 gares réparties sur 6000 km de lignes nouvelles ou classiques.

LA SNCF: SON HISTOIRE (3)

1844

France

«Crampton»

Sans nul doute la plus célèbre des locomotives de vitesse du XIXe siècle, véritable «TGV» sous Napoléon III, la «Crampton» battit des records de vitesse et roula en service quotidien à 120 km/h alors que, sur les routes, on circulait à pied ou à cheval.

Napoléon III à 100 km/h ?

Napoléon III a voyagé entre Marseille et Paris en 1855 à une moyenne de 100 km/h, dans un train tiré par une «Crampton»: voilà ce que l'on peut lire dans bien des livres d'histoire. L'exploit était théoriquement possible, mais encore fallait-il que la ligne fut achevée, ce qui n'était pas encore le cas en 1855. Cela était également possible, non avec une «Crampton», mais avec une succession de machines prêtes, sous pression et en attente dans les dépôts, et rapidement mises en tête du train impérial, assurant ainsi des «relais-traction» immédiats. Et il fallait enfin que la voie soit totalement dégagée et que tous les signaux soient en position «voie libre»: la signalisation de l'époque n'était pas encore «enclenchée» avec les appareils de voie et ne permettait pas la sécurité nécessaire des mouvements. Tout ceci supposé, une «Crampton» disposait bien de la puissance nécessaire pour remorquer les deux ou trois voitures du train impérial à cette vitesse: mais l'exploit a-t-il réellement été réalisé ?

Nul n'est prophète en son pays

L'ingénieur anglais Thomas Crampton proposa, en vain, aux différents réseaux de son pays une nouvelle locomotive dont la qualité principale était de rouler très vite. Seul le London & North Western construisit un prototype d'essai, qui roula à 119 km/h pendant 25 kilomètres, mais les choses en restèrent là sur le sol britannique. Crampton parvint à convaincre des dirigeants de réseaux belges, américains et même français de construire des prototypes. Ce fut finalement la France du Second Empire qui adopta définitivement cette machine, qu'elle surnomma le «lévrier du rail».

La «Crampton» française

Étudiée par l'ingénieur Houel de la firme Cail, la machine française est différente de l'anglaise. Si la disposition générale restait identique, avec les deux grandes roues motrices disposées à l'arrière, Houel ajouta des longerons pour renforcer le châssis, redessina les circuits de vapeur et modifia la distribution de vapeur aux cylindres. La locomotive fut mise en service sur les réseaux du Nord et de l'Est, entre 1845 et 1849. Le réseau du Nord pratiquait déjà une politique de vitesse, qui fut payante pour les décennies suivantes. Le réseau du PLM commanda à son tour des «Crampton» à partir de 1849. En 1853, par décret, Napoléon III fixa la vitesse maximale de ces locomotives à 120 km/h: mais, très souvent, des vitesses supérieures furent atteintes! Ces locomotives durèrent jusque vers 1870, époque où des machines à deux essieux moteurs les supplantèrent en tête de trains rapides plus lourds.

Ci-dessus, une «Crampton» de 1852, conservée au Musée français du Chemin de Fer, à Mulhouse. Ci-contre, la 177, construite en 1855.

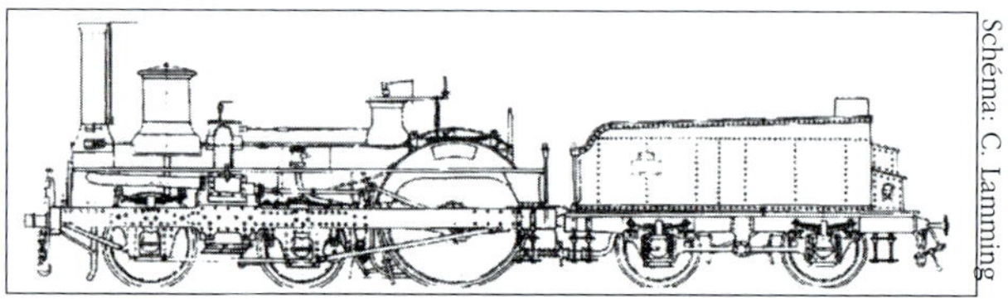

Schéma: C. Lamming

Caractéristiques techniques

Longueur: 7,74 M	Vitesse: 120 km/h
Poids total: 29 t	Diamètre des cylindres: 400 mm
Diamètre des roues motrices: 2140 mm	Course des pistons: 550 mm
Puissance: 400 CV estimés	Pression de la chaudière: 7 kg/cm^2
	Surface de la grille du foyer: 1,4 m^2

«CRAMPTON»

1907

France

4500 PO

Mises en service en juillet et en septembre 1907, les deux locomotives 4501 et 4502 sont les premières Pacific européennes, devançant de très peu celles mises en service sur d'autres réseaux. La Pacific est, par excellence, la locomotive classique et performante d'une traction vapeur à son apogée, mais devant défendre ses acquis face à la traction électrique jouant désormais dans la cour des grands...

Le service des trains Paris-Toulouse

Cette importante ligne directe Paris-Toulouse, aujourd'hui délaissée par les TGV desservant Toulouse par Bordeaux, est une des artères maîtresses du réseau de Chemin de fer de Paris à Orléans, et la traversée de l'ouest du Massif central donne une section très accidentée sur 370 km entre Argenton-sur-Creuse et Montauban. Au début de notre siècle, les locomotives type 230 commencent à être débordées par le poids croissant des trains, et les performances s'en ressentent nettement avec des accumulations de retards ou même d'incidents. Les Pacific 4500 engagées sur la ligne consommeront moins que les types 230 avec 4 à 5 kg par tonne-kilomètre et une économie de l'ordre de 5 à 10 %, mais elles donneront une puissance de plus de 2000 ch à 100 km/h contre 1200 ch précédemment. Il est possible, désormais, de prévoir des trains de 400 à 500 t comprenant plus de 10 voitures.

Fille d'une sage et lente évolution

Les nouvelles Pacific 4500 du PO sont dérivées de types 230 série 4000 et 221 série 3000 du même réseau, les ingénieurs préférant innover avec prudence et procéder par évolution lente. En effet la science ferroviaire, depuis les débuts du XIXe siècle, comporte bien des incertitudes et les modèles mathématiques manquent pour établir, par le calcul, ce que l'expérience met longtemps à enseigner. De nombreuses données restent des mystères, comme les rendements thermodynamiques, ou, surtout, le comportement sur la voie et le manque de stabilité.
Les Pacific 4500 du Chemin de fer de Paris à Orléans, pour leur propre compte, n'échapperont pas à cette loi et ne sont, elles aussi, que le commencement d'une longue évolution du type Pacific, connaissant elles-mêmes des sous-séries (4530 à 4540, 4571 à 4600 avec surchauffe), mais aussi précédant les 3500, les 3600, les 3700, puis les types 240 série 4700.

La carrière des 4500

Affectées principalement aux dépôts de Tours, Bordeaux, Vierzon, Limoges, Brive et Capdenac avant la Première Guerre mondiale, ces locomotives assurent un service très dur sur les lignes de Paris à Toulouse, bien sûr, mais aussi à Bordeaux, ou Le Mans - Tours - Vierzon - Saint-Germain-des-Fossés, ou encore de Brive à Toulouse par Capdenac, de Limoges à Agen, etc.
En 1930, dix locomotives sont louées au réseau Paris, Lyon et Méditerranée qui manque de machines pour la liaison Nevers - Clermont-Ferrand. Ces locomotives se montrent capables non seulement d'être rapides, mais aussi de regagner du temps en cas de retard: l'auteur L.-M. Vilain cite un gain de 9 min effectué le 8 août 1908 par la machine 4508 sur le parcours Brive - Limoges en tête d'un train de 386 t, puis de 13 min avec la 4596 le 20 mai 1914, le parcours étant fait en 1 h 19 mn.
Entre Argenton et Limoges, il fallait développer plus de 2200 ch pour remorquer à plus de 70 km/h des trains dépassant 500 t sur des rampes de 6 ‰. En 1936, des trains comme le Bordeaux - Strasbourg - Milan comportent 15 voitures et pèsent 625 t: des vitesses de plus de 110 km/h sont maintenues en dépit du profil difficile de la ligne. Les grandes électrifications du réseau PO-Midi mettront fin à ces exploits et chasseront ces locomotives vers des services moins nobles à partir de 1935.

Caractéristiques techniques

Type: 231
Moteur: 4 cylindres compound
Cylindres haute pression: 390 x 650 mm
Cylindres basse pression: 640 x 650 mm
Diamètre des roues motrices: 1850 mm
Pression de la chaudière: 16 kg/cm^2
Surface de la grille du foyer: 4,27 m^2
Masse: 91,6 t
Vitesse: 120 km/h

4500 PO

1908

France

230 D

Cette locomotive a toutes les caractéristiques esthétiques et techniques de la locomotive Nord entrant, à l'époque, dans sa période la plus performante. C'est l'âge d'or du Nord, et cette compagnie bat des records de vitesse commerciale, trouvant dans la superbe livrée marron à filets jaunes de ses locomotives de vitesse toutes les raisons de son prestige.

Supplanter les Atlantic

A la fin du XIXe siècle, l'accroissement du poids des trains et une demande plus forte en performances font que les machines à 2 essieux moteurs, et notamment le type 221 ou Atlantic qui est le plus évolué, sont à bout de souffle. Il faut 3 essieux moteurs. L'ingénieur Gaston Du Bousquet fait étudier une machine de transition vers le type 231 ou Pacific, ceci sous la forme d'une 230, qui est en fait une 221 Nord dont le dernier essieu porteur est remplacé par un essieu moteur, et dont on conserve la chaudière.
Le cahier des charges impose une vitesse de 115 km/h et même davantage si possible, ceci en tête de trains express ou rapides pouvant peser de 300 à 400 t.

Caractéristiques techniques

Type: 230
Moteur: 4 cylindres compound
Cylindres haute pression: 350 x 640 mm
Cylindres basse pression: 550 x 640 mm
Diamètre moyen du corps cylindrique: 1456 mm
Diamètre des roues motrices: 1750 mm
Surface de la grille du foyer: 2,76 m^2
Masse: 70 t
Longueur: 11,42 m
Vitesse: 115 km/h

Ci-contre: la 230 D43 en tête d'un train de voyageurs régional au début des années 1960. La tradition Nord des locomotives soigneusement astiquées s'est quelque peu perdue... P.61, la 230 D9 du Musée français du Chemin de fer de Mulhouse, superbement restaurée et présentée sous sa livrée SNCF.

La gloire des «3500»

Inscrites dans le parc du Nord sous les numéros de série 3513 à 3557 et 3558 à 3662, les nouvelles 230 sont appelées les «3500» par les cheminots. Mises en service à partir de 1908, elles sont très perfectionnées: leur moteur est compound, les 4 cylindres ont des tiroirs plans avec compensateurs pour les cylindres haute pression, la production de vapeur inclut un surchauffeur Schmidt. Mais d'autres perfectionnements sont apportés ultérieurement, comme il se doit d'ailleurs en matière de traction vapeur: ainsi, un échappement Lemaître à cheminée large est monté à partir de 1935, ce qui augmente la puissance à plus de 2000 ch, d'après l'auteur Lucien-Maurice Vilain.
Les «3500» accumulent les exploits durant leur carrière, en tête de trains de toutes sortes, des rapides aux omnibus, des messageries aux marchandises. Véritable machine mixte, elle concilie ce qu'il faut de vitesse sans perte de puissance, pour donner un équilibre très mesuré et efficace, remorquant des trains de plus de 600 t parfois à la vitesse de 115 km/h, ou prenant en charge les 503 t du Train Bleu, lors d'une demande de réserve, et assurant une moyenne de 95,3 km/h entre Creil et Amiens. On les a même vu remorquer des trains de marchandises de plus de 1100 t entre Saint-Quentin et Aulnoye.
On voit les «3500» sur l'ensemble du réseau, affectées aux dépôts d'Amiens, Arras, Aulnoye, Boulogne, Calais, Creil, Dunkerque, Fives, La Chapelle (Paris), Laon et Tergnier.
En 1938, lors de la création de la SNCF à partir des anciens réseaux français, l'ensemble des 149 locomotives «3500» est encore en service, et ces machines prennent le marquage 230 D. Désormais peintes en vert sombre, elles continuent leur brillant service jusque durant les années 1960-1970, chassées des lignes de la région Nord par l'électrification.

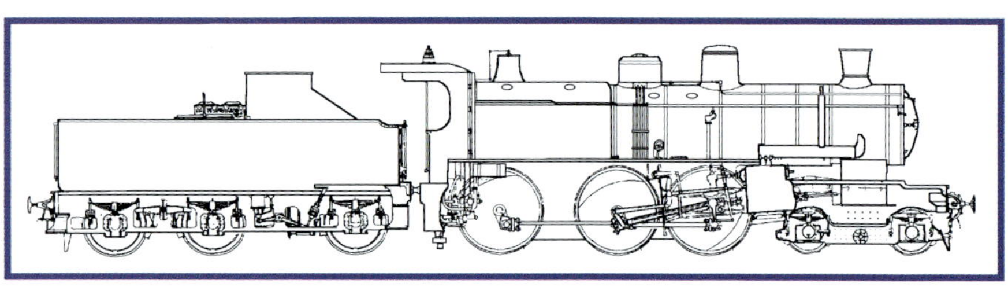

230.D.9

1909 France

Pacific PLM

Une des plus belles locomotives françaises, la «Pacific» du PLM, fut construite à 462 exemplaires entre 1909 et 1932, et certaines transformations furent encore faites sur cette série après la Seconde Guerre mondiale. Un bel exemple de longévité!

L'âge d'or des Pacific

Au début du siècle, l'accroissement du poids des trains de voyageurs posa un grave problème aux ingénieurs des compagnies de chemin de fer. En effet, le confort et l'espace accrus pour les voyageurs, ainsi que la résistance aux chocs accidentels impliquant des voitures entièrement métalliques, portèrent le poids de celles-ci jusqu'au seuil de 40 et même 50 tonnes. Mais les locomotives type 220 ou 221 à deux essieux moteurs ne pouvaient plus faire face à cette «lourde» tâche qu'était la traction de trains atteignant 400 à 600 tonnes. Le PLM, comme la majorité des compagnies européennes d'avant 1914, se lança donc dans la construction de locomotives de vitesse à 3 essieux moteurs. Si certains réseaux se contentèrent du type 230, le PLM fit partie de ceux qui engagèrent des 231 sur leurs lignes.
Surnommée «Pacific» par les Américains, la locomotive à disposition d'essieux 231 (1 bogie à 2 essieux avant, 3 essieux moteurs, 1 essieu porteur arrière) devint très vite le type même de la locomotive de vitesse et de prestige des années 20 à 60, bien que certaines compagnies durent passer au type 241 dès les années 30.

Les essais du PLM

N'ayant pas encore fixé sa doctrine en matière de Pacific, PLM fit construire deux locomotives utilisant deux systèmes pouvant faire de grandes économies de combustible. L'une, la 6001, était une «compound» à 4 cylindres dont les 2 cylindres HP attaquaient le deuxième essieu moteur et les 2 cylindres BP le 1er essieu. Le système compound permettait une meilleure utilisation de la vapeur par une détente successive dans des cylindres à haute puis basse pression, mais il était plus complexe et plus délicat du point de vue mécanique, exigeant une grande finesse de conduite.
L'autre, la 6101, n'était pas une «compound», mais une machine à simple expansion dont les 4 cylindres étaient disposés en «batterie», c'est-à-dire côte à côte, dans l'axe du bogie avant, et dont la chaudière était dotée de la surchauffe de la vapeur. Ce système permettait un meilleur rendement de la vapeur du fait de sa température élevée. La 6101 réalisa des économies de l'ordre de 13,5% pour 750 CV au crochet et à 85 km/h, et de 5% pour 1000 CV à 80 km/h. En fin de compte, la 6001 fut munie elle aussi de la surchauffe et réalisa des économies de 31% de charbon et de 30% d'eau.

Un choix surprenant

Après les essais, le PLM opta pour le type à simple expansion et surchauffe. Ce choix surprenant d'une locomotive moins évoluée et moins performante sur le plan des économies s'explique par des craintes de dépenses d'entretien et de réparations, et par une confiance mesurée dans les aptitudes des équipes de conduite en face d'une locomotive complexe. Mais le PLM revint sur son choix en faisant construire des compound à partir de 1912.

Caractéristiques techniques

Longueur totale: 13,99 m	Diamètre des cylindres HP: 390 mm
Masse totale: 93 t	Diamètre des cylindres BP: 560 mm
Surface de la grille du foyer: 4,25 m^2	Course des pistons: 650 mm
Diamètre moyen de la chaudière: 1,68 m	Vitesse maximale: 130 km/h

Ci-dessus, la «Pacific» dans l'état normal de la série. Ci-contre, une «Pacific» unique en son genre, étant en effet le seul essai de carénage effectué sur cette série de locomotives.

PACIFIC PLM

1914

France

230 G

Une locomotive mixte robuste et simple voulue par le réseau du Chemin de fer de Paris à Orléans pour la traction de ses trains de voyageurs omnibus, voilà ce qu'est la série 4200 devenue, en 1938, la série 230 G à la SNCF. A l'époque, personne n'aurait pensé qu'une 4200 serait la dernière locomotive à vapeur officiellement en service en France.

Une «presque Pacific»

La série des 4200 du PO est bien, il suffit de la regarder pour s'en convaincre, une «presque Pacific» avec son avant à écrans pare-fumée puissant et bien dessiné, digne des meilleures Pacific PO, mais avec aussi un corps cylindrique écourté à l'arrière, une cabine étriquée et une absence flagrante de bissel arrière. Bref, une Pacific inachevée: et cette locomotive est bien cela, née à l'époque des Pacific mais pour des trains qui ne méritent pas une Pacific!

La série 4201 à 4370 du Chemin de fer de Paris à Orléans

Étudiées en 1913 par le réseau du PO sous la direction de l'ingénieur Conte, ces locomotives sont construites entre 1914 et 1922. Bien sûr, c'est la Première Guerre mondiale qui interrompt la construction de la série et, à l'époque, le réseau du PO songe à faire terminer la série aux États-Unis, mais ce projet, mis au point en 1918, ne fut pas entrepris du fait du retour de la paix.

Ces locomotives sont des 230, une disposition d'essieux classique pour une locomotive dite «mixte», ce qui ne veut pas dire grand-chose sur le plan ferroviaire sinon qu'il s'agit d'une machine que l'on peut engager dans toutes sortes de services pourvu qu'ils ne soient pas exigeants en vitesse ou en charge remorquée. C'est ainsi que ces 230 sont faites pour la remorque des trains de voyageurs express (c'est-à-dire, à l'époque, des trains ni vraiment rapides, ni vraiment omnibus...), des trains de voyageurs omnibus tractés à une vitesse les rapprochant des express, des trains de messageries.

P.65, une 230 G à l'époque de son service courant. Ci-contre, l'avant impressionnant de la 230 G 363 préservée par la SNCF.

Machines sûres, robustes, fiables, les 4200 font un excellent service, peu remarqué, en tête de trains, tout aussi peu remarqués, circulant dans la France profonde du Sud-Ouest ou de l'Ouest, du côté de Tours, St-Nazaire, Savenay, Landerneau, Vierzon, Ussel, Brive, Coutras ou Périgueux. Certaines locomotives de la série, au nombre de 51, se retrouvent sur le réseau de l'État, grand concurrent du Chemin de fer de Paris à Orléans, ou encore au Maroc pour 20 d'entre elles.

Des performances honorables

Des trains de 400 et même de 500 t ne leur font pas peur, et elles les enlèvent pour atteindre facilement un bon 90 à 100 km/h. Les 35 km séparant Bordeaux de Libourne pouvaient être couverts en 28 min en tête d'un train de 500 t, d'après l'auteur L.-M. Vilain. On trouve les 4200 jusque sur la banlieue Sud-Ouest, sur la ligne Paris-Étampes. Elles peuvent aussi remorquer des trains de marchandises sur d'autres lignes. Mais leur spécialité reste bien le train voyageurs omnibus auquel elles peuvent imprimer des démarrages énergiques.

Devenue 230 G

En 1938, aucune locomotive de la série ne manque à l'appel, et toutes deviennent des 230 G à la Société Nationale des Chemins de Fer français. Les machines continuent leur service, mais sont peu à peu radiées durant les années 1950 et 1960. Les 19 dernières locomotives terminent leur carrière sur la région Sud-Ouest, et la N° 353 est sauvée à temps du chalumeau du ferrailleur par la SNCF, qui en fait sa locomotive à vapeur promotionnelle: elle est souvent vue dans un grand nombre de films, et, surtout, en tête d'un plus grand nombre, encore, de trains d'amateurs.

Caractéristiques techniques

Type: 230
Moteur: 2 cylindres simple expansion
Cylindres: 500 x 650 mm
Diamètre des roues motrices: 1750 mm
Surface de la grille du foyer: 2,73 ou 2,77 m^2
Pression de la chaudière: 12 ou 13 kg/cm^2
Contenance du tender en eau: 17 t
Contenance du tender en charbon: 4 t
Masse totale: 107,7 t
Vitesse: 100 km/h

17.D.116
230.G.353

1914

France

231G EX-ÉTAT

Cette belle locomotive est aussi très performante et, aujourd'hui toujours grâce à la 231 G 558 qui en perpétue le souvenir, elle est présente non seulement dans les mémoires des anciens cheminots qui l'ont connue et appréciée, mais aussi sur de nombreux écrans de télévision lors des reportages concernant des circulations spéciales en traction vapeur. La «TP» fut, à l'époque, une des meilleures Pacific françaises.

Les premières Pacific État

C'est en 1910 que le réseau de l'État met en service ses premières 231. Ce sont des compound à 4 cylindres munies des chaudières des Pacific Ouest. Ces machines ont une tendance à dérailler, mais l'état des voies est en cause, car les locomotives en question sont trop rapides pour ce que les voies peuvent permettre. En 1913, le réseau désire des Pacific à surchauffe pour améliorer les performances sur les grandes lignes. L'ingénieur en chef, J. Nadal, après avoir étudié l'ensemble des locomotives présentes sur les réseaux français, choisit le type P.O. qui lui cède les dessins. Ce sera la célèbre série des 231-500 État, commandée en 1914, mais livrée, du fait de la Première Guerre mondiale, entre 1916 et 1923, et engagée sur les relations Paris-Le Havre, Paris-Le Mans-Rennes, etc.

L'apport du réseau de l'État à la SNCF

A sa création, en 1938, la SNCF reçoit le matériel roulant et les installations fixes des anciens réseaux. Le matériel apporté par le réseau de l'État pour former le parc de la région Ouest SNCF procède déjà d'un regroupement de deux réseaux effectué en 1909 par le rachat de l'ancienne compagnie de l'Ouest par le réseau de l'État. Or, déjà, ces deux réseaux avaient des parcs très hétérogènes provenant du regroupement de petites compagnies éphémères.
Le total des engins moteurs est de 3942 unités. Mais la moyenne d'âge est très basse avec seulement 23,91 années, car le réseau de l'État a fait un important effort de reconstruction de locomotives de type 231 durant les années 1930 (1933 et 1937 notamment), ce qui fait que 137 locomotives de type 230 ont une année au plus et 153 de type 231 ont 5 années au plus en 1938. Le total des locomotives âgées de moins de 10 ans est de 14,4 % pour le réseau de l'État contre 9,2 % pour le Nord ou 7,1 % pour l'Est.
Les locomotives Pacific que la SNCF immatriculera sous l'appellation 231 G sont parmi les plus performantes des locomotives françaises, mais elles resteront sur leur réseau d'origine.

Le succès des «TP»

Après la Première Guerre mondiale, d'autres réseaux reçoivent des «500» dans le cadre d'une aide gouvernementale, d'où leur nom de «TP» (Ministère des Travaux publics): l'Est, l'Alsace-Lorraine, et le réseau de l'État lui-même. Beaucoup sont transformées par les réseaux durant les années 1930, faisant d'elles des locomotives très performantes, capables de remorquer des trains de 600 t à des vitesses moyennes de plus de 100 km/h.
Certaines locomotives du réseau de l'État (231D et 231G) ont même pu tracter 700 t à 110 km/h de moyenne et atteindre des pointes de 138 à 140 km/h, selon l'auteur L.-M. Vilain: Paris-Caen était couvert à plus de 100 km/h de moyenne, avec des pointes à 130 km/h en service courant.

Caractéristiques techniques

Type: 231
Moteur: 4 cylindres compound
Cylindres haute pression: 420 x 650 mm
Cylindres basse pression: 640 x 650 mm
Diamètre des roues motrices: 1940 mm
Surface de la grille du foyer: 4,27 m^2
Pression de la chaudière: 16 kg/cm^2
Masse: 96 t
Longueur: 13,65 m • Vitesse: 130 km/h

C. Lamming

La 231 G 558

Cette locomotive a été, heureusement, sauvée et restaurée par une courageuse équipe d'amateurs et de cheminots retraités. Elle circule actuellement, lors de certaines manifestations, en tête de trains de voyageurs spéciaux affrétés pour le compte d'associations, et elle est souvent présente lors de célébrations ou pour des tournages de films. Elle est basée au dépôt de Sotteville, près de Rouen.

P.67 et ci-contre, la 231 G 558, ex-réseau de l'État et ex-région Ouest de la SNCF.

231G EX-ÉTAT

1917

France

140 G «PERSHING»

Ces 2200 locomotives sont commandées par l'armée américaine auprès du constructeur Baldwin en 1917 en vue du débarquement sur les côtes françaises qui terminera la Première Guerre mondiale. Une fois la paix revenue, la France en rachète 1916 exemplaires pour ses propres besoins. Devenues 140 G avec la SNCF, elles constituent, numériquement, la plus importante série ayant jamais circulé en France.

Ne pas confondre avec l'autre 140 américaine!

L'aventure de la 140 G se reproduira en 1944 avec d'autres locomotives, de conception très voisine, les 140 U, qui servent effectivement pour les opérations de guerre, précédant les 141 R qui débarquent en France à partir de 1945 après la libération. Il est vrai que la 141 R ravit la célébrité à ces deux autres américaines et reste, dans les souvenirs des amateurs de chemins de fer, comme la locomotive américano-française par excellence.

Avec un moteur à 2 cylindres simple expansion (483 x 660 mm), des roues motrices de 1448 mm, une masse de 73 t, une vitesse de 70 km/h, la 140 U est très proche, techniquement, de sa devancière, et elle assure exactement le même type de services, mais moins longtemps, rapidement éclipsée par les progrès de l'électrification et de la diésélisation du réseau SNCF de l'après-guerre.

Ci-contre, une «Pershing» sur le réseau du Nord, où cette série reçut le surnom de «Boxed beef» en souvenir de la nourriture des soldats américains... Ci-dessus, une locomotive portant encore son marquage «TP», le ministère des Travaux publics ayant procédé au rachat des 1916 locomotives.

Faites pour la guerre

Ces 2200 locomotives sont très simples et très robustes. Elles peuvent aller partout et même s'inscrire dans le très restrictif gabarit britannique – ce qui explique une cabine très basse. Faites pour rouler à faible vitesse, elles ne dépassent guère, en service, un bon 50 km/h – ce qui, en temps de guerre, est parfois inespéré. Il faut dire qu'elles ne peuvent guère rouler plus vite car le très fort porte-à-faux arrière tout comme une suspension assez peu réussie sont une cause d'instabilité et de mouvement parasite de lacet.

Très bien accueillie en 1917 sur le sol français où elle rend des services immenses, cette locomotive se montre, une fois la paix revenue, difficilement apte à des services autres que ceux des marchandises lents. Elles assurent le redémarrage économique du pays, principalement sur les réseaux Paris, Lyon et Méditerranée avec 569 exemplaires et État avec 410 exemplaires. Le Midi en reçoit 153, le Chemin de fer de Paris à Orléans 249, l'Est 210 et le Nord 242. L'Alsace-Lorraine reçoit seulement 83 machines. De nombreux échanges se font ensuite entre réseaux.

Une carrière discrète mais honorable

Subissant très peu de transformations, les 140 reçoivent, selon les réseaux, des échappements à trèfle ou des «Kylchap», et des portes de boîte à fumée conformes aux types utilisés sur les réseaux. A sa création la Société Nationale des Chemins de Fer français reçoit 1408 locomotives formant donc un parc encore très important et toujours apprécié pour ses qualités d'endurance et de puissance de traction: sur le bassin lorrain, par exemple, des trains de charbon de 1150 t sont enlevés à 50 km/h, ou de 1650 t à 40 km/h selon l'auteur Jean Gillot (*Les locomotives à vapeur de la SNCF région Est*, éd. Picador, 1976). Toutefois, les 140 G ne dépasseront pas le milieu des années 1950.

Caractéristiques techniques

Type: 140
Moteur: 2 cylindres simple expansion
Cylindres: 533 x 711 mm
Diamètre des roues motrices: 1420 mm
Surface de la grille du foyer: 3 m^2
Pression de la chaudière: 13,5 kg/cm^2
Masse: 77 à 79 t
Contenance du tender en eau: 20,4 t
Contenance du tender en charbon: 8,3 t
Longueur: 11,48 m
Vitesse: 70 km/h

140 G «PERSHING»

1922

France

141 TC OUEST

Ces 20 locomotives-tender ont eu une carrière discrète, mais aujourd'hui encore, bien des amateurs de chemins de fer se souviennent d'elles, tant pour leur service sur la banlieue État au départ de Saint-Lazare que sur la superbe ligne de Guingamp à Paimpol, où quatre d'entre elles ont fini leurs jours.

Caractéristiques techniques

Type: 141 T
Moteur: 2 cylindres simple expansion
Cylindres: 600 x 650 mm
Diamètre des roues motrices: 1540 mm
Surface de la grille du foyer: 2,8 m^2
Pression de la chaudière: 13 kg/cm^2
Masse: 96,2 t
Longueur: 14,03 m
Vitesse: 90 km/h

Ci-contre, un superbe document d'époque montrant la fameuse tranchée des Batignolles bien connue des Parisiens. Une 141 TC est au premier plan, devant une 141 type Est. A gauche, les fameuses rames électriques Standard État. Ci-dessus, la 141 TC 16 à Noisy.

L'apparition des 42000

Les études prévoient une petite série de 21 locomotives-tender devant former la série État 42-001 à 42-021. Mais la Première Guerre mondiale survient alors que les études sont terminées, et c'est seulement en 1923 que le réseau de l'État dispose enfin de ses locomotives, présentes au nombre de 20.

Ce sont des machines à simple expansion et surchauffe, dotées des puissantes chaudières des fameuses locomotives 140 pour trains de marchandises. Si la chaudière est excellente, le reste est assez conventionnel, et les cylindres, en particulier, sont mal alimentés par une distribution comportant des passages de vapeur trop restreints (diamètre: 250 mm). Le choix de roues de faible diamètre, toutefois, est heureux et assure des démarrages rapides.

Le réseau de l'État est satisfait de ces locomotives qui marquent, en effet, un progrès spectaculaire et qui sont capables d'enlever de lourdes rames métalliques.

Les essais sur le Nord

Intéressé par ces locomotives, le réseau du Nord les essaie en 1928. Un train de 500 t est tiré en haut de la célèbre rampe de Survilliers à 72 km/h et la vitesse de 90 km/h est atteinte dans la pente menant à Creil. Des essais montrent l'aptitude de ces locomotives au service marchandises, avec 1690 t remorquées à 20 km/h, 740 t à 50 km/h et 360 t à 75 km/h.

La réversibilité

En 1930, le réseau installe, sur ces locomotives, un système de réversibilité permettant la conduite de la locomotive depuis une cabine installée en queue de rame: lors du retour de la rame vers Paris, le mécanicien s'installe dans cette cabine, laissant le chauffeur sur la locomotive, qui pousse la rame, commandée depuis la cabine par un système utilisant l'air comprimé.

La réversibilité permet de gagner un temps considérable, perdu, jusque-là, en manœuvres de remise en tête des locomotives à chaque terminus. L'électrification des lignes de la banlieue Ouest chassera ces locomotives de la région parisienne vers les lignes de Bretagne.

Déjà le problème de la banlieue

Au début de notre siècle, Paris croît en dehors de ses murs et le mode de la vie à la campagne gagne une classe sociale moyenne qui ne peut habiter les beaux quartiers parisiens faute de moyens et refuse l'exiguïté et la promiscuité des logements des quartiers populaires de la capitale. C'est ainsi que, par milliers, des employés de bureau, des artisans aisés, des retraités vont s'installer dans de petites villes agréables situées dans les méandres de la Seine ou les forêts d'Ile-de-France, à une quinzaine ou à une vingtaine de kilomètres de Paris.

Des villes entières deviennent «pavillonnaires», et les «cités-jardins» poussent comme des champignons. Le réseau de l'État, qui dessert l'ensemble de la banlieue ouest jusqu'à Mantes, Versailles, St-Nom-la-Bretèche, doit faire face à un trafic très dense de «banlieusards» qui gagnent les bureaux de la capitale le matin et rejoignent leur pavillon le soir. Les locomotives-tender 030 T ne suffisent plus à la tâche et, dès 1912, l'État projette un type 141 T très puissant. Mais la Première Guerre mondiale repousse le projet à des jours meilleurs.

PARIS St LAZARE

1925

France

«Mountain» Est

Étudiée par l'ingénieur Mestre de la Compagnie de l'Est, cette locomotive devait assurer le service des trains lourds rapides entre Paris et Nancy ou Mulhouse. Elle fut l'une des premières locomotives du type 241 ou «Mountain» européennes. Destinée à remplacer les 231 ou «Pacific», elle n'eut toutefois que peu de succès du fait de problèmes de mise au point.

Puissante, oui! Rapide, non!

Cette superbe locomotive a fasciné les cheminots de son époque, car elle fut la première «Mountain» européenne et, esthétiquement, elle fut une réussite complète avec ses grandes roues bien dégagées, sa ligne racée et sobre. En revanche, cette machine aux lignes exceptionnelles, dessinée pour la vitesse, ne put atteindre pleinement ses objectifs. Puissante, elle l'était certes, et elle enlevait sans problème les trains lourds de 800 tonnes auxquels elle était destinée. Mais elle manquait de rapidité.

Caractéristiques techniques

Longueur sans tender: 16,2 m
Poids sans tender: 120 t
Vitesse: 110 km/h
Diamètre des roues motrices: 1,95 m
Puissance: 2600 CV
Diamètre des cylindres haute pression: 425 mm
Diamètre des cylindres basse pression: 660 mm
Course des pistons: 720 mm
Surface de la grille du foyer: 4,43 m^2
Contenance du tender en combustible: 7 t
Contenance du tender en eau: 30 t

La succession des 230 Est

Le réseau de l'Est, vu l'accroissement du poids des trains et les exigences de vitesse, devait logiquement, comme les autres réseaux contemporains, passer au type «Pacific» ou 231. Mais ce réseau disposait d'un remarquable parc de locomotives type 230 et estimait que le type 231 n'apporterait rien de plus en matière de performances: étant en effet doté du même nombre d'essieux moteurs mais plus lourd, il ajouterait des contraintes de poids et de fatigue de la voie.

Raisonnant donc exclusivement en termes de nombre d'essieux moteurs, la compagnie de l'Est, passée de 2 à 3 essieux moteurs au début du siècle, songea naturellement à passer à 4 essieux moteurs durant les années 20. L'accroissement du poids des trains laissait en effet prévoir que les «Pacific» seraient rapidement débordées dans les années à venir. Un prototype fut donc construit en 1925 et, après de longues mises au point, la série fut construite à partir de 1931. Elle fut de 90 locomotives réparties entre les réseaux de l'Est et de l'État.

Un curieux problème de physique

La «Mountain» Est atteignit des puissances de plus de 2700 CV à la jante et de plus de 3300 CV indiqués à 120 km/h. Mais des problèmes de stabilité se posèrent rapidement. C'est sur le réseau de l'État que les choses se gâtèrent avec l'inexplicable déraillement du train 254 Cherbourg-Paris, en 1933, à la suite duquel les 241 virent leur vitesse maximale réduite de 120 km/h à 90 km/h, avant d'être relevée à 105 puis 110 km/h. Les travaux du professeur Rocard, menés en Sorbonne, démontrèrent, à partir de ce déraillement, l'importance des mouvements de lacet que les jeux de la voie laissaient toujours possibles, et dont les amplitudes étaient croissantes du fait des mouvements propres de la locomotive. Rocard construit, grâce à notre 241, une théorie mathématique restée célèbre dans l'histoire des sciences et des techniques.

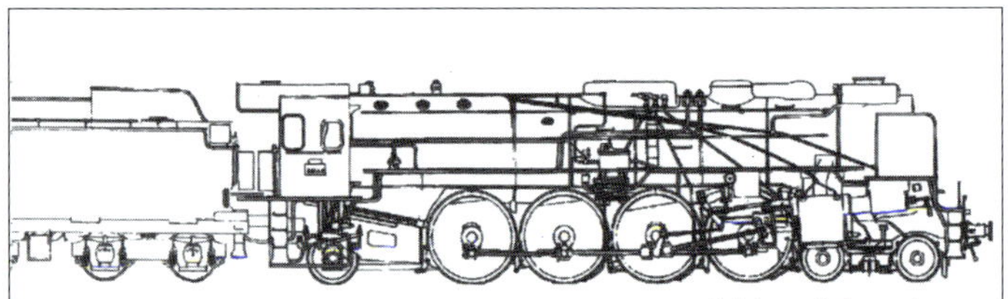

Schéma: C. Lamming

La 241 fit carrière en tête de trains très lourds, peu rapides mais très rentables. Cette aptitude convint parfaitement aux dirigeants des chemins de fer des années d'après-guerre. Les trains de 700 à 800 tonnes, remorqués sans faille à un bon 110 km/h, devinrent donc le lot quotidien de cette belle locomotive.

241-036
EST 241-036

1926

France

2D2 - PO

Cette machine est le type même de la première locomotive électrique de vitesse, puissante, sûre et, surtout, capable de détrôner la traction vapeur sur les grandes lignes. Étudiée par les sociétés suisses Brown-Boveri et SLM Winterthur, construite en France, elle circula sur les grandes lignes du Sud-Ouest en tête de trains rapides lourds à 140 km/h.

De curieux surnoms

Les 2D2 du PO ont évolué esthétiquement, et pas toujours d'une façon heureuse. Ainsi, le carénage très angulaire des extrémités des locomotives leur ont valu le surnom de «Waterman» par analogie avec la forme des bouteilles à encre, tandis qu'un autre carénage, très arrondi et proéminent, ont fait apparaître le surnom de «Femme enceinte». Tout compte fait, les premiers modèles étaient, de très loin, les plus réussis sur le plan de ce que l'on n'appelait pas encore le «design».

Caractéristiques techniques

Type: 2D2, 5501-5502
Longueur totale: 17,78 m
Masse: 121 t
Année de construction: 1926
Année d'amortissement: 1969
Vitesse maximale: 140 km/h
Puissance: 3600 CV

Le début du déclin de la vapeur

Depuis ses débuts, le chemin de fer a toujours cherché à échapper aux contraintes de la traction à vapeur: conduite pénible, longues heures de préparation pour un faible temps de parcours, rendement très bas, fatigue des voies. Ceci en dépit de réelles qualités de robustesse des locomotives et de leurs performances.

C'est au lendemain de la Première Guerre mondiale que se développe, en France, la traction électrique sous courant continu 1500 V et que la compagnie du Midi électrifie ses lignes des Pyrénées, puis ses grandes lignes.

La compagnie du Paris-Orléans, qui dessert surtout les grandes villes du Sud-Ouest comme Bordeaux, Tours ou Limoges, électrifie progressivement ses lignes à partir de 1926 et utilise le type suisse 2D2 qu'elle saura faire évoluer techniquement durant les années 30. Des trains de plus de 400 tonnes, et souvent de 500 ou 600 t, sont remorqués à 120 ou même 140 km/h sur des parcours difficiles, ceci avec facilité, souplesse d'exploitation, disponibilité permanente des locomotives, aisance de conduite.

Puissance et vitesse

La disposition d'essieux type 2D2 (un bogie porteur avant, 4 essieux moteurs, un bogie porteur arrière) est inspirée de la locomotive à vapeur: les ingénieurs préfèrent rester fidèles au bogie porteur qui guide la locomotive et l'inscrit en courbe, même si, contrairement aux locomotives à vapeur, il n'y a pas de mouvements parasites de lacet et de roulis engendré par des pistons et des bielles. Le bogie porteur ne sera abandonné qu'après guerre avec les nouvelles locomotives de vitesse type CC, puis BB.

Une évolution constante

La famille des 2D2 du PO est nombreuse, car l'évolution des machines fut constante, au fur et à mesure des perfectionnements techniques: systèmes de transmission par engrenages, par arbre creux, par biellettes, augmentation de la puissance des 4 moteurs de traction, réglages complexes de la suspension et du rappel des bogies porteurs, etc. Mais les 49 locomotives 2D2 du PO et les 23 locomotives 2D2 du réseau de l'État forment un parc homogène et très remarqué, apporté à la SNCF lors de sa création en 1938.

Schéma: C. Lamming

P.75, et sur le schéma ci-dessus, une 2D2 PO d'origine, N° 5516 de 1938, conservée au Musée français du Chemin de Fer de Mulhouse. Ci-contre, une 2D2 N° 5120, dite «Femme enceinte». A noter que, pour l'électrification de la ligne Paris-Lyon, entreprise durant les années 50, la SNCF développa encore le type 2D2 avec 35 nouvelles locomotives, série 2D2 9101 à 9135, qui marquèrent l'apogée et la fin de ce type de machine.

2D2 - PO

1934

France

«Pacific» Nord Chapelon

Une des locomotives les plus célèbres non seulement en France mais dans le monde entier: les «Pacific» série 3-1171 à 3-1198 et 3-1111 à 3-1130. Cette célébrité ne vient pas seulement de leur splendide livrée chocolat à filets jaunes, mais surtout de leurs performances à plus de 130 km/h en tête de trains comme la «Flèche d'Or» Paris-Calais à partir de 1934.

André Chapelon

Surnommé par les ingénieurs du monde entier «The genius of french steam» (le génie de la vapeur française), il transforma complètement toutes les données théoriques de la traction vapeur en montrant, sur le «terrain», ce que les calculs ne pouvaient démontrer à priori: le rendement des locomotives à vapeur dépend avant tout du mouvement de la vapeur, depuis les passages reliant la chaudière jusqu'au système d'échappement, et aussi de la température de la vapeur. Il transforma en 1946 une locomotive de la SNCF, qui donna naissance à la locomotive la plus puissante d'Europe, la 242 A1, développant 8000 CV lors d'essais en 1952. Malheureusement, la traction électrique mit fin, à la même époque, au règne de la locomotive à vapeur, et Chapelon ne put jamais réaliser les locomotives dont il rêvait et qui auraient dû rouler à 200 km/h.

Le génie de Chapelon

Initialement construite à partir de 1909 par la Compagnie du Paris-Orléans (qui desservait, en fait, tout le sud-ouest de la France), cette très belle série de «Pacific» fut transformée, à partir de 1929, dans les ateliers de Tours par un ingénieur de grand talent: André Chapelon. Thermodynamicien issu de l'École centrale, il était persuadé, contrairement à ce que pensaient les ingénieurs depuis les débuts du chemin de fer, que l'on pouvait augmenter considérablement la puissance des locomotives à vapeur en jouant sur le dessin des passages de vapeur, sur la température de la vapeur et sur le système d'échappement de la vapeur dans la cheminée. Après un refus de la compagnie du PLM, il put faire des essais de transformation d'une locomotive de la compagnie du Paris-Orléans, la 3566, et les résultats furent étonnants, la machine passant d'une puissance de 2000 CV à plus de 3000 CV, avec des consommations, à puissance égale, inférieures de 25% ! La Compagnie du Paris-Orléans décida alors de transformer toute une série de «Pacific», dont certaines atteignirent jusqu'à 3400 CV en tête de trains de 1000 tonnes.

Ci-contre, une «Chapelon» Nord de 1936, conservée au Musée français du Chemin de Fer de Mulhouse. Ci-dessus, la 3-1114, devenue 231 E 4 à la SNCF. Ces «Pacific» finirent leur service en 1968.

La compagnie du Nord, championne de la vitesse

La compagnie du Nord, toujours à la recherche de hautes vitesses, s'intéressa alors aux locomotives transformées par André Chapelon, et commanda à la compagnie du PO une série de 48 locomotives. Très vite surnommées les «Chapelon» sur le réseau du Nord, ces machines accomplirent des exploits remarquables, roulant à plus de 130 km/h en tête de trains très lourds. Une «Chapelon» put atteindre, très normalement, 170 km/h lors d'essais de pousse de locomotives de type électrique sous des caténaires en 1956.

Caractéristiques techniques

Date de construction: 1909 à 1914
Date de transformation: 1934 à 1937
Longueur de la locomotive: 13,71 m
Masse de la locomotive (ordre de marche): 102 t
Longueur du tender: 9,73 m
Masse du tender (pleine charge): 80 t
Vitesse maximale en service: 140 km/h
Diamètre des roues motrices: 1,95 m
Puissance à la jante: 2700 CV
Constructeurs: Fives-Lille/ANF/Marine & Homécourt
Transformation: Ateliers de la Cie du Paris-Orléans (Tours)

«PACIFIC» NORD CHAPELON

1937 France	# 230-800 CARÉNÉE DE L'ÉTAT

Les trains de la fin des années 1930 se mettent à la mode du carénage, surtout aux États-Unis, où il s'agit de lutter contre la concurrence aérienne en valorisant l'image de marque du chemin de fer. En Europe, surtout pour des raisons d'économie de combustible et de vitesse, quelques réseaux essaient des carénages sur leurs locomotives, en choisissant des modèles anciens mais rapides pour la remorque de trains légers. C'est le cas du réseau français de l'État avec cette curieuse 230-800 qui date de 1912.

Les «Joconde»: une ordinaire, mais honorable

Cette série de machines a été construite pour le réseau de l'État par la Société alsacienne de Constructions mécaniques en 1912. Elle comprend les locomotives N 230-781 à 230-800, soit 20 locomotives qui n'ont rien de très remarquable pour l'époque: 4 cylindres à simple expansion en batterie à l'avant, vapeur surchauffée, grandes roues motrices de 205 mm, distribution Walschaërts extérieure, etc. Elles font un service très honorable, tractant à 100-120 km/h des trains rapides légers, fournissant quelque 900 ch à 100 km/h et 640 ch à 120 km/h.
Elles se font connaître sous le surnom de Joconde, sans doute parce que l'année de leur construction est celui du vol du célèbre tableau dans le Musée du Louvre.

Ci-contre, en tête d'un train rapide pour Le Havre au départ de la gare Saint-Lazare à Paris, la 230-800 montre sa parfaite intégration esthétique dans les rames de voitures carénées allégées dites «saucisson» du réseau de l'État. Ces voitures remarquables n'eurent jamais, dans les faits, leur véritable locomotive assortie et furent remorquées par des «Pacific» et des 2D2 électriques classiques. Ci-dessus, un rare cliché de la même locomotive vue de profil.

Des transformations à moindre coût

Le réseau de l'État n'est pas un réseau riche: desservant l'Ouest de la France et traversant des régions peu peuplées et très peu industrialisées, ce réseau comprend un ensemble peu cohérent d'anciennes compagnies ayant fait faillite et rachetées par l'État français à partir de 1878. Ce réseau fait donc durer son matériel, et le transforme pour l'améliorer à moindre coût.

Les Joconde ont de grandes roues et sont assez puissantes: elles se prêtent à des transformations permettant d'en faire des machines rapides pouvant s'intégrer dans le mouvement des Pacific, en tête de trains toutefois moins lourds. Pour cela, on élève le «timbre» (la pression) de la chaudière de 12 à 14 kg/cm^2, on modifie la distribution par allongement de la course des tiroirs, on change l'échappement pour un «Kylchap», on applique la surchauffe, on modifie le rappel en ligne du bogie avant. Une des locomotives, la N 800, reçoit un carénage Huet.

Rapides comme les Bugatti

A 120 km/h, la puissance des Joconde est passée de 640 ch à 1050 ch. Lors de l'essai du 28 mai 1937, la 230-800 remorque un train léger de 5 voitures entre Paris et Le Havre en 1 h 58 min, soit la vitesse des fameux autorails Bugatti, avec des pointes à 148 km/h. La guerre arrête ce programme de vitesse et relègue les 230 dans des services moins nobles. La 230-800 restera unique, avec son carénage qui formait, avec les voitures «saucisson» de l'État, un ensemble esthétique remarquable.

Caractéristiques techniques

Moteur: 4 cylindres simple expansion
Diamètre de la chaudière: 160 mm
Distribution: Walschaërts
Surchauffeur Schmidt
Diamètre des roues motrices: 205 mm
Puissance approximative: 1180 ch
Contenance du tender en charbon: 6 t
Contenance du tender en eau: 21 m^3
Poids total approximatif: 46 t
Vitesse maximale: 130 km/h (avant transformation)

230-800 CARÉNÉE DE L'ÉTAT

1941

France

141 P

Étudiée dans la difficile période de la guerre et à une époque où l'on prépare déjà le retour de la paix et une France moderne, la 141 P passe pour l'une des meilleures locomotives à vapeur de la SNCF.

Locomotives classiques neuves et locomotives classiques nouvelles

A sa création, la SNCF commande deux types de locomotives à vapeur classiques: ce que nous appelons les «neuves» et les «nouvelles». Notons que des prototypes non classiques (moteurs à turbines, chaudière Velox, etc.) ont existé.
Les neuves sont celles que la SNCF construit sur des types anciens hérités des compagnies et ayant bénéficié de perfectionnements partiels. Elles contribuent au vaste plan d'amortissement que la SNCF engage, après la guerre, pour le remplacement prévu de 8000 locomotives avant 1956. Il s'agit des séries dites P, comme les 240 P, ou bien les 150 P, ou surtout les deux séries de locomotives neuves qui se démarquent des autres par leur nombre et leur succès: les 141 P et 241 P, qui dominent le devant de la scène.
L'ensemble de ces locomotives neuves mais non nouvelles représente un parc de 550 machines construites entre 1938 et 1949 dans le cadre d'une politique de traction prudente menée au coup par coup, utilisant des techniques éprouvées et peu chères, reprenant des types anciens mais dotés de perfectionnements récents dont la valeur a été démontrée par André Chapelon. Le grand ingénieur signe, à sa manière, l'ensemble de ce parc moteur.
Les quelques locomotives que nous appelons nouvelles sont entièrement redessinées: la 160 A 1 ou la 242 A 1 sont des exemples de locomotives nouvelles obtenues par la profonde modification – confinant à la reconstruction intégrale – faite par André Chapelon, d'une machine ancienne. La 232 U 1, elle aussi, est nouvelle, construite en 1948 et dotée de la quasi-totalité des perfectionnements disponibles à l'époque.

La doctrine de la locomotive mixte

Les 141 P marquent l'orientation définitive de la SNCF vers la locomotive mixte, apte à la traction des trains de voyageurs à une vitesse, modérée mais acceptable, d'un peu plus de 100 km/h, mais aussi apte à la traction des trains de marchandises d'un tonnage moyen: bref, le compromis par excellence, la locomotive unique et «universelle» dont l'exploitation a besoin pour assurer à moindre coût et plus souplement les différentes tâches. La SNCF abandonne la vitesse, oublie les rêves Nord du 160 à 200 km/h d'avant la guerre et se lance dans une politique de traction intermédiaire entre la grande traction voyageurs et la grande traction marchandises, faisant fusionner ces deux concepts dans le cadre d'une politique du moindre coût.

Les 141 P forment une importante série de 318 machines dérivant des 141 de l'ancien PLM que la SNCF pensait initialement reproduire purement et simplement. Mais elle applique à ces 141 P les perfectionnements d'usage: chaudière timbrée à 20 kg/cm², surchauffe, foyer acier, chauffe mécanique, tiroirs à double admission, moteur compound, échappement Kylchap.

La carrière des 141 P

La vitesse est d'un modeste 105 km/h en service, mais l'effort de traction, à cette vitesse, peut dépasser 2300 kW (3220 ch), ce qui permet la remorque de trains de voyageurs lourds de plus de 550 tonnes à 80 ou même à 100 km/h sur des lignes difficiles. Construites entre 1942 et 1948, les 141 P assurent un service intense et contribuent à la remise en marche du réseau national.
Elles ont roulé pratiquement sur l'ensemble des régions de la SNCF sauf le Nord, et principalement sur les lignes desservant la Bretagne ou Marseille, Mulhouse, Bâle, Grenoble, Nîmes, Clermont-Ferrand, etc. Elles ont fini leur carrière sur les régions Est et Ouest et ont été retirées du service au début des années 1970.

Caractéristiques techniques

Type: 141
Moteur: 4 cylindres compound
Cylindres haute pression: 410 x 700 mm
Cylindres basse pression: 640 x 700 mm
Diamètre des roues motrices: 1650 mm
Pression de la chaudière: 20 kg/cm²
Masse: 108 t
Longueur: 13,77 m
Vitesse: 105 km/h

141 P

1945

France — États-Unis

141 R

Née aux États-Unis, la «R» est l'une des locomotives les plus célèbres en France et représente à elle seule la plus importante série jamais mise en service dans ce pays avec 1323 locomotives. Elle a sauvé le chemin de fer français au lendemain de la guerre et a assuré, jusqu'à la fin de l'ère de la vapeur, la traction de toutes sortes de trains.

Le naufrage de 17 locomotives

Si la France commanda 1340 locomotives à l'industrie américaine, elle n'en reçut que 1323. Les 17 locomotives manquantes sont toujours au fond de la mer, le navire «Belpalmela», un liberty ship qui les livrait ayant fait naufrage le 13 avril 1947. Les locomotives 1220 à 1235, ainsi que la 1241, n'ont donc jamais roulé.

Des championnes du mazout

Au lendemain de la guerre, la France manquait de charbon, et il fut donc décidé de transformer massivement les 141 R pour la chauffe au mazout, dans la mesure où le pétrole abondait et qu'il était alors à bas prix. Les machines 701 à 1200, et 1236 à 1340, soit 603 locomotives furent donc transformées. Ces machines d'une conduite facile, et qui permirent d'importantes économies de charbon, furent surnommées «goudronneuses» par leurs équipes.

La locomotive du plan Marshall

Avec l'aide de ce plan destiné à revitaliser l'économie des pays détruits par la guerre, la SNCF commanda à l'industrie américaine une immense série de 1340 locomotives, qui furent construites en un temps record, entre 1945 et 1947, par diverses firmes américaines et canadiennes.

Une locomotive mixte

Avec sa disposition d'essieux type 141 (un essieu porteur avant, quatre essieux moteurs et un essieu porteur arrière), la «R» est une locomotive dite «mixte», ni rapide ni lente, d'une puissance moyenne, de performances moyennes, mais bonne à tout faire. Et on la vit absolument tout faire sur le réseau français: trains de marchandises, manœuvres, trains de travaux, trains de voyageurs omnibus ou même express. Limitée à 105 km/h, capable de parcourir toutes les lignes, elle fut la locomotive universelle par excellence.

Durant les années 50, les 141 R effectuèrent à elles seules 44,8% du tonnage total de la SNCF: presque la moitié du trafic ferroviaire français!

La fin de la vapeur

Robuste, très simple quant à sa mécanique (issue d'un modèle américain mis au point pour la Première Guerre mondiale), peu évoluée techniquement par rapport aux «compound», la «R» fut la première locomotive française à être conduite en «banalité» (voir légende photo). C'est pourquoi elles atteignirent des parcours journaliers record, de l'ordre de 190 km, doubles de ceux des locomotives à équipes titulaires. Elles terminèrent l'ère de la traction vapeur, étant retirées du service durant les années 70.

Caractéristiques techniques

Poids total: 116 t
Longueur totale: 14,64 m
Surface de la grille: 5,16 m²
Diamètre moyen de la chaudière: 1,98 m
Diamètre des cylindres: 597 mm
Course des pistons: 711 mm
Diamètre des roues motrices: 1,65 m
Puissance au crochet: 2928 CV à 80 km/h
Vitesse maximale en service: 105 km/h
Contenance du tender en charbon: 11,5 t
Contenance du tender en eau: 30 m³

La «R» inaugura l'ère de la conduite en «banalité», c'est-à-dire avec des équipes se relayant. C'était la fin de l'époque des équipes titulaires, fidèles à la même locomotive dont elles étaient responsables.

141 R

1953

France

BB 9001 A 9004

En 1951 la SNCF commande à l'industrie privée 4 locomotives de type BB pour trains rapides. Associer la disposition d'essieux BB à l'idée de vitesse est, pour le chemin de fer français une innovation. Ce sont les chemins de fer suisses qui ont conçu les premières locomotives de vitesse de ce type, et la SNCF se tourne vers l'industrie suisse pour la construction en totalité ou en partie de ces locomotives.

Un équipement électrique intéressant historiquement

Sur le plan de l'équipement électrique, les locomotives à adhérence totale sont différentes les unes des autres. Les BB 9001 et 9002 sont dotées de contacteurs représentant ce que Yves Machefert-Tassin appelle «l'école helvétique» et qui aura une descendance à la SNCF sur les locomotives BB 9400 et CC 6500: une solution à arbres multiples et à «haute densité d'appareils». L'élimination des résistances et le changement des couplages des moteurs est effectué par servomoteur et arbre à cames sur la BB 9001 et par contacteurs individuels électro-pneumatiques sur la BB 9002.

Par contre, les BB 9003 et 9004 représentent «l'école franco-belge», avec des appareils disposés au large dans une longue caisse impliquant des arbres de commande très longs. L'accès pour la maintenance et la tenue en service sont qualifiés «d'irréprochables». La descendance sera cependant plus restreinte (BB 9200, 9300, et locomotives belges).

La locomotive de vitesse à adhérence totale

Les BB 9001 et 9002 sont construites par les sociétés Winterthour et Brown Boveri et les BB 9003 et 9004 par le Matériel de Traction Électrique et Oerlikon. Ces machines ont un poids voisin de 80 tonnes seulement, et peuvent fournir jusqu'à 3400 kW sous tension maximale, c'est-à-dire approcher, pour ne pas dire dépasser, les performances des 2D2 ou des CC pesant pourtant, respectivement, plus de 140 ou de 100 tonnes. Si les CC ont représenté une étape technique importante avec, notamment, l'application, pour la première fois, de l'adhérence totale à une locomotive de vitesse, ces BB vont encore plus loin avec des bogies courts, une transmission par arbres et cardans, une suspension et des liaisons bogie-caisse nouvelles. L'innovation technique se situe donc essentiellement au niveau de la disposition mécanique de ces locomotives.

Une série de locomotives pionnières ?

Deux de ces quatre BB, les BB 9003 et 9004, auront une longue descendance, laissant les BB 9001 et 9002 dans un statut de prototype d'essai. Toutefois les BB 9001 et 9002 légueront leurs moteurs à la série très importante des BB 9200 et 9300. Les BB 9003 et 9004 laissent surtout leurs bogies conçus par l'ingénieur Jacquemin et dotés de système de rappel transversal par suspension pendulaire et de transmissions unilatérales par arbres creux et cardans. Moins chères que les 2D2 ou les CC – avec un prix de revient de 1 500 000 francs contre 2 000 000 de francs à l'époque – plus légères et plus puissantes puisque l'on passe des 40 kg par watt des 2D2 à seulement 20 kg par watt avec ces BB, ces locomotives illustrent bien l'effort de recherche et d'innovation de la décennie de l'immédiat après-guerre à la SNCF. Les records de 1955 viendront d'ailleurs consacrer la BB 9004 comme locomotive de l'avenir, même si la CC 7107 participe elle aussi à l'exploit et atteint la même vitesse.

Caractéristiques techniques

Type: BB
Courant traction: 1500 v continu
Moteurs: 4 x 855 kW
Puissance totale: 3400 kW
Masse: 80
Longueur: 15,4 m/16,2 m
Vitesse: 140 km/h/150 km/h

Ci-dessous, la BB N° 9001, et ci-contre, la BB N° 9002. Proches l'une de l'autre, ces deux BB diffèrent des BB 9003 et 9004 sur de nombreux points.

BB 9001 A 9004

1953

France

BB 63000

Cette série très importante par son nombre et son rôle marque le démarrage effectif de la traction diesel à grande échelle sur le réseau SNCF au lendemain de la Seconde Guerre mondiale. Produite à 1706 exemplaires, cette série est omniprésente dans toute la France aujourd'hui encore, assurant toutes les tâches possibles et imaginables: trains de marchandises, voyageurs omnibus ou express, manœuvres, trains de travaux, triage.

Diesel = économies

Le 20 décembre 1950, la SNCF commande 38 locomotives à la société Brissonneau & Lotz, qui construira ensuite toute la série jusqu'en 1968. Il s'agit donc de l'un des marchés de matériel moteur ferroviaire les plus importants jamais accordés à une firme en France. Lorsque la BB 63000 est engagée sur le réseau SNCF, la locomotive diesel de puissance moyenne apparaît comme la meilleure des solutions pour la plupart des ingénieurs des réseaux mondiaux, y compris des États-Unis. Dans ce pays, avec ce type de locomotive, 1 kg de gasoil fournit la même puissance de traction que 3,8 kg de charbon en traction vapeur voyageurs, 4,3 kg en marchandises, 11,7 kg en service de manœuvres.

La SNCF adopte donc cette doctrine «diesel = économies», et la prolifération des BB 63000 montre évidemment le succès de la traction diesel, mais surtout l'état de pénurie et de pauvreté dans lequel se trouve le réseau au lendemain de la guerre. La BB 63000 est bien un produit né de la guerre et de la crise.

Aptes à toutes les tâches, les BB 63000 se retrouvent aussi sur les trains de travaux, comme ci-dessus sur la ligne de la rive droite du Rhône, en mai 1995. Ci-contre, la BB 63950 photographiée en 1993 au dépôt de Paris-La Villette. La livrée verte à bandeaux jaunes est celle des origines. Depuis, elle est remplacée, en grande révision, par une livrée orange et marron plus actuelle.

La carrière des BB 63000

Aucune ligne, aucun embranchement industriel, aucun faisceau de triage n'échappera à cette machine. Mais la puissance de 600 CV est un peu juste pour les tâches qui l'attendent et, sur les 448 machines commandées en 1958, 270 auront déjà un moteur plus puissant de 825 CV. Sa modeste puissance initiale et sa vitesse maximale de 80 km/h, en effet, ne lui permettent guère la remorque de trains de messageries ou de trains express régionaux. Ce handicap, en dépit du passage à 825 CV, conduira la SNCF à commander les BB 66000, dont la puissance de 1400 CV et la vitesse de 105 km/h complètent, par le haut, la tâche affectée aux 63000.

Offrant traction économique et souple, la BB 63000 sauve de nombreuses petites lignes ou embranchements industriels de la fermeture pure et simple. Elle remplace un grand nombre de locomotives à vapeur type 230, 140, 141, ou 141 T anciennes et devenues peu performantes. On peut dire d'elle qu'elle a définitivement clos l'ère si attachante de la «petite» traction vapeur, celle des petites lignes, des embranchements, des manœuvres. L'amortissement complet de la série n'est pas prévu avant 2010-2011.

Caractéristiques techniques

Puissance: 600/825 CV (selon les séries)

Nbre de moteurs: 1, Sulzer diesel, 4 tps, suralimenté

Transmission: électrique (4 moteurs) avec transmission unilatérale

Vitesse maximale en service: 80/90 km/h (selon les séries)

Masse: 68 t

Longueur: 14,68 m

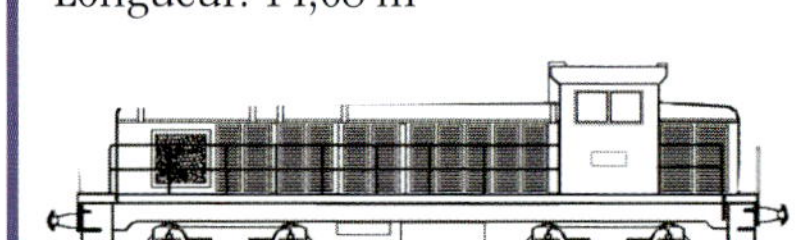

BB.63950

1958 BB 16500

France

En dépit de son air très anodin de locomotive à performances moyennes, cette série de locomotives inaugure l'aventure de l'électronique de puissance sur le réseau de la SNCF. C'est d'abord la BB 16000, une locomotive de vitesse prestigieuse, puis la BB 16500, deux machines à redresseurs à ignitrons que la SNCF met en service en 1958 sur la ligne Paris-Lille d'une manière très remarquée à l'époque: c'est le début de la vitesse pour la traction en monophasé de fréquence industrielle.

Le freinage à récupération

En 1958 sont construites 155 locomotives BB 16500. Elles sont suivies, en 1962, de 95 autres locomotives semblables mais équipées d'excitrons Jeumont au lieu d'ignitrons, ceci dans le but de tester le comportement des excitrons avec le freinage à récupération. Puis, sur les 44 locomotives suivantes, les redresseurs à excitrons théoriquement prévus sont, en fait, remplacés par des redresseurs à diodes au silicium, solution qui exclut le freinage à récupération.

Le freinage à récupération consiste à freiner la locomotive électrique en lui faisant produire du courant. Ce courant est renvoyé dans la caténaire et est donc utilisé. Sur les lignes électrifiées en courant monophasé de la région Nord de la France et comportant de longues pentes peu accentuées, l'utilisation de ce mode de freinage procure une économie de consommation d'électricité atteignant 18 à 25 % pour les trains de marchandises et 10 à 20 % pour les trains de voyageurs. Mais cet avantage technique ne sera pas exploité dans la mesure où les redresseurs, qui équipent en fin de compte les BB 16500, ne permettent pas le freinage à récupération, mais offrent, par contre, des avantages considérables sur le plan de la simplicité de fonctionnement et de l'économie.

Les BB 16500 avaient à l'origine une livrée verte (photo du recto). Lors des grandes révisions, elles furent repeintes en livrée gris clair à bandeaux orange.

La BB 16500 et la biréduction

Outre le freinage à récupération, la BB 16500 est, sur le plan mécanique, le champ d'essais d'une autre innovation: la biréduction. L'idée est de Fernand Nouvion, le grand ingénieur en traction électrique qui a lancé la SNCF dans une politique de grandes vitesses: c'est l'homme des records à 331 km/h en 1955.

La SNCF est à la recherche de ce que Nouvion appelle la «locomotive universelle», c'est-à-dire la locomotive de type unique qui pourrait assurer aussi bien la traction de trains de voyageurs très rapides que des trains de marchandises très lents. La BB 26000, ou «Sybic» assurera enfin ce rôle en 1988, mais en 1958, faute de trouver des moteurs acceptant un cahier des charges aussi varié, Fernand Nouvion propose une solution mécanique consistant à faire deux locomotives en une. Il s'agit de la biréduction, qui se compose d'un système d'engrenages permettant deux rapports de démultiplication donnant, au choix, une vitesse maximale de 90 km/h ou de 150 km/h. Le changement de rapport ne se fait qu'à l'arrêt.

Caractéristiques techniques

Tension nominale du courant traction: 25000 V monophasé 50 Hz
Puissance à régime continu: 2580 kW
Vitesse maximale en service: 100/140 km/h
Masse: 75 t
Moteurs de traction: 2
Transmission: unilatérale et à anneaux dansants
Équipement électrique: transformateur, graduateur, et redresseurs (ignitrons, excitrons, silicium)

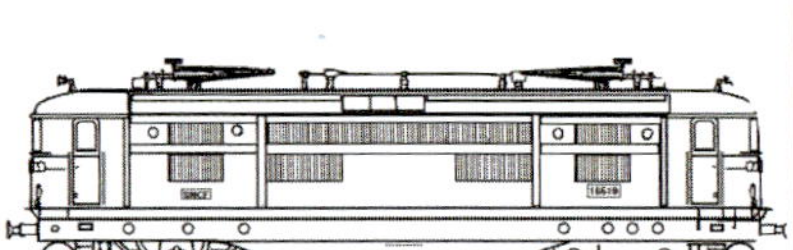

Maintenance et patinage

La complexité du système demandant jusqu'à 14 engrenages par bogie reste un handicap, et en limite, en fin de compte, l'extension à cause des problèmes de maintenance. En outre, en cas de patinage, les 2 essieux sont concernés simultanément, ce qui est beaucoup plus agressif pour la voie: en effet, avec la biréduction, les deux essieux d'un même bogie sont totalement solidaires mécaniquement du fait des engrenages.

La carrière de la BB 16500

Conçue pour le réseau Nord-Est de la SNCF électrifié en monophasé 25000 V, cette série est importante puisque comportant 294 machines construites en 1958 et 1964. On a vu les BB 16500 assurer toutes sortes de roulements, à l'exception des trains rapides laissés aux BB 16000. Elles sont toujours en activité.

La biréduction des BB 16500

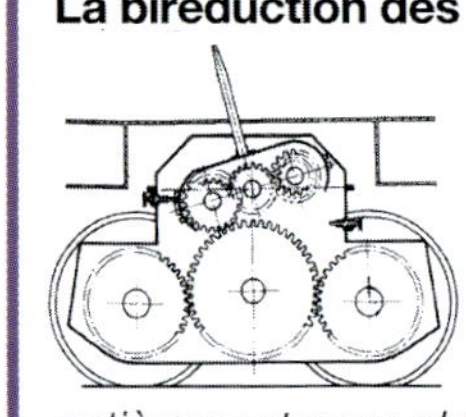

Le levier est sur la position «grande vitesse»: il faut débloquer les verrous et le basculer entièrement pour obtenir la «petite vitesse». En position centrale, la locomotive est «débrayée».

BB 16500

L'ÂGE D'OR DU RÉSEAU BRITANNIQUE

1835

Grande-Bretagne

LE GREAT WESTERN RAILWAY: SON HISTOIRE

C'était le réseau à part, au sein des réseaux britanniques. Doté d'un style très personnel, soucieux de performances, marqué par la période de sa voie large de 7 pieds qui en fait le réseau le plus rapide du monde, le Great Western Railway se voulait d'abord «great» dans tous les sens du terme... Ce souci de grandeur se traduisait jusque dans l'architecture des gares ou le dessin des locomotives. Le Great Western Railway est resté inoubliable.

Le réseau lors du «Grouping act» en 1923

Le Great Western Railway est bien le seul réseau anglais à ne pas changer de nom lors de la grande fusion des réseaux nationaux en 4 grandes compagnies en 1923. Le vieux GWR initial ne comprend que 4800 km de lignes, mais, avant la fusion de 1923, il a déjà intégré de nombreux petits réseaux comme le Barry Railway, les Cambrian Railways, le Cardiff Railway, le Taff Vale, etc. En 1923, il regroupe 6108 km, et il est donc assez important pour constituer, à lui seul, une compagnie comparable aux 3 autres grandes compagnies nouvellement créées. A l'époque, il possède 3944 locomotives dont 2442 locomotives-tender (une forte proportion, comparée à celle des réseaux continentaux), 10 000 voitures, et 86 000 wagons.

C. Lamming

Ci-contre, une locomotive caractéristique du Great Western Railway avec ses cylindres intérieurs et sa discrète bielle de liaison extérieure. La forme de la cabine est typique du «design» du réseau.

Né sous le signe de la grandeur... provisoire, hélas!

Constitué en 1835, le GWR ouvre sa première ligne le 4 juin 1838 entre Londres (Paddington) et Maidenhead, en écartement de 7 pieds (2100 mm) selon les prescriptions de l'ingénieur Brunel, faites dès 1835. Très vite, l'ouest de l'Angleterre, la Cornouailles et le pays de Galles sont desservis soit par construction de lignes, soit par rachat de compagnies locales. En 1876, Bristol est atteinte, et une association avec les compagnies du Bristol & Exeter, du South Devon et du Cornwall Railway ouvre la voie aux trains jusqu'à Penzance et la façade océanique, souvent au prix de la pose d'un troisième rail sur des voies à écartement standard. Le système en voie large, en 1846, correspond à 10 % du total britannique (275 miles sur 2225) et les gares de Gloucester et de Salisbury sont des points de transbordement obligatoires. La différence d'écartement par rapport aux réseaux voisins conduit le GWR à adopter l'écartement normal (1435 mm) et le dernier train en voie large quitte Paddington le 20 mai 1892 dans la tristesse générale: le Great Western Railway est déjà moins «great» en abandonnant cette caractéristique qui, jusque-là, permettait à ses trains de rouler plus vite et d'une manière plus stable.

La grande époque des «Castle» et des «King»

Les dernières années 1920 et les années 1930 sont celles de l'âge d'or du réseau. Les trains sont superbes, avec leur locomotive verte et leurs voitures brun et crème. Les locomotives type 230 de la série des «Castle» sont les plus puissantes du Royaume-Uni et, grâce à elles, le train «Cheltenham Flyer» est le plus rapide du monde, parcourant à l'époque la distance Londres-Swindon (124 km) en 65 minutes, tandis que le «Cornish Riviera Limited» touche Plymouth à 88 km/h de moyenne. Les «King» qui leur succèdent sont aussi des 230 obtenues par évolution du type «Castle». Les tonnages des trains rapides augmentent de 20 à 30 % et, même, un train de 25 voitures est remorqué à 93 km/h entre Reading et Bristol! Les «King» assureront, à partir de 1928, l'ensemble des trains rapides du Great Western jusqu'à la fin de la vapeur, laissant, durant les années 1960, la place à la locomotive diesel.

Le Great Western Railway: pas oublié

Les rames rapides HST d'aujourd'hui roulent à 200 km/h entre Paddington et le sud-ouest de la Grande-Bretagne, accomplissant des exploits que l'ancien Great Western n'eût pas désavoués. Et aujourd'hui, dans le cadre de la privatisation du réseau des British Railways, ce service de trains rapides a retrouvé le fameux nom de «Great Western». Les horaires et les emballages de sucres comportant ce nom magique sont gardés en souvenir par des amateurs émus...

3410
SYDNEY

1844

Royaume-Uni

RÉSEAU DU NORTH BRITISH: SON HISTOIRE

Cette compagnie écossaise se trouve placée à l'extrémité nord de la grande ligne Londres - Écosse par la côte Est, ce qui lui vaut d'être obligée de construire le tristement célèbre pont de la Tay, qui s'effondre en 1876 sous un train, et surtout le célèbre grand pont du Firth of Forth, une des plus grandes réussites de l'époque, pour enjamber les estuaires séparant Édimbourg d'Aberdeen. Elle participe activement à la compétition Londres - Édimbourg.

Ci-contre, la très belle locomotive «Highland Chief» du type Atlantic lourd dessinée par William Paton Reid pour le North British Railway. Ci-dessus, une des très élégantes 220 chargées de la traction des trains rapides sur le réseau.

Le North British Railway domine la scène écossaise

Si le North British Railway est la première compagnie écossaise, fondée en 1844, de nombreuses autres compagnies sont rapidement créées: le Caledonian en 1845, le Great Northern of Scotland en 1846, le Glasgow & South Western en 1850 ou encore le Highland en 1865. Mais le North British Railway se distingue rapidement par la qualité de ses locomotives dans la mesure où il est partie prenante de la fameuse compétition vers Londres et l'Écosse entre les compagnies de la côte Ouest et celles de la côte Est. Il devient l'un des principaux composants du réseau du London & North Eastern Railway en 1923 et apporte alors 2217,2 km de lignes. En particulier l'apogée de la conception North British est atteinte en 1920 avec les fameuses locomotives type Atlantic lourdes mises au point par l'ingénieur William Paton Reid et construites par la North British Company. Le long foyer type Belpaire, la chaudière bien dimensionnée rappellent les meilleures locomotives du Great Western Railway auxquelles Paton Reid doit beaucoup. Une autre particularité du réseau est l'introduction, pour la première fois dans l'histoire du rail britannique, de voitures-lits pour le service depuis Londres. Elles sont à 3 essieux, un type que la Compagnie Internationale des Wagons-Lits utilisera elle aussi pour ses premiers grands trains sur le continent.

Une naissance douteuse...

Complètement ignorant des techniques ferroviaires, mais habile spéculateur, un certain George Hudson, drapier à York, se décide à profiter de la fièvre des chemins de fer et à se constituer un empire par de simples mais astucieux jeux financiers. Il commence par tremper dans l'affaire de la ligne de York à Leeds, à s'enrichir, à se constituer un empire ferroviaire en direction du nord, toujours par regroupement de lignes au départ de Darlington. Le voilà en Écosse, et il y crée le North British Railway en 1844. Il disposera peu après d'une ligne Londres - Écosse, et il l'équipe de deux magnifiques ponts franchissant la Tyne et la Tweed, construits par George Stephenson. En 1848, il a pu s'emparer d'un ensemble d'actions valant 30 millions de livres sterling et lui donnant accès au contrôle financier de plus du quart des 8000 km de lignes de chemin de fer en service au Royaume-Uni. Fier de son surnom de «roi des chemins de fer», député conservateur à la Chambre des communes, Hudson s'attire les grâces des investisseurs faciles, mène grand train de vie avec leur argent. Son empire se fissure quand il veut signer un contrat avantageux avec le Great Northern Railway, concurrent de son propre Midland Railway, pour réaliser un itinéraire direct Londres - York. Devant la fureur de ses actionnaires, Hudson est vite démasqué et, poursuivi pour une quantité d'affaires véreuses, de faux en écriture, de malversations en nombre inimaginable, il s'enfuit du Royaume-Uni en 1855. Le North British Railway aura à assumer seul sa propre survie, désormais.

RÉSEAU DU NORTH BRITISH: SON HISTOIRE

1848

Royaume-Uni

GREAT NORTHERN: SON HISTOIRE

Ce réseau anglais fut «great» à tous les sens du terme, c'est-à-dire grand. Mais il commença dans la partie sans doute la plus rurale et la plus attardée de l'Angleterre, au fond du Lincolnshire, pays qui a donné naissance à Margaret Thatcher, entre les bourgades de Grimsby et de Louth (où est né l'auteur de cette encyclopédie), sous la forme d'une modeste ligne à voie unique. L'avenir était cependant devant lui.

Le réseau de la vitesse

Créé par construction et rachat de lignes dans le nord-est de l'Angleterre à partir de 1848, le Great Northern Railway vise l'efficacité par les performances. Le réseau est obligé de pratiquer cette politique de la vitesse, car son territoire est cerné par des compagnies concurrentes et il doit se montrer le meilleur. Il sait jouer de sa position stratégique qui le place sur le grand itinéraire Londres - Écosse par la côte Est et attirer sur ses lignes l'ensemble du trafic, au détriment de l'autre itinéraire par l'ouest et le Midland Railway. Le Great Northern Railway joue ainsi la carte du transport des voyageurs: dans une Angleterre du XIXe siècle en pleine expansion industrielle, les «businessmen» veulent des trains confortables et rapides. Les locomotives type 111 à roues libres en prennent charge. Les marchandises auront des types 020 ou 021.

Ci-contre et ci-dessus, les fameuses «Atlantic» conçues par Ivatt pour le Great Northern Railway. Notez la rame de voitures en bois de teck verni, caractéristiques du réseau.

Très rapidement, le réseau passe au type 220 puis 221 dès la fin du siècle pour ses trains rapides et développe les types à 3 ou 4 essieux accouplés pour les trains de marchandises.

Des débuts modestes mais agités

C'est le 1er mars 1848 que la première ligne du Great Northern, reliant le port de Grimsby à la petite ville ancienne de Louth, est inaugurée. Louth, pour la circonstance, est dotée d'une superbe gare dans le style «gothique» du XIXe siècle, agrémentée de deux postes d'aiguillages dans le même style, d'une remise, d'une halle à marchandises. Les installations de Grimsby sont plus importantes, car le port, à l'époque, est très actif et ses industries de salaisons et de conserves ont une réputation tout à fait à la hauteur de l'infecte odeur qu'ils font régner, aujourd'hui toujours, autour du port... Puis le Great Northern constitue son réseau en direction du sud, gagnant Londres dès 1852, tronçon par tronçon, formant un ensemble homogène desservant le nord-est de l'Angleterre, rachetant des petites lignes comme celle qui est décrite ci-après. En effet, en 1863, les soirées du «pub» de l'hôtel «Kings Head» sont très agitées: il est question de créer une ligne jusqu'à Lincoln, importante ville et chef-lieu du comté. Mais il faut réunir 250 000 £ pour financer l'opération, car le Great Northern n'y croit guère. Le projet échoue. En 1871, il est relancé et confié à l'ingénieur Appleby. La ligne, longue de 38 km, est achevée en 3 ans, et elle rapporte dès la première année un bénéfice de 57 864 £ avec un trafic de 250 000 t. Le Great Northern, alors, rachète la ligne qui semble prometteuse.

L'apogée des années 1920

Peu avant le «grouping» de 1923. qui crée les 4 grandes compagnies nationales britanniques par regroupement des anciens réseaux et qui intégrera le Great Northern Railway dans le London & North Eastern Railway, le réseau est, techniquement parlant, à son apogée. Il apporte 1120 km de lignes (il n'est pas le plus grand: le North Eastern, avec 2894 km, et le North British, avec 2055 km, le dépassent), une position stratégique incontournable, d'excellentes locomotives de vitesse dont le fameux type 221 dessiné par Ivatt, un matériel voyageurs confortable dont la caisse en teck verni valorise l'image de marque du réseau. Il marque alors fortement de son empreinte le London & North Eastern Railway naissant, à qui il donne la gare terminus londonienne de King's Cross – la première grande gare anglaise fonctionnelle.

G N R
Nº 279

1854

Royaume-Uni

NORTH EASTERN RAILWAY: SON HISTOIRE

Ce grand réseau comporte plus de 3000 km de lignes quand, en 1923, dans le cadre du regroupement entre les 4 grands réseaux britanniques, il devient une partie importante du London & North Eastern Railway. Il est important par rapport aux 1279 compagnies créées sur le sol britannique entre 1801 (déjà!) et 1914, mais, surtout, il apporte avec lui la plus ancienne ligne du monde, la Stockton & Darlington.

Placé sur la route vers l'Écosse

Le North Eastern Railway se trouve dans une position stratégique: pour aller de Londres en Écosse, et plus spécialement à Aberdeen, il y a deux itinéraires: soit par la côte Ouest et les voies du Midland Railway, soit par la côte Est et les voies du North Eastern Railway. Les deux compagnies se livrent une lutte sans merci pour créer et conserver une clientèle d'hommes d'affaires pressés. Leur lutte est tellement célèbre, à l'époque, que les paris sont ouverts tous les jours et la presse ne manque pas de donner les temps réalisés par chaque train, avec le type de locomotive et le nom du conducteur. Wilson Worsdell (1838-1916) est ingénieur en chef du matériel de traction de la compagnie du North Eastern Railway et, pour faire triompher définitivement les trains du North Eastern Railway sur ceux du concurrent, il est chargé de la conception de la locomotive la plus rapide et la plus fiable possible. Il met au point la célèbre «Q1» qui est, en fait, une locomotive classique, mais modifiée pour la vitesse.

Le North Eastern Railway et le Stockton-Darlington

La ligne de Stockton à Darlington est le chef-d'œuvre de George Stephenson; elle assure, pour la première fois au monde, ce que l'on peut appeler un service public régulier sur une ligne de chemin de fer commerciale, en Angleterre, en 1825. Cette première ligne mondiale est cependant assez modeste et n'a pour seul but initial que de transporter le charbon jusqu'au port de Darlington. Mais elle devient, par quelques prolongements, une véritable compagnie de chemin de fer qui dure jusqu'en 1863, date à laquelle elle fusionne avec le North Eastern Railway. La compagnie du North Eastern Railway a été formée en 1854 par la réunion de celles du York & North Midland, du York Newcastle & Berwick et du Leeds Northern. Son réseau s'étend en direction du sud à partir de Knottingley et Altofts Junction et en direction du nord par Berwick; il absorbe peu à peu de nombreuses petites lignes et compagnies locales. Il touche le Stockton & Darlington à Eaglescliffe, à Darlington même, et à Bishop Auckland: il ne pouvait qu'absorber sa concurrente, l'enserrant déjà dans un étau.

Un réseau novateur: la traction électrique

Le North Eastern Railway est le premier réseau britannique à électrifier des grandes lignes, ceci dès 1903, avec la ligne de la Tyneside. Et à la veille de la Première Guerre mondiale, le NER installe en 1913-1915, à titre d'essai, une caténaire alimentée en 1500 V continu entre Thornaby et Middlesborough sur sa grande ligne York-Newcastle. Une dizaine de locomotives type BB sont mises en service pour la traction de trains de marchandises lourds, mais au lendemain de la Première Guerre mondiale, la caténaire est démontée: l'exploitation du charbon est en régression. Le NER compte alors électrifier la ligne Manchester-Sheffield et l'exploiter avec de remarquables 2C2 conçues par l'ingénieur Raven, mais son intégration dans le London & North Eastern Railway mettra fin à ces projets originaux.

Ci-contre, une originale locomotive-tender type 230T du réseau et, au recto, une des machines de vitesse type 220 qui assurèrent la traction des trains rapides en direction de l'Écosse.

NORTH EASTERN RAILWAY: SON HISTOIRE

1923

Royaume-Uni

SOUTHERN RAILWAY: SON HISTOIRE

Dès leur création, les réseaux du sud de l'Angleterre ont un tracé dense, de nombreuses gares rapprochées, des immenses bifurcations: on a, au début du XIXe siècle déjà, ce que seront les grands réseaux suburbains des pays industrialisés d'aujourd'hui. Formant le Southern Railway en 1923, ils donnent un réseau moderne, un des pionniers de la traction électrique par 3e rail, avec ses rames automotrices, ses horaires serrés.

P.101, les 220 du LSWR apportent au Southern Railway la tradition des trains rapides. Ci-contre, les innombrables 022T des services de banlieue.

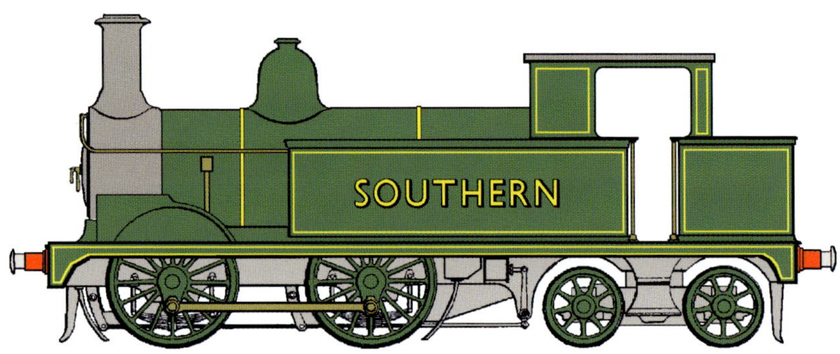

C. Lamming

Une électrification de qualité

Juste après le «Grouping Act» de 1923, qui crée les 4 grandes compagnies anglaises, le Southern Railway se lance, sous l'impulsion de son directeur sir Herbert Walker, dans un grand programme d'électrification qui concerne 1000 km de lignes et coûte 7,75 millions de livres sterling. Une signalisation lumineuse à 4 indications, très d'avant-garde pour l'époque, est mise en service ainsi que des cabines d'aiguillage électriques. Sur les lignes nouvellement électrifiées de Londres (Victoria) à Orpington, Loughborough, Nunhead ou Guildford, des rames automotrices circulent désormais toutes les 20 minutes au minimum entre 6 h et 23 h 40, donnant jusqu'à 6 trains par heure pour un grand nombre de gares de jonction bénéficiant de deux itinéraires. Entre Nunhead et Londres, le nombre de trains par jour est de 114 alors que, avant l'électrification, il était seulement de 62. Entre Londres (Waterloo) et Guildford par Cobham, les trains électriques circulent en horaire serré de 6 h 30 à 23 h 50, s'ajoutant aux trains à vapeur d'autres lignes assurant la même destination finale mais par d'autres itinéraires. En 1932, la traction électrique atteint Brighton et la côte, qui fait désormais partie de la banlieue londonienne, et en 1939 c'est au tour de Portsmouth, Hastings, Maidstone et Gillingham.

Les réseaux fondateurs du Southern Railway

Les 3 principaux fondateurs, en 1923, sont le London & South Western Railway (1640 km de lignes), le London, Brighton & South Coast Railway (737 km) et le South Eastern & Chatham Railway (1026 km). Ils apportent avec eux de grandes traditions de performances et de qualité technique, notamment le LSWR qui prend, au sein du SR, une position de leader. Autour d'eux, il y a une foule de minuscules compagnies, qui portent le total des lignes à 3522 km. Le nombre de locomotives-tender est de 1180, de locomotives à tender séparé de 1078, tandis que 1000 voitures et 35 000 wagons forment le matériel roulant remorqué. L'enjeu, pour ces réseaux, a non seulement été de gérer un trafic très dense de type banlieue, mais aussi d'assurer un service de trains rapides de grande qualité en direction des ports de la Manche, car ces réseaux assurent un service international reliant le Royaume-Uni à l'Europe continentale. Les «boat trains» (trains-paquebot) sont prioritaires, quels que soient les retards des navires, et doivent rouler vite.

La grande époque du Southern Railway

C'est celle de l'ingénieur Richard Maunsell, avec ses fameuses locomotives 230 «King Arthur», assurant, à partir de 1925, les grands express au départ de Waterloo, ou encore celle des 230 «Lord Nelson» roulant en direction du Devon. Mais Oliver Bulleid, nommé en 1937 à la tête des services de traction du réseau, dessine une série de locomotives carénées très originale, la plus importante série de Pacific britanniques. Dotée de 3 cylindres, cette locomotive réunit toutes les caractéristiques d'une machine moderne, et elle est très en avance par rapport à ses contemporaines britanniques en dépit d'une distribution à soupapes actionnée par chaînes peu fiable. Elles roulent jusqu'en 1967, dernière année de la vapeur sur le Southern Railway.

L S W R
310

1923

Royaume-Uni

LONDON, MIDLAND & SCOTLAND RAILWAY: SON HISTOIRE

Le London, Midland & Scotland Railway britannique, dont les trois lettres LMS forment, sans nul doute, un des sigles les plus connus dans l'histoire des chemins de fer, est le réseau de ces somptueux trains rouge sombre et à filets jaunes, le réseau de la course Londres - Écosse par la côte Ouest, le réseau des Pacific Princess ou Duchess, et celui d'une grande tradition de confort.

L'importance du LMS

La compagnie est formée, en 1923, avec le London & North Western Railway, qui totalise 4300 km, le Midland Railway, qui apporte 3490 km, et d'autres réseaux d'importance moyenne comme le Caledonian Railways avec 1790 km, le Glasgow et South Western avec 790 km, et le Highland Railway avec 810 km – ces trois derniers réseaux étant écossais. Si l'on ajoute une cinquantaine de petites compagnies possédant seulement de 6 à 100 km de lignes, on obtient, pour le LMS entier, un total de plus de 12 000 km, ce qui fait de ce réseau le plus grand des réseaux britanniques devant le LNER (10 000 km), le Great Western Railway (6000 km) et le Southern (3500 km). Le nombre de locomotives à tender séparé est de 6916, tandis que les locomotives-tender sont 3376. Les voitures forment un parc de 27 229 exemplaires, et les wagons de 302 550 exemplaires.

P.103, une évocation de la fameuse Pacific «Princess Royal», la fierté du LMS. Ci-contre, une 230 du même réseau en tête d'un train touristique actuel.

Plus en avance par ses voitures que par ses locomotives

Le LMS a, certes, de bonnes locomotives, mais elles sont classiques et ne se démarquent guère, techniquement, de celles des autres compagnies – sauf, peut-être, les fameuses Midland Compound dont le réseau hérite, ou les Pacific Princess et Duchess. En revanche, les voitures offrent un confort remarquable, car le réseau est l'héritier du London & North Western Railway: celui-ci avait inauguré en Europe des voitures-restaurants à 12 roues qui étaient la meilleure expression du savoir-faire en matière de luxe, avec leur aspect cossu et chic. Les autres compagnies anglaises en restent au stade de l'arrêt-buffet pour économiser les frais de traction d'une voiture supplémentaire dans le train... Le Midland Railway, lui, importe en 1875 des voitures Pullman à bogies des États-Unis, ce qui fait sensation, et le réseau, à la même époque, supprime la 2e classe, offrant alors aux voyageurs de 3e classe un confort proche de l'ancienne 2e classe. Grâce au Midland Railway, le LMS hérite d'un sens du confort et de la qualité du service exemplaires. Les performances exceptionnelles des locomotives Duchess sauront donner à ces trains la vitesse et l'exactitude, et mettre le LMS, à la veille de la Première Guerre mondiale, en tête des réseaux britanniques.

Une lutte sans merci

Lorsque le réseau britannique se construit, au début du XIXe siècle, en étoile à partir de Londres, les lignes établies en direction du Nord et de l'Écosse se constituent peu à peu par une succession de rachats de lignes ou de compagnies. Par la force des choses, il faut regrouper ces innombrables petites compagnies non rentables, au nombre de 168, et ce mouvement de fusion se parachève en 1923 avec le «Grouping Act», qui crée 4 grandes compagnies nationales. Deux d'entre elles se trouvent en concurrence: le London, Midland & Scottish Railway, d'une part, et le London & North Eastern Railway, d'autre part, qui assurent depuis Londres la desserte du centre et du nord de l'Angleterre et de l'Écosse, l'une par la côte Ouest (le LMS) et l'autre par la côte Est (le LNER). Héritée des anciennes compagnies du Midland Railway et du Great Northern Railway, une âpre politique de vitesse est maintenue de part et d'autre; quand l'une des deux sort une nouvelle locomotive rapide, par exemple, l'autre en fait autant, et quand l'une crée un nouveau train, l'autre réplique immédiatement avec un train encore plus beau. L'époque des trains carénés des années 1930 voit l'apogée de cette lutte, qui est aussi l'apogée des trains à vapeur britanniques.

6200
L M S
THE PRINCESS ROYAL

1881

Grande-Bretagne

G CLASS

William Stroudley, c'est l'homme des locomotives les plus élégantes qui soient, et le «chic» très britannique que lui seul sait donner à tout ce qui sort de sa planche à dessin est absolument inégalable. La série G qu'il dessine pour le London, Brighton & South Coast Railway en 1881 est un chef-d'œuvre. Elle est aussi une des dernières «single driver» anglaises.

Les caractéristiques générales des locomotives de Stroudley

Toutes les locomotives de Stroudley ont des manivelles d'accouplement parallèles aux manivelles motrices et de même sens, ce qui fait que les efforts sont réduits sur les fusées de l'essieu moteur, et que leurs boîtes durent beaucoup plus longtemps. Les locomotives à roues accouplées (ce qui n'est pas le cas de la série G qui est à roues libres) ont toutes leurs roues motrices à l'avant, sans essieu directeur, ce qui garantit un meilleur franchissement des appareils de voies et des courbes. Le centre de gravité est plus élevé que d'ordinaire, ce qui augmente en courbe la charge des roues situées à l'extérieur de la courbe et soulage les roues situées à l'intérieur: ces dernières, devant glisser sur les rails dans la courbe du fait de la différence du parcours, peuvent glisser plus facilement. En outre un centre de gravité élevé donne une locomotive plus douce pour la voie parce que les oscillations imprimées à la locomotive par la voie sont moins sensibles que les oscillations rapides particulières aux machines à centre de gravité bas. Enfin Stroudley ne construit pas de machines à bogie: il les juge complexes, sujettes aux déraillements, et trop lourdes.

Les théories de Stroudley

Dans un mémoire présenté à la Société des Ingénieurs Civils d'Angleterre le 3 mars 1885, Stroudley développe ses vues sur la nécessité de mettre un peu d'ordre et de standardisation dans le matériel roulant du London, Brighton & South Coast Railway qui est, sur le plan du tracé des lignes, particulièrement enchevêtré. Les 671 km de lignes de la compagnie, en effet, s'imbriquent étroitement dans celles du Metropolitan Railway sur 145 km, dans des zones complexes à 3 ou à 4 voies parallèles. Quelques-unes de ces lignes présentent des déclivités très fortes et des courbes à faible rayon descendant jusqu'à 130 et à 140 mètres. On trouve pas moins de 94 grandes bifurcations sur ce réseau très dense et 20 gares terminus.
L'exploitation est donc très difficile, et le grand nombre de trains fait que les locomotives peuvent être attelées à 16 trains par jour!
C'est en tenant compte de ces circonstances que Stroudley adopte 6 séries de locomotives pour le réseau, séries A à G, toutes issues de la série C qui est une 030 pour trains de marchandises et dont elles reprennent beaucoup d'éléments comme la chaudière, le mouvement, les cabines de conduite.

D'autres particularités techniques

Mais il existe d'autres détails intéressants faisant toute l'originalité des machines de Stroudley: la lubrification des roues avant par la vapeur d'échappement pour faciliter la négociation des courbes, un équilibre «total» des masses tournantes assurant une grande douceur de roulement, la récupération d'une partie de la vapeur d'échappement pour réchauffer l'eau d'alimentation de la chaudière. Enfin, Stroudley pense qu'une locomotive doit être peu chère à la construction et à l'usage, et que le bon entretien d'une locomotive est une chose essentielle. Pour qu'une locomotive soit bien entretenue, il faut qu'elle soit aimée et elle doit plaire à son équipe de conduite. C'est pourquoi les locomotives de Stroudley sont soignées esthétiquement. Conduire une Stroudley n'est pas conduire n'importe quoi pour les cheminots, et le nom du mécanicien était même peint en lettres d'or à l'intérieur de la cabine.

Caractéristiques techniques

Type: 111
Moteur: 2 cylindres simple expansion
Cylindres: 432 x 610 mm
Diamètre des roues motrices: 1980 mm
Pression de la chaudière: 10,5 kg/cm^2
Surface de la grille du foyer: 1,58 m^2
Contenance du tender en eau: 10 t
Masse totale tender compris: 60,5 t
Longueur: 9,42 m • Vitesse: 120 km/h

BEMBRIDGE

1902

Grande-Bretagne

MIDLAND COMPOUND

Chef-d'œuvre de l'ingénieur Johnson, puis de Deeley qui lui donna sa forme définitive, la Midland Compound est l'objet d'un véritable culte au Royaume-Uni. Sans doute l'une des plus fines et des plus élégantes locomotives anglaises, la Midland Compound fut aussi souvent reproduite en jouet ou en modèle réduit.

La 220: la locomotive rapide par excellence

Dotée d'un bogie avant et de 2 essieux moteurs, la locomotive type 220 est, aux États-Unis puis en Europe, le type même de la locomotive de vitesse à la fin du XIXe siècle. Mais les ingénieurs anglais poursuivent le perfectionnement de ce type de locomotive jusque durant les années 1930, dans la mesure où beaucoup de compagnies britanniques ont une politique de petites locomotives en matière de traction.

La compagnie du Midland Railway, lorsqu'elle est intégrée en 1923 au London, Midland & Scotland Railway, apporte avec elle une bonne expérience en matière de locomotives de vitesse type 220. Le LMS choisira, d'une manière peut-être surprenante, ce type comme locomotive standard pour ses trains rapides, alors que bien des réseaux en sont déjà au type 230 et 231 dont les 3 essieux moteurs garantissent un effort de traction supérieur. Mais les 220 du Midland sont des compound, c'est-à-dire dotées de cylindres haute puis basse pression assurant d'excellences performances pour une consommation moindre.

Caractéristiques techniques

Cylindre haute pression: 483 x 660 mm
Cylindres basse pression: 533 x 660 mm
Diamètre des roues motrices: 2134 mm
Surface de la grille du foyer: 2,63 m^2
Contenance du tender en charbon: 5,75 t
Contenance du tender en eau: 16 t
Masse: 106 t
Longueur totale: 17,26 m

Ci-dessus, une 220 Midland Compound en tête d'un train d'époque formé de matériel à lanterneau. Le rouge Midland, ou «Crimson lake» pour les Anglais, donne une élégance et une beauté incomparables à l'ensemble. Ci-contre, la N° 1000, heureusement préservée aujourd'hui, et photographiée dans un décor très naturel de la campagne anglaise sur des rails à double champignon d'époque.

La série la plus importante des compound anglaises

Conçue par Johnson en 1902, la locomotive est redessinée par Deeley en 1908, puis perfectionnée à nouveau par Fowler en 1914, année où elles ont leur forme définitive. Elles sont la seule série de locomotives compound au Royaume-Uni ayant atteint cette importance numérique, avec 240 exemplaires construits et une durée de service de plus d'un demi-siècle (1902-1961). En effet, les ingénieurs britanniques ont préféré le moteur à simple expansion, devant les risques que représentaient la complexité de conduite et d'entretien des compound par un personnel souvent peu qualifié. Pour les chemins de fer britanniques, cette Midland Compound est la compound par excellence, pratiquement la seule série ayant roulé sur le sol anglais.

Des cylindres particuliers

Occupant les tranches de numéros de 900 à 939, et de 1000 à 1199 tant au Midland Railway qu'au LMS ultérieurement, ces locomotives ont pour particularité d'avoir 1 cylindre haute pression intérieur et 2 cylindres basse pression extérieurs. Ce sont donc des machines à 3 cylindres.

Au démarrage, la vapeur ne peut être admise que dans les cylindres basse pression, donnant une marche à simple expansion assurant des démarrages plus faciles. Puis, au fur et à mesure que le conducteur ouvre le régulateur, la vapeur est aussi admise dans le cylindre haute pression, ceci donnant progressivement une marche compound. Ce fait gênait les conducteurs qui avaient de la peine à comprendre que l'on avait plus de vapeur et de puissance avec un régulateur partiellement ouvert qu'avec un régulateur ouvert à fond.

Aujourd'hui, il est possible d'admirer des Midland Compound sur des réseaux d'amateurs ou au Musée de York, où la N° 1000 est exposée dans la superbe livrée rouge LMS à filets jaunes, bien sûr.

MIDLAND COMPOUND

1904

Grande-Bretagne

CLASS 4400/4500

Ces très jolies locomotives sont signées Churchward, et certaines ont été modifiées par Collett. Elles ont à leur actif d'avoir prolongé la vie de très nombreuses petites lignes du Great Western Railway perdues dans les vertes collines des Cornouailles, du pays de Galles ou de l'ouest de l'Angleterre. Elles ont toutes disparu durant les années 1960. Quelques exemplaires ont été heureusement préservés, et les Anglais les adorent!

La première série

Ces locomotives-tender du Great Western Railway ont été tirées à un grand nombre d'exemplaires, les séries et les sous-séries se succédant continuellement. Tout commence en 1903 quand Churchward fait construire la première série de ces locomotives, au nombre de 40 exemplaires. Elles sont numérotées, par le Great Western Railway, 3100 pour le prototype, et 3111 à 3149 pour les suivantes. Ultérieurement, elles seront renumérotées 5100, et 5111 à 5149 – cette «maladie» des renumérotations affectant souvent les compagnies qui prévoient mal leurs tranches numériques disponibles et compliquant énormément le travail de l'historien des chemins de fer...

De ces 40 premières machines, 10 sont entièrement reconstruites en 1938-1939 et dotées de roues plus petites d'un diamètre de 1676 mm pour offrir des démarrages plus énergiques au prix d'une vitesse de pointe moindre. Elles sont renumérotées 8100 à 8109. L'ensemble de cette série primitive dure jusque dans les années 1960, la dernière étant retirée du service en 1964, la N° 5148. Les N°s 4141 et 5164 ont été préservées.

Un exemple de la complexité des séries

Beaucoup de personnes croient que les locomotives ont été produites à peu près comme les voitures automobiles, formant des séries totalement homogènes, chaque locomotive étant rigoureusement identique à toutes les autres de la série. En fait, il n'en est rien. Les locomotives à vapeur bénéficiaient d'une science très pragmatique de la part des ingénieurs, et il était très courant de modifier les locomotives soit individuellement, soit par lots, ce qui, dans ce dernier cas, faisait une sous-série.

Les pressions de chaudière pouvaient être augmentées, tandis que les diamètres des roues motrices pouvaient être réduits pour gagner en puissance de démarrage et en aptitude en forte rampe, ou augmentés, pour gagner en vitesse de pointe quitte à perdre en effort de traction. D'autres modifications sur l'appareil de production de vapeur pouvaient être effectuées, comme l'installation de la surchauffe, du séchage de la vapeur. Les passages de vapeur pouvaient être redessinés, augmentés. Plus rarement on intervenait sur le châssis et le mouvement, sauf dans quelques cas de reconstruction intégrale.

La série des 3100

Cette série est construite entre 1906 et 1908. Elle se compose de locomotives dont les numéros ne se suivent pas, et pris dans les nombres allant de 3150 à 5190. Elle est sur des roues plus grandes que les précédentes, avec un diamètre de 1727 mm. Mais cinq d'entre elles, les N°s 3100 à 3104, sont modifiées tardivement, en 1938, et montées sur des roues plus petites, ne mesurant que 1600 mm. Ces machines sont principalement utilisées sur les lignes de la proche banlieue de Londres.

Caractéristiques techniques

Type: 131T
Moteur: 2 cylindres simple expansion
Diamètre des roues motrices: 1727 mm
Pression de la chaudière: 13,7 kg/cm^2
Vitesse: 90 km/h

La série des 6100

Ce sont les dernières construites, ceci entre 1931 et 1935. Elles sont semblables aux 4100, mais ont une chaudière dont la pression est portée à 15,5 kg/cm^2 au lieu de 13,7 kg/cm^2. La N° 6016 a été préservée.

P.109, une très belle vue de la 4555 en préparation dans un dépôt, comme en témoigne le chiffon oublié sur le côté de la boîte à fumée. Ci-contre, la 4566 en tête d'un train de voyageurs, sans doute lors d'une sortie d'amateurs.

CLASS 4400/4500

1927

Royaume-Uni

ROYAL SCOT

La série des Royal Scot anglaise est la dernière construite du type 230, et montre que, en dépit d'un essieu de moins que les Pacific, on peut aussi bien faire, sinon mieux, avec cette disposition d'essieux qui, durant les années 1930, est considérée comme dépassée. Aussi lourde qu'une Pacific, aussi puissante qu'une Pacific, moins chère et moins gourmande qu'une Pacific: on croirait entendre une publicité connue pour une boisson qui a l'air d'une autre sans l'être tout à fait... C'est bien le cas de la Royal Scot.

Des 220 aux 230

Pour la remorque du fameux train Londres-Edimbourg et Glasgow par la côte Ouest, le London Midland & Scotland (LMS) dispose, au lendemain de la Première Guerre mondiale, de remarquables 220 compound ou de types 230 de l'ex-London & North Western, qui a été absorbé par le LMS. Ces locomotives, honorables avant guerre, commencent à être dépassées. Le grand réseau concurrent du LMS, le London & North Eastern, assure aussi la relation Londres-Edimbourg, mais par la côte Est, et met en œuvre une remarquable politique de vitesse. Le LMS emprunte donc au Great Western une 230 de la série des «Castle», qui démontre qu'elle peut faire mieux que les petites locomotives du LMS. Ce dernier songe, dans un premier temps, à passer commande d'une série de «Castle», mais choisit en fin de compte l'offre du constructeur North British Locomotive Cie, qui propose une locomotive encore meilleure, et pour le même prix.

Ci-dessus, la Royal Scot N° 6100, première de la série, en état d'origine sans écrans pare-fumée et en livrée rouge à filets jaunes du LMS, et ci-dessous la 6100 après transformation, reconnaissable surtout à sa livrée noire. Ci-contre, la N° 6115 «Scots Guardsman», en tête d'un train d'amateurs, en 1978. La livrée noire a été appliquée à ces locomotives lors de leur reconstruction à partir de 1942: initialement, elles arboraient le magnifique rouge vif à filets jaunes du LMS.

L'entrée en scène des Royal Scot

Les 70 locomotives de type 230 commandées par le LMS sont mises en service à partir de 1927. A cette époque, les réseaux européens continentaux en sont depuis longtemps au stade de la Pacific 231, tandis que les Mountain 241 font leur apparition. Classique par sa disposition d'essieux, la 230 l'est aussi par son moteur à trois cylindres simple expansion. Esthétiquement, elle est très réussie, très équilibrée. La série reçoit des noms de régiments de l'armée anglaise, ou des noms d'anciennes locomotives disparues. Le LMS est tellement fier de sa nouvelle locomotive, qu'il l'envoie en démonstration aux États-Unis en 1933, à l'Exposition universelle de Chicago.

La reconstruction

Ces machines ayant des défauts de jeunesse importants, William Stanier, un ingénieur réputé venant du Great Western, les fait reconstruire intégralement à partir de 1942: nouvelles chaudières, nouveaux cylindres, nouveaux châssis pour certaines, rehausses de tenders, etc. Bref, dit-on à l'époque, il n'y a guère que les plaques des locomotives qui sont conservées! Cette fois, le succès est sans égal, et dure jusqu'au milieu des années 1960, les Royal Scot surpassant bien des Pacific pourtant à leur apogée, et conservant, jusqu'à l'arrivée de la traction diesel, une réelle suprématie dans le service des trains rapides.

Caractéristiques techniques

Cylindres: 457 x 660 mm
Nb. de moteurs: 3, cylindres simple expansion
Surface de la grille du foyer: 2,90 m^2
Pression de la chaudière: 17,6 kg/cm^2
Contenance du tender en charbon: 9 t
Contenance du tender en eau: 18 m^3
Masse: 142 t
Longueur: 19,78 m

ROYAL SCOT

1934

Royaume-Uni

BLACK FIVE

Cette immense série de 842 locomotives de type 230 a laissé son empreinte sur les dernières années de la vapeur sur les lignes du nord-ouest du Royaume-Uni dans l'ancien domaine du London, Midland & Scotland Railway. Jusqu'au bout ces machines firent aussi bien, même mieux, que les Pacific, remorquant de lourds trains de 15 voitures et battant des records de vitesse, atteignant 155 km/h.

Une petite locomotive capable des plus grands exploits

La série des Black Five est conçue comme une locomotive mixte tous usages, et elles sont dimensionnées comme telles. Mais il existe, dans l'histoire des techniques, des réussites qui, par la réunion d'un heureux ensemble de données, dépassent de très loin les prévisions et les calculs. C'est le cas de ces locomotives qui, lors de remplacements occasionnels de locomotives Pacific, sont capables de remorquer des trains très lourds sur les lignes accidentées du nord-ouest du réseau à la même vitesse, et parfois encore plus vite. C'est ainsi que le train bien connu, le «Royal Scot», composé de 15 voitures et pesant 495 t, fut remorqué par la Black Five N° 5020 en remplacement d'une Pacific du London, Midland & Scotland Railway et à la même vitesse. Les grands dépôts du réseau reçurent ainsi des locomotives de la même série et ne manquèrent pas de les affecter à toutes sortes de trains, y compris les plus rapides. Il est certain, toutefois, que les petites 230 ne pouvaient rivaliser avec les Pacific que sur des distances plus courtes, et qu'elles étaient à bout de souffle, le foyer encrassé, alors que les Pacific, avec leur plus gros foyer, pouvaient faire des étapes plus longues.

Ci-contre, une Black Five en tête d'un train de marchandises typiquement britannique.

Excellentes sur les dures lignes d'Écosse

Sur les lignes accidentées des Highlands, ces locomotives 230 étaient les plus lourdes et les plus puissantes autorisées, et elles enlevaient des trains de 550 t comme le «Royal Highlander», en double traction, à 32 km/h sur des rampes de 16,6 ‰ au départ d'Iverness jusqu'au point culminant de la ligne à Slochd.

La vitesse de 145 km/h était couramment atteinte en service, et un record à 155 km/h fut battu par la N° 44917 en 1966, entre Gobowen et Shrewsbury ceci quelques mois avant la cessation définitive de toute activité pour la série. Une quinzaine de ces locomotives ont été préservées.

William Stanier, un grand ingénieur (1876-1965)

Stanier est nommé en 1932 «Chief Mechanical Engineer», c'est-à-dire ingénieur en chef responsable de la conception des locomotives du London, Midland & Scotland Railway, venant alors du réseau du Great Western Railway où il a été remarqué pour son esprit innovant. En arrivant sur le LMS, il trouve les fameuses 230 «Royal Scot» qui ne donnent pas satisfaction et il en corrige rapidement les défauts pour en faire de bonnes machines de transition vers les Pacific qu'il dessinera ultérieurement.
Deux années plus tard, il démontre ses talents en dessinant les 230 type 5PF5, plus connues sous le surnom de Black Fives (ou, littéralement, les Cinq Noires), des locomotives qui passent pour les meilleures du monde à leur époque, capables de rouler à 145 km/h en service, et de tirer des trains de voyageurs de 550 t. Mais, très intéressé par les nouvelles formes de traction, il suit de très près les essais suédois de locomotives à turbines, et il essaie en 1935 une locomotive type 231 surnommée «Turbomotive».
Son chef-d'œuvre est la «Duchess», une série de 38 locomotives type Pacific produites à partir de 1939, capables de rouler à plus de 160 km/h.

Caractéristiques techniques

Type: 230
Moteur: 2 cylindres simple expansion
Cylindres: 470 x 711 mm
Diamètre des roues motrices: 1829 mm
Surface de la grille du foyer: 2,7 m²
Pression de la chaudière: 15,8 kg/cm²
Contenance du tender en eau: 18 t
Contenance du tender en charbon: 9 t
Masse totale tender compris: 129 t
Longueur totale tender compris: 20,61 m
Vitesse: 145 km/h

BLACK FIVE

1935

Grande-Bretagne

«Mallard»

Cette belle locomotive de la série des «A4» est celle de l'apogée de la vapeur britannique, et les amateurs anglais la considèrent comme la meilleure du monde. A coup sûr, elle est la locomotive à vapeur la plus rapide du monde: 202 km/h, le 4 juillet 1938. Chef-d'œuvre de l'ingénieur Nigel Gresley, la «A4» fut mise en tête des grands trains rapides Londres-Newcastle ou Londres-Édimbourg.

L'époque des trains carénés

Au milieu des années 30, les réseaux européens et américains commencent à souffrir de la concurrence exercée par l'avion. Le train caréné semble alors valorisant pour l'image de marque du chemin de fer, car il apparaît comme nouveau et il ressemble un peu à un avion. De plus, il est intéressant techniquement, car il permet, avec ses formes offrant une moindre résistance à la pénétration dans l'air, de faire des économies de traction et des augmentations de vitesse. L'ensemble des grands réseaux européens et américains se mettent au train caréné, dont le «design» exerce une réelle attraction sur le grand public. Les chemins de fer anglais semblent avoir le mieux réussi dans ce domaine, alors que, pour le reste de l'Europe, ce ne fut qu'une mode éphémère vite abandonnée, pour des raisons d'entretien de ces mécaniques caparaçonnées de tôles.

La course Londres-Édimbourg

Deux compagnies anglaises se partagent, par la force des choses, l'important et prestigieux trafic Londres-Édimbourg: le London Midland & Scotland Railway (LMS), par le centre du pays, et le London & North Eastern Railway (LNER), par la côte est. Elles rivalisent de vitesse et de confort, et les temps mis par les trains des deux compagnies sont même l'objet de paris: chaque jour il y a, en somme, une vraie course qui, quelquefois, finit par des déraillements, jusqu'à ce que le gouvernement de Sa Majesté limite les vitesses!

Le LNER marque des points

Avec une belle ligne bien tracée et comportant 4 voies, dont deux centrales réservées aux trains rapides, le LNER semble le mieux placé. Mais, surtout, le LNER a une tradition de grands ingénieurs aptes à passer au type «Pacific» 231, alors que les autres réseaux anglais restent fidèles à des petites 220 ou 221. Le réseau décide de caréner 4 de ses «Pacific» pour les mettre en tête du train «Silver Jubilee», mis en service le 28 mars 1935. Le succès de ce train articulé et couleur argent est immense: il roule entre Londres et Newcastle à 160 km/h, soit la vitesse emblématique de «100 miles per hour». C'est le début de la gloire des locomotives «A4». Le LNER en construit alors 31 autres entre 1936 et 1938, qui resteront en service jusqu'en 1966, appréciées et excellentes.

La «Mallard» No 4468

Comme toutes les locomotives anglaises, les «A4» ont chacune un nom. La «Mallard» fera parler d'elle en roulant, en tête d'un train, à 202 km/h, en 1938, dans la pente à 5‰ de Stoke Bank, près de Peterborough, sous la conduite du mécanicien Doddington. Notons que la traction électrique sera toujours plus rapide et que la menace était déjà ancienne: en 1903, un record à plus de 200 km/h avait été battu en Allemagne.

Le record de vitesse de la «A4 Mallard» 4468 resta inégalé dans l'histoire de la traction vapeur, mais il marquait déjà la fin de ce mode de traction.

Caractéristiques techniques

Longueur totale: 21,64 m
Masse totale: 170 t
Vitesse: 160 km/h
Surface de la grille du foyer: 3,8 m^2
Diamètre des cylindres: 470 mm
Course des pistons: 660 mm
Contenance du tender en charbon: 8 t
Contenance du tender en eau: 23 t

«MALLARD»

1935

Grande-Bretagne

COCK O'THE NORTH

Cette locomotive a connu son heure de gloire à la fin des années 1930 en Angleterre et, aujourd'hui encore, bien des amateurs de chemins de fer n'ont pas oublié ses exploits, ainsi que son voyage triomphal jusqu'aux États-Unis. Chef-d'œuvre de Nigel Gresley, elle est le fleuron du réseau du London & North Eastern Railway, sortie des ateliers de Doncaster.

Faire mieux que les Pacific

La grande ligne Londres-Édimbourg, artère maîtresse du London & North Eastern Railway, se prolonge, au-delà de la capitale écossaise, jusqu'à Aberdeen. Mais si les puissantes Pacific du London & North Eastern Railway acceptent une charge maximale de 420 t, ceci reste insuffisant en face de l'accroissement du poids des trains et de la demande de performances accrues. Responsable de la construction des locomotives pour le London & North Eastern Railway, Gresler songe à passer à une machine à 4 essieux moteurs qui pourra remorquer 550 t.

Si cela est chose faite sur certains réseaux européens comme ceux de la France ou de l'Espagne depuis le milieu des années 1920, les choses sont différentes au Royaume-Uni, non seulement par une sorte de tradition de la petite locomotive chez les ingénieurs, mais aussi par la limitation imposée par le gabarit et le poids par essieu restreints sur les lignes britanniques. Pour rester dans les contraintes de poids et de nombre d'essieux respectées par les Pacific, Gresley estime devoir créer une locomotive de type 141. Il a donc le même poids, le même dimensionnement et le même nombre d'essieux avec 6 essieux, mais il gagne un essieu moteur. Le problème est que la locomotive n'a pas de bogie avant, mais seulement un bissel: en ce sens, Gresley sort des sentiers battus et «ose» le bissel avant sur une locomotive lourde et rapide.

Une pièce de fonderie exceptionnelle

Le bloc-cylindres de la locomotive Cock O'The North est moulé en fonte d'acier et forme une pièce unique pesant près de 7 t! Elle est le chef-d'œuvre des ateliers de Gorton et, en dépit de son poids et d'une largeur de plus de 2,5 m, cette pièce doit être usinée avec précision, puisque les 3 cylindres formant le moteur de la locomotive en font partie intégrante. Les surfaces internes des cylindres doivent former une surface parfaitement lisse et cylindrique, et le diamètre de 533,2 mm doit être absolument exact: il est obtenu par usinage de la pièce de fonte après démoulage.

Les 3 cylindres attaquent le 2e essieu couplé, mais si les 2 cylindres extérieurs sont horizontaux, le cylindre intérieur est incliné de 1/7,713.

Des caractéristiques spéciales

La disposition d'essieux type 141 permet d'obtenir une meilleure adhérence, puisque le nombre de roues motrices est de 8 au lieu de 6 pour une Pacific, mais aussi une bonne répartition du poids sur l'ensemble de ces roues. Le bissel avant a des ressorts de 140 mm de diamètre, et les roues motrices sont sur ressorts à lames. La distribution est du type Dabeg à cames rotatives et 12 soupapes. L'eau d'alimentation est réchauffée. Mais surtout, Gresley équipe cette locomotive du système d'échappement Kylchap mis au point par les ingénieurs français Chapelon et finlandais Kyläla et comportant ici deux jets d'un diamètre de 131,7 mm. La série devait comporter 5 locomotives après les essais de ce prototype, mais seule la Cock O'The North est construite, la guerre arrêtant tout essai et tout projet de construction de locomotives nouvelles.

Caractéristiques techniques

Type: 141
Moteur: 3 cylindres simple expansion
Cylindres: 532 x 660 mm
Distribution: soupapes
Diamètre des roues motrices: 1875 mm
Surface de la grille du foyer: 4,6 m^2
Pression de la chaudière: 15,4 kg/cm^2
Contenance du tender en eau: 22,6 t
Contenance du tender en charbon: 8 t
Masse totale tender compris: 168 t
Longueur totale tender compris: 22,45 m

Ci-contre et ci-dessous, de beaux documents d'époque représentant la Cock O'The North en état d'origine.

COCK O'THE NORTH

1939

Grande-Bretagne

DUCHESS DU LMS

La série des Duchess est purement et simplement le sommet de l'art anglais en matière de locomotives à vapeur. Ces somptueuses Pacific racées, à la robe rouge sang rehaussée de filets jaunes et noirs, battent des records de puissance et de vitesse, laissant bien loin derrière elles le souvenir de la «Fusée» de Stephenson dont, pourtant, elles sont les descendantes.

La lutte entre le LMS et le LNER

Ces deux réseaux britanniques, le London, Midland & Scottish Railway et le London & North Eastern Railway, sont nés du vaste mouvement de regroupement des compagnies anglaises effectué en 1923 pour donner 4 grands réseaux nationaux. Mais ces deux réseaux-là sont en concurrence directe pour la desserte, depuis Londres, du centre et du nord de l'Angleterre et de l'Écosse, l'une par la côte Ouest (le LMS) et l'autre par la côte Est (le LNER). Une âpre politique de vitesse est engagée de part et d'autre, et quand l'une des deux sort une nouvelle Pacific, l'autre en fait autant. Et quand l'une lance à grand fracas publicitaire un nouveau train caréné, l'autre sort de son chapeau, comme par magie, un train caréné concurrent.
Les Anglais, grands amateurs de paris, s'en donnent à cœur joie, pariant sur les temps de trajet des trains concurrents qui sont publiés fièrement dans la presse.

Le chef-d'œuvre de William Stanier

Cet ingénieur est très réputé dans les milieux ferroviaires britanniques de l'époque et, en 1932, le LMS parvient à le débaucher du Great Western Railway et à en faire son «Chief Mechanical Engineer» (ingénieur en chef de la traction), pour créer en 1933 la première série de Pacific du réseau: la Princess Royal.
Mais, en 1937, le LMS décide de lancer un train caréné rapide Londres-Glasgow et demande à Stanier de concevoir la Pacific la plus puissante et la plus rapide possible. C'est la série des Duchess, la première locomotive portant le nom de Duchess Anne, série forte de 38 exemplaires produits à partir de 1939. Ces locomotives sont réellement très performantes: elles peuvent tirer des trains de plus de 600 t à plus de 100 km/h, rouler à plus de 160 km/h indéfiniment, et même atteindre, pour l'une d'elles, 182 km/h lors d'essais. Un certain nombre de ces locomotives sont carénées et peintes en bleu et blanc pour le service du train Londres-Glasgow (le Coronation Scot), dont les 270 t sont enlevées à un bon 160 km/h. Ces locomotives resteront en service jusqu'au milieu des années 1960. Plusieurs d'entre elles sont heureusement conservées aujourd'hui.

Caractéristiques techniques

Type: 231
Moteur: 4 cylindres simple expansion
Cylindres: 419 x 711 mm
Diamètre des roues motrices: 2057 mm
Surface de la grille du foyer: 4,6 m^2
Contenance du tender en eau: 18 t
Contenance du tender en charbon: 10 t
Masse totale: 164 t
Longueur totale: 22,51 m
Vitesse: 160 km/h

Au-delà des possibilités des chauffeurs

Le problème posé par ces locomotives est leur voracité, proportionnelle à leurs performances. Le chargement du foyer se fait à la pelle, mais la demande en charbon est telle que le chauffeur n'arrive pas à suivre, ce qui limite les performances des machines. C'est dommage: il aurait certainement fallu les doter de la chauffe mécanique ou, peut-être, essayer la chauffe au fuel qui permet de fournir beaucoup plus de combustible. Des essais avec deux chauffeurs, sur la plate-forme, chargeant à tour de rôle le foyer dans un ballet incessant et parfaitement réglé, montrent que la locomotive peut aller encore plus vite, mais aussi qu'elle reste encore en dessous de ses possibilités par manque de vapeur, malgré deux chauffeurs.

Ci-dessous, la Duchess N° 6224 en version carénée. Ci-contre, une Duchess en état d'origine portant le nom de son créateur, William Stanier.

DUCHESS DU LMS

1941

Grande-Bretagne

«Pacific» Bulleid du Southern

La ligne originale de ces locomotives est due à un ingénieur anglais, Oliver Bulleid, qui s'est fait le champion de l'économie des coûts par des choix de conception très originaux. Cette série de locomotives sera la plus importante série de «Pacific» britanniques, sinon l'une des meilleures.

Une réputation parfois douteuse

Un prix de revient presque double par rapport aux locomotives similaires contemporaines, une consommation trop forte (plus de 20% supérieure aux autres machines comparables), une consommation d'huile 7 fois supérieure à la normale, trop de patinage, trop de pannes et de fuites jettent un discrédit sur ces locomotives, en dépit de leurs performances remarquables et de leur puissance inégalée. «Quand elles marchaient bien, elles étaient imbattables, superbes. Mais quand tout allait mal, elles étaient exécrables...» Voilà ce que disaient d'elles les équipes de conduite et les chefs de dépôt.

Un «Chief Mechanical Engineer» pragmatique

Le «Chief Mechanical Engineer» est un personnage essentiel des chemins de fer britanniques: il est le responsable de la création du matériel de traction, et il lui incombe de faire les grands choix en matière de conception des locomotives. Lorsque Oliver Bulleid est nommé à ce poste pour le réseau du Southern en 1937, il pense qu'une locomotive est faite pour coûter le moins cher possible à l'achat, en entretien et en consommation, et qu'elle doit assurer son service par tous les temps, et avec une équipe de conduite pouvant avoir une qualification professionnelle minimale, et avec des charbons de la qualité la plus ordinaire si l'on ne peut trouver mieux. Ce point de vue est loin d'être partagé par tous les «CME» britanniques de l'époque, qui pensent plutôt en termes de perfection technique et de performances avant tout, rejoignant en cela beaucoup de leurs collègues continentaux qui font de la conception des locomotives l'expression d'un art accompli.

Une «Pacific» originale

Cette locomotive a pour origine la nécessité d'accélérer les performances des trains reliant la gare londonienne de Victoria aux ports de la côte Sud, où une clientèle pressée se rend pour franchir la Manche. Et ceci malgré les caractéristiques du réseau du Southern anglais (à ne pas confondre avec son homonyme américain): un réseau dense, presque intégralement composé de lignes de banlieue au tracé sinueux et aux voies de qualité très moyenne. Le résultat est une curieuse locomotive carénée, mais dont l'esthétique, très «Southern», convient parfaitement aux voitures du réseau. Dotée de 3 cylindres, la machine a malheureusement une distribution à soupapes actionnée par chaînes qui ne manquera pas de donner des soucis. La chaudière à haute pression est excellente, tout comme son échappement Lemaître ou son traitement intégral Armand anticalcaire (d'origines françaises), sa grille à secousses, ses commandes à servo-moteur à vapeur, sa porte de foyer actionnée par la vapeur, etc. Bref, cette locomotive réunit toutes les caractéristiques d'une machine moderne, et elle est très en avance par rapport à ses contemporaines britanniques. Elles resteront en service jusqu'en 1967, dernière année de la vapeur sur le Southern.

Les «Pacific» Bulleid: toutes les caractéristiques d'une machine moderne.

Caractéristiques techniques

Longueur totale: 20,54 m
Poids total: 138 t
Vitesse: 130 km/h
Puissance: 2000 CV
Diamètre des cylindres: 416 mm
Course des pistons: 610 mm
Surface de la grille du foyer: 3,55 m^2
Pression de la chaudière: 19,7 kg/cm^2
Contenance du tender en combustible: 5 t
Contenance du tender en eau: 25 m^3

«PACIFIC» BULLEID DU SOUTHERN

1960

Grande-Bretagne

EVENING STAR

«Evening Star», cette étoile du soir est bien, en effet, un crépuscule, et même un crépuscule des dieux, puisqu'elle est la dernière locomotive à vapeur anglaise, et la fin d'une race de machines magnifiques qui ont transformé la face du monde. Locomotive très évoluée, elle offre, en guise de chant du cygne, un ensemble de perfectionnements qui font de l'ombre à la traction diesel encore bien aléatoire à l'époque.

Le type 150, rare outre-Manche

Si le type 150, avec ses 5 essieux couplés offrant une bonne adhérence et transmettant une grande force de traction, a été très répandu sur les réseaux européens, notamment allemands, les réseaux anglais restent fidèles à la locomotive de petites dimensions et, pour les trains de marchandises lourds, ne se sont guère aventurés au-delà du type 140. Le tracé sinueux des lignes et les courbes à faible rayon, expliqués par l'ancienneté d'un réseau qui fut, historiquement, le premier, sont pour une bonne part à l'origine de cette politique de la petite locomotive.

Les premiers types 150 sont construits pendant la guerre, en 1943. Ils sont dessinés par l'ingénieur Riddles, sous la forme de machines à 2 cylindres simple expansion. La série de 25 machines est incorporée après la guerre dans le parc des British Railways (Nos 90750 à 90774) avant d'être retirée du service en 1961 et 1962.

Une page, hélas, est tournée...

Le règne de la locomotive à vapeur fut absolument splendide au Royaume-Uni, le pays qui vit naître le chemin de fer. Puis, subitement, la page est tournée quand, au lendemain de la Seconde Guerre mondiale, le Gouvernement britannique décide la «diésélisation» intégrale du parc de traction britannique. Ceci entraîne la mise systématique à la ferraille de milliers de locomotives à vapeur souvent encore jeunes, et l'engagement sur les lignes de locomotives diesel qui sont encore loin d'être au point. Mais en 1954, des ingénieurs des British Railways veulent croire, comme dans d'autres pays d'Europe à l'époque, que la locomotive à vapeur n'a pas dit son dernier mot. Moitié moins chère à la construction que la locomotive diesel, ignorant les pannes et les dysfonctionnements, performante et puissante, utilisant le charbon qui est l'énergie nationale britannique, la locomotive à vapeur possède encore de très solides atouts. L'«Evening Star» les concrétise.

Le deuxième type 150

A partir de 1954, et jusqu'en 1960, les British Railways construisent le deuxième type à 5 essieux accouplés, formant la série standard pour trains de marchandises lourds, toujours d'après les plans de Riddles. Il s'agit encore d'une machine à 2 cylindres simple expansion. Certaines, les N° 92020 à 92029, reçurent une chaudière Franco-Crosti, mais cette solution ne donna pas satisfaction, et fut retirée ultérieurement. Cette importante série de 251 exemplaires fut une réussite, et des vitesses de 145 km/h étaient atteintes en service.

Caractéristiques techniques

Type: 150
Moteur: 2 cylindres simple expansion
Cylindres: 508 x 711 mm
Diamètre des roues motrices: 1524 mm
Pression de la chaudière: 17,5 kg/cm^2
Surface de la grille du foyer: 3,74 m^2
Masse: 89 t
Vitesse: 140 km/h

La dernière de la série, la N° 92220, sortit des ateliers de Swindon en mars 1960. C'est la dernière locomotive à vapeur construite en Angleterre, et c'est pourquoi on la peint dans le vert Great Western Railway (en souvenir de ce grand réseau dont les ateliers de Swindon furent le fournisseur), on la dote d'une cheminée ornée d'un rebord en cuivre, et on la nomme «Evening Star».

La mise hors service commence dès 1964, mais certaines purent durer jusqu'en 1968: on envoya ainsi à la ferraille des locomotives pratiquement neuves. Quelques-unes, dont l'«Evening Star», purent heureusement être préservées.

Ci-contre et P.123, l'« Evening Star ». Notez la couleur vert sombre type Great Western Railway, la cabine au dimensionnement confortable, le tablier haut dégageant bien les roues motrices.

EVENING STAR

L'ÂGE D'OR DU RÉSEAU ALLEMAND

1850

Allemagne

KOPERNICUS

Cette fort élégante locomotive allemande de la deuxième moitié du XIXe siècle est caractéristique du matériel de traction alors utilisé par un réseau européen qui, peu à peu, démarre. Avec la Kopernicus du réseau de la Hesse, c'est un exemple d'un stade technique encore fort imprégné de la pratique anglaise des débuts, mais qui, aussi, s'en sépare timidement sous l'influence de pratiques nationales alors indépendantes.

L'évolution du type 111 en Allemagne

Bien qu'offrant une force de traction modeste du fait d'un seul essieu moteur, le type 111 n'est nullement détrôné par les locomotives à essieux couplés type 120 ou 030 pour ce qui est des trains rapides, et les ingénieurs allemands, comme les ingénieurs anglais ou américains d'ailleurs, conservent à ce type toute leur faveur durant les années 1850 et 1860.

En Allemagne, le constructeur Egestorff construit, entre 1853 et 1867, une série de 19 locomotives pour le réseau du Brunswick et celui de Kiel à Altona. Le réseau du Brunswick les utilisa en tête de trains rapides Berlin-Cologne. Le réseau de Bavière utilisa aussi une grande quantité de locomotives de ce type, notamment les célèbres «AV», des 111 perfectionnées par l'Anglais Joseph Hall, alors directeur technique de l'entreprise Maffei de Munich, et construites jusqu'en 1854. La firme Borsig en produisit une certaine quantité, comme la «Zurich» pour la compagnie de Leipzig à Dresde. Jusque vers 1870, on construit encore en Allemagne des locomotives type 111, comme la «Oker», produite en 1869 pour la ligne Cologne-Minden par Hartmann.

La 111: l'héritage anglais

La Patentee est la locomotive de l'Europe, vers la fin de la première moitié du XIXe siècle, et elle est produite à partir de 1834, presque en grande série, par la firme anglaise Stephenson pour l'ensemble des réseaux européens. Vendue 1000 livres, la locomotive se caractérise par une disposition d'essieux type 111, c'est-à-dire à trois essieux dont le central est moteur. Cette disposition est issue de l'expérience, et elle est ce que les firmes de l'époque savent faire de mieux pour obtenir une machine robuste, légère, simple, rapide.
D'autres fabricants anglais, comme Sharp, font concurrence à Stephenson avec des 111 tout à fait analogues, et, en 1839, il livre 6 locomotives de ce type au réseau de Bade, en Allemagne. Assemblées à Heidelberg, elles restent une référence pour l'industrie allemande qui, à son tour, construit des 111. La firme Kessler, par exemple, construit à Karlsruhe une série de 9 locomotives très proches des Sharp. Ces locomotives sont certes vite débordées par le poids croissant des trains, et leur unique essieu moteur les condamne à ne remorquer que des trains de voyageurs rapides et légers après 1850.

Caractéristiques techniques

Type: 111
Moteur: 2 cylindres simple expansion
Cylindres: env. 350 x 550 mm
Diamètre des roues motrices: 1680 mm
Pression de la chaudière: 7 kg/cm^2
Masse: 25 t
Vitesse: 70 km/h

La Kopernicus, locomotive élégante

La Kopernicus est certainement très racée, très élégante. Sa disposition d'essieux trahit, certes, une conception qui commence à dater lorsqu'elle est construite, mais l'habillage du corps cylindrique, la forme de la cabine, l'ornementation générale montrent que cette locomotive est issue d'un type alors en pleine maturité et qui ne pose plus de problème technique: il ne reste plus qu'à songer à faire des locomotives élégantes. Dans une Allemagne prospère et heureuse, elle remorque allègrement des trains formés de fines et hautes voitures à portières latérales, franchissant des gares gothiques ou baroques fièrement surveillées par un personnel impeccablement sanglé dans des uniformes de style militaire.

C. Lamming

KOPERNICUS

1893

Allemagne

S3

Cette très belle locomotive représente un sommet en matière d'élégance et elle est un des chefs-d'œuvre de l'ingénieur Von Borries, accompli pour le compte des chemins de fer de la Prusse. Nous sommes à la fin du XIXe siècle, et le compoundage comme le bogie avant sont l'objet de grandes discussions passionnées. Heureuse époque.

Von Borries ose le bogie avant

Les locomotives de vitesse, à la fin du XIXe siècle, sont principalement du type 120, et l'ingénieur Von Borries construit en 1887, pour le réseau prussien, la P3, qui fut si réussie que d'autres réseaux, comme celui de l'État de Saxe, en commandèrent aussi. La disposition type 120 donnait des machines courtes, stables, mais dont l'inscription en courbe, à grande vitesse, restait un peu «raide» et agressive pour la voie. En outre un problème de surcharge de l'essieu porteur avant, qui supportait les cylindres, obligea Von Borries à reporter ces derniers entre l'essieu porteur et le premier essieu moteur, donnant une machine relativement mal équilibrée.

Les ingénieurs de l'époque songent au bogie avant pour les locomotives de vitesse, mais se méfient de cette solution dont ils craignent un risque de déraillement dû à un mauvais guidage et à une mauvaise maîtrise des contraintes latérales.

Von Borries s'inspire des locomotives américaines type 220 qui, elles, roulent sans défaillance sur les voies les plus médiocres. Il construit, prudemment et à titre d'essai, la première 220 allemande en 1890. La charge est transmise directement aux ressorts à lames du bogie par l'intermédiaire de glissières latérales qui ne créent aucune contrainte dans le libre débattement du bogie. Celui-ci est simplement rappelé en ligne par des ressorts à lames. Ce bogie prend le nom de «type de Hanovre» et équipera dorénavant l'ensemble des locomotives allemandes, une fois ses qualités remarquables démontrées.

Les idées de Von Borries

En 1882, cet ingénieur allemand fait construire par la firme Henschel deux petites locomotives type 030 pour la voie normale et pour le réseau de la Prusse. Intéressé par les essais de l'ingénieur Mallet en France, Von Borries fait un essai: la locomotive est une compound et sa distribution Allan intérieure assure un décalage en faveur de la haute pression, donnant une répartition de 40 à 50 % en faveur de celle-ci permettant de réduire le diamètre, habituellement fort, des cylindres basse pression. C'est la caractéristique essentielle du système dit Von Borries en Prusse. Une économie de charbon allant jusqu'à 20 % est constatée. La cause du compoundage est gagnée en Prusse, et jusqu'en 1899 un parc de 768 locomotives de ce type 030 est construit. Von Borries reste fidèle au compoundage et marque ainsi profondément le chemin de fer prussien, qui, sur ce point, diffère de l'ensemble des autres réseaux allemands.

Le succès de la S3

En 1893, le réseau prussien ayant renforcé ses lignes et autorisant un poids à l'essieu plus fort, Von Borries peut présenter la S3, une 220 puissante et lourde pour trains rapides. En même temps Von Borries présente la P4, une autre 220 dérivée de la S3, mais à simple expansion et roues de 1750 mm, pour les trains omnibus. Les 1072 locomotives type S3 et les 1191 locomotives type P4 forment le type même de la locomotive prussienne de la fin du XIXe siècle et du début du nôtre. Les S3 pouvaient remorquer des trains de plus de 300 t à plus de 75 km/h, une vitesse considérée comme excellente à l'époque.

Caractéristiques techniques

Type: 220
Moteur: compound 4 cylindres
Cylindres haute pression: 460 x 600 mm
Cylindres basse pression: 680 x 600 mm
Diamètre des roues motrices: 1980 mm
Pression de la chaudière: 12 kg/cm²
Surface de la grille du foyer: 2,23 m²
Masse totale: 50,5 t
Vitesse: 75 km/h

402

1907

Allemagne

PACIFIC BADOISE IV F

Élégante, fine, racée, cette locomotive est la première du type Pacific ayant circulé sur le sol allemand. Elle est aussi le chef-d'œuvre de l'ingénieur Hammel, qui la dessine pour le constructeur munichois Maffei. Elle précède de peu la Pacific bavaroise S 3/6 du même ingénieur et qui, sans nul doute, lui fera beaucoup d'ombre. C'est pourtant elle la première vraie Pacific allemande.

1907-1909: les années des Pacific européennes

Cette disposition d'essieux type 231 est la plus célèbre du monde, immortalisée par son appellation Pacific provenant du fait que cette disposition d'essieux fut utilisée, la première fois, sur les locomotives type «Q» construites par Baldwin aux États-Unis pour la Nouvelle-Zélande et expédiées par voie maritime sur l'océan Pacifique. Ceci se passe en 1901, et le type Pacific se développe rapidement aux États-Unis.

La nouveauté, comme il se doit, met plusieurs années à traverser l'Atlantique, et l'Europe s'intéresse au type 231 à son tour, trouvant ses 221 ou ses 230 désormais peu puissantes devant l'accroissement du poids des trains. Les premières Pacific européennes, les deux prototypes 4501 et 4502, sont en service sur la ligne Paris-Toulouse du réseau français du Chemin de fer de Paris à Orléans, en juillet et septembre 1907.

Le réseau allemand de l'État de Bade arrive immédiatement, et à quelques semaines près, en 2e position avec la mise en service de ses fameuses IV f en août et en septembre 1907, tandis que le réseau bavarois étudie sa S 3/6 depuis 1906, mais la met en service en 1908: ce sera une des locomotives allemandes les plus réussies qui soient, et elle est construite jusqu'en 1931 par la Deutsche Reichsbahn.

Le réseau français du Paris, Lyon et Méditerranée a déjà en commande ses Pacific en 1908, mais ne les touche qu'en 1909, hésitant encore entre la formule compound et simple expansion, et faisant faire des prototypes selon chaque disposition.

Une particularité originale

Tous les essieux accouplés et l'essieu porteur arrière ont une suspension conjuguée par des balanciers qui sont à bras égaux entre les 3 essieux moteurs. Cette disposition permet de faire varier la masse adhérente de la locomotive grâce à un système placé entre le dernier essieu moteur et l'essieu du bissel arrière: la tension des ressorts est faite par 2 renvois et une tige de traction. Un cylindre à vapeur, commandé depuis la cabine de conduite, peut agir sur la tige de traction et faire varier la tension des ressorts.
Ce système permet, dans les fortes rampes offrant un risque de patinage, de délester le bissel et de charger encore plus l'essieu moteur pour augmenter le poids adhérent de la locomotive. La différence peut atteindre 3 tonnes.

Caractéristiques techniques

Type: 231
Moteur: 4 cylindres compound
Cylindres haute pression: 425 x 610 mm
Cylindres basse pression: 650 x 670 mm
Diamètre des roues motrices: 1800 mm
Pression de la chaudière: 16 kg/cm^2
Surface de la grille du foyer: 4,5 m^2
Contenance du tender en eau: 20 t
Contenance du tender en charbon: 7 t
Masse totale tender compris: 139, 3 t
Longueur totale tender compris: 21,11 m
Vitesse: 120 km/h

Les essais de la première Pacific badoise

Ils ont lieu sur la ligne Mannheim-Offenburg-Bâle, une ligne à rampes de 4 et de 5 ‰. Le train d'essai de 460 t se compose de 13 voitures à bogies, certaines voitures, à plates-formes ouvertes, offrant une grande résistance au roulement. La locomotive remorque ce train sur 257 km à une vitesse de 90 à 110 km/h sans difficulté, et une rampe de 4 ‰, longue de 19,5 km, est franchie à une moyenne de 85 km/h.

Sur la ligne de Mannheim-Offenburg-Constance, et sur une rampe de 17 ‰, longue de 12,6 km, un train de 209 t est remorqué à la vitesse de 45 km/h. Ces performances placent la locomotive loin au-dessus des Atlantic de l'époque et lui permettent de prendre son service.

Une pièce de fonderie immense

Les 4 cylindres de la locomotive attaquent tous le même essieu moteur, le deuxième. Le constructeur a moulé le «massif» des cylindres en une seule pièce très complexe et très lourde, comprenant non seulement les cylindres mais aussi les tiroirs de distribution. Cette pièce est placée sur le châssis, les cylindres haute pression entre les longerons, les cylindres basse pression à l'extérieur.

Ci-contre, la surprenante et peu connue ligne de la IV f avec sa cabine de conduite au profilage très étudié.

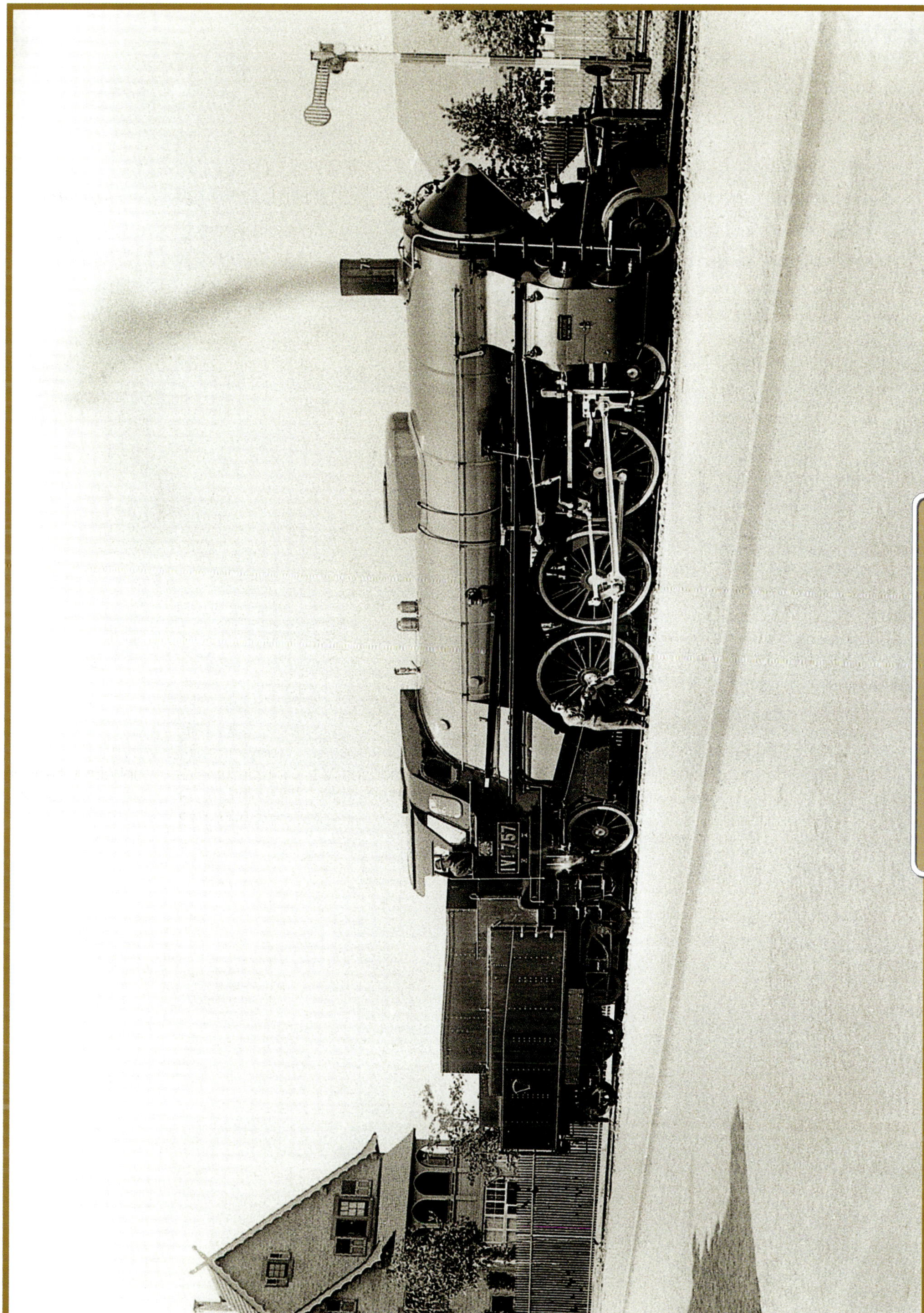

PACIFIC BADOISE IV F

1908

Allemagne

«P8» PRUSSIENNE

Sur de nombreux réseaux européens du début du siècle, la locomotive de type 230 était utilisée pour des trains de voyageurs légers et à parcours peu importants. Dans cette gamme, la «P8» prussienne fut l'une des plus réussies, et les hasards de la guerre la firent circuler bien au-delà des frontières de sa Prusse natale: 162 machines, par exemple, terminèrent leur carrière en France.

Une «prise de guerre»

En 1918, l'Allemagne vaincue doit payer, et on considère comme «prise de guerre» les nombreuses locomotives que ce pays cède au titre des dommages de guerre.
La «P8» en fait partie, et 394 locomotives changent ainsi de nationalité. La France en reçoit 162, la Belgique 168, l'Italie et la Grèce se répartissent 64 locomotives, et d'autres pays en trouvent sur leur sol, abandonnées par l'occupant, comme l'Autriche, la Pologne, la Lituanie, les Pays-Bas, le Danemark, la Roumanie, tandis que d'autres restent sur leur sol natal.

La fiabilité plutôt que les performances

Construite à partir de 1908 par un grand nombre de constructeurs allemands comme Borsig, Henschel, Schwarzkopf, Hoffmann, Vulkan, etc., cette machine forme la série 38 de la Deutsche Reichsbahn, très nombreuse et très répandue en Allemagne puis en Europe, avec plus de 3700 exemplaires.
Elle correspond, techniquement, à la conception allemande du début du siècle du célèbre ingénieur Garbe, avec deux cylindres et simple expansion. Cette conception tourne le dos aux solutions complexes mais performantes du compoundage, avec ses multiples cylindres haute puis basse pression. Garbe veut des locomotives simples, robustes, fiables, faciles à entretenir, même si elles sont peu rapides et peu économes en combustible.

Une locomotive universelle européenne?

De 1908 à 1926, environ 3700 «P8» sont construites, et elles forment, d'après l'auteur Jean Gillot *(Les Locomotives à Vapeur de la SNCF région Est, 1976)*, la série de 230 la plus importante au monde, faisant de cette machine la «locomotive universelle européenne».

Limitée en général à des vitesses de 100 à 110 km/h en service, cette locomotive peut remorquer à peu près tout ce qui se présente sur les lignes de moyenne ou faible importance: trains express, trains de messageries rapides, trains de marchandises légers. Mais ces «Prussiennes» n'ont jamais connu la gloire des grands trains rapides, à cause de leurs performances limitées.

Schéma: C. Lamming

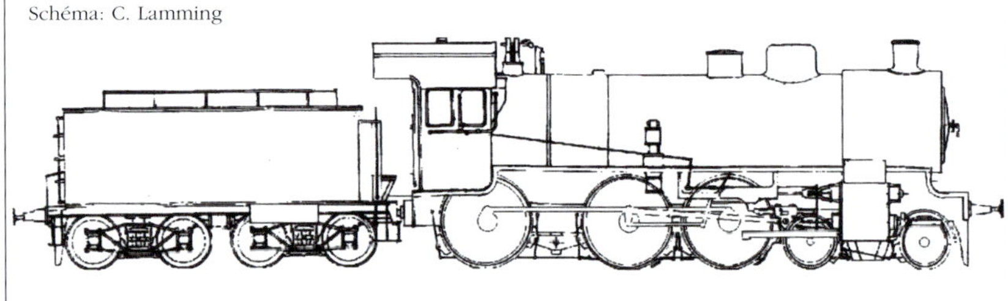

Caractéristiques techniques

Longueur totale: 11,2 m
Masse: 70 à 76 t
Puissance estimée: 1320 CV
Vitesse maximale: 110 km/h
Diamètre des cylindres: 575 mm
Course des pistons: 630 mm
Diamètre des roues motrices: 175 cm
Surface de la grille du foyer: 14,5 m²
Pression: 12 hpz

De nombreuses «P8» ne retrouvèrent jamais leur pays d'origine, ayant été considérées comme des «prises de guerre». Mais les Allemands en conservèrent quand même plus de 2900 exemplaires, qu'ils utilisèrent jusqu'en 1974.

«P8» PRUSSIENNE

1922

Allemagne

P 10

Ces locomotives sont une des dernières créations des Chemins de fer prussiens avant qu'ils soient intégrés dans le réseau unique allemand et avant, aussi, qu'ils perdent, de ce fait, leurs propres liberté et autonomie en matière de conception de locomotives. Ces machines sont d'excellentes locomotives mixtes, aptes à tout faire.

Une locomotive moderne

Elle comporte un moteur à 3 cylindres simple expansion, ce qui est tout à fait ce qui se fait de mieux dans l'Allemagne de l'après-guerre. Le foyer est intéressant: le diamètre des roues motrices est tel qu'il faut le loger entre ces dernières, mais la grille est construite de manière à offrir une partie étroite au niveau des roues et deux parties débordantes de part et d'autre. Cette disposition permet de disposer le foyer assez en avant par rapport au dernier essieu moteur au lieu d'être entièrement situé derrière lui, et cela permet une meilleure répartition du poids.

Chacun des 3 cylindres a sa propre distribution, mais celle du cylindre central n'est pas commandée directement depuis un excentrique central sur l'un des essieux moteurs: la locomotive a cette particularité que cette distribution est actionnée à partir de la distribution du cylindre extérieur gauche.

L'arrivée des écrans pare-fumée

L'une des caractéristiques de cette locomotive est qu'elle inaugure, sur le réseau allemand, la pratique des écrans pare-fumée. Outre le fait qu'ils servent à empêcher un rabattement de la fumée (très gênant pour le mécanicien) devant l'abri de conduite, les pare-fumée modifient complètement l'aspect des locomotives et leur confèrent une allure très moderne, donnant aussi un «coup de vieux» aux locomotives conservant un corps cylindrique entièrement visible.

Une machine apte à tout faire

Devenues la série 39 à la création de la Reichsbahn, ces P 10 forment un important parc de 260 locomotives, toutes construites entre 1922 et 1927. Capables de rouler à plus de 110 km/h en tête de trains de voyageurs régionaux, elles se révèlent excellentes en tête de trains de marchandises de tonnage moyen. Toutefois, l'accélération des vitesses et l'augmentation des tonnages des trains d'une Allemagne très industrialisée des années 1930 donnent des tâches parfois très lourdes pour ces locomotives. Elles conservent cependant leur activité de prédilection sur les lignes secondaires jusqu'à ce qu'elles soient retirées du service vers la fin des années 1960.

Caractéristiques techniques

Type: 141
Moteur: 3 cylindres simple expansion
Cylindres: 520 x 660 mm
Diamètre des roues motrices: 1750 mm
Surface de la grille du foyer: 4,07 m^2
Pression de la chaudière: 14 kg/cm^2
Contenance du tender en eau: 31,5 t
Contenance du tender en charbon: 7 t
Masse totale tender compris: 110 t
Longueur totale tender compris: 23 m

Conçue pour succéder à la P8

La locomotive P8, une locomotive mixte à disposition d'essieux type 230, est très utilisée dans l'Allemagne d'avant la Première Guerre mondiale. Produite en grand nombre, elle se retrouve, après le Traité de Versailles, aussi sur bien des réseaux européens à titre de réparation de guerre. Les Chemins de fer prussiens étudient alors immédiatement une locomotive de remplacement, plus puissante et plus rapide, et choisissent la disposition d'essieux type 141 qui commence à supplanter le type 230 pour le trafic mixte qu'est celui des trains de voyageurs express ou des trains de messageries.

Cette locomotive est donc conçue pour la remorque de trains légers à vitesse modérée sur les nombreuses lignes secondaires allemandes à profil difficile. Elle apparaît en 1922, avec retard donc sur le plan prévu, dans une période très difficile pour l'Allemagne et qui ne facilite guère, on s'en doute, les projets et les réalisations nouvelles.

P 10

1924 Allemagne

LE RÉSEAU DE LA DEUTSCHE REICHSBAHN: SON HISTOIRE

Le 11 octobre 1924, la Deutsche Reichsbahn Gesellschaft est créée: c'est l'unification des chemins de fer allemands en une seule société nationale, et c'est la fin de la multitude de compagnies privées ou de petits réseaux des États allemands initiaux. La DRG sera un réseau innovant et performant. Donnant l'exemple de la modernité militante, elle contribue aussi à créer l'image de marque de l'Allemagne industrielle.

Un matériel unifié et performant

C'est en 1925 que la DRG nouvellement créée entreprend une standardisation exemplaire de l'ensemble du matériel moteur allemand et définit un programme de construction de locomotives unifiées. Les Pacific de la série 01 de 1925 sont les premières locomotives allemandes unifiées, et elles sont suivies de locomotives pour trains express ou marchandises. Toutes ont en commun une chaudière de fortes dimensions, un foyer large, un mécanisme et un mouvement très robustes, un châssis classique à longerons entretoisés, une cabine de conduite vaste et confortable. Après l'arrivée du régime national-socialiste, les chemins de fer allemands se trouvent, avec le réseau autoroutier, au centre de l'enjeu à la fois industriel et social, et ils auront à donner de l'Allemagne une image performante et moderne. Le Dr. Dorpmüller, placé à la tête de la Deutsche Reichsbahn, crée en 1933 des relations Berlin-Hambourg avec les automotrices «Fliegender Hamburger» qui effectuent le parcours de 290 km en 138 min et à 160 km/h en pointe: c'est un record mondial à l'époque et c'est le triomphe du moteur inventé par Rudolph Diesel.

P.137, avec ses Pacific, et ci-contre, avec ses 1D1 électriques, la DRG est en tête des réseaux performants d'avant la Seconde Guerre mondiale.

L'âge de la puissance

L'époque de l'entre-deux-guerres est celle de l'apogée pour la DRG. Son réseau s'étend sur plus de 65 000 km (il est le plus grand d'Europe occidentale) et l'annexion de l'Autriche, en 1938, augmentera d'autant les dimensions du réseau allemand. Le réseau est capable de faire face aux plus fortes demandes de transport, et son organisation, comme la compétence professionnelle de ses cheminots, est citée en exemple. Les trains sont rapides, luxueux, et de puissantes locomotives carénées, comme la série 05, préfigurent un avenir de haute technicité. Le train «Rheingold» circule le long du Rhin et cherche à éclipser les trains de luxe européens. L'industrie allemande est capable de construire des milliers de locomotives en un temps record et saura se mettre au service de son pays pendant la Seconde Guerre mondiale.

Une unification nationale et ferroviaire de longue haleine

La première ligne allemande est ouverte en 1835 entre Nuremberg et Furth, en Bavière, mais la puissance industrielle et le «leadership» allemands viendront bien de la Prusse: en 1871, le roi de Prusse est proclamé empereur de la Confédération germanique. A ce moment, le réseau allemand comprend environ 18 000 km de lignes, réparties entre 82 exploitations et 66 compagnies! Il faut mettre de l'ordre dans cet ensemble très hétéroclite et la Prusse est chargée d'administrer le réseau, avec toutefois l'aide de la Bavière, de la Saxe, du Mecklembourg et de la Hesse. La prédominance prussienne est un fait acquis, et l'Allemagne moderne se construit autour d'elle et du réseau ferré. Mais c'est surtout au lendemain de la Première Guerre mondiale que le chemin de fer allemand aide à cimenter l'union d'un pays meurtri. Votée par la loi du 3 mars 1920, applicable le 1er avril 1921, la nationalisation de 1924 est surtout le démarrage véritable du réseau allemand qui, pour la première fois, porte dans son appellation l'adjectif «deutsche»: la DRG est bien la naissance de l'Allemagne ferroviaire. Le ministre des Transports Bauer écrit en 1921, dans une proclamation aux cheminots: «Enfin, nous avons atteint le but poursuivi, l'unité politique de tous les pays allemands. Le Reich est affermi par l'unification du réseau des chemins de fer.»

Rbd. Erfurt
Bw. Saalfeld

1934

Allemagne

05 - DEUTSCHE REICHSBAHN

Le milieu des années 1930 est l'époque d'une apogée pour les chemins de fer allemands: le pouvoir national-socialiste est un partisan convaincu du développement des moyens de transport, et le chemin de fer est, avec les autoroutes, un élément important de cette politique à forte image de marque.

La vitesse, symbole du progrès allemand

La vitesse ferroviaire est à l'ordre du jour dès le début des années 1930, et les pouvoirs publics encouragent la Deutsche Reichsbahn à accélérer la marche de ses trains. La mise en marche d'autorails diesel très rapides comme le Fliegender Hamburger roulant à 160 km/h et réalisant des moyennes de plus de 120 km/h entre Hambourg et Berlin est certes un progrès marquant et remarqué dans le monde entier à l'époque. Mais il faut aussi songer aux trains classiques, et des moyennes de 120 km/h peuvent également être tenues par des Pacific unifiées en tête de trains légers. Il est ainsi démontré que la traction vapeur, sous certaines conditions de qualité de voie et de qualité de roulement du matériel remorqué, est tout à fait apte aux grandes vitesses.

Ci-dessous, la première née de la série, la 05001, est aussi la seule survivante: heureusement, cette locomotive exceptionnelle a pu être sauvée et remise en état d'origine. Elle est exposée au musée de Nuremberg. Ci-contre, la 05002, en tête d'un train de voyageurs, quitte la gare principale de Hambourg.

Turbines, haute pression, carénages:... tout pour la vitesse

Des constructeurs comme Borsig, de Berlin, étudient des locomotives à vapeur à grande vitesse capables de rouler à plus de 150 km/h, et font des essais de locomotives à turbines à vapeur, ou de chaudières à haute pression. La firme Henschel prévoit une 232 carénée à 3 cylindres, à cabine avant, étudiée pour rouler à 250 km/h en tête de rames légères aérodynamiques. Des projets de locomotives-tènder carénées de type 221, en tête d'une rame articulée comprenant 2 voitures sur 3 bogies, prévoient des vitesses de 160 km/h. Enfin, la firme Henschel fait rouler une locomotive-tender carénée type 232 à 187 km/h en tête d'une rame articulée pesant 125 t, ceci en 1935. C'est dire l'intensité des recherches allemandes en matière de vitesse sur rails à l'époque et l'avance considérable prise dans ce domaine.

La série des 05

La Deutsche Reichsbahn, en 1934, commande au constructeur Borsig une locomotive à disposition d'essieux type 232 destinée à supplanter les Pacific selon une évolution très en vogue à l'époque sur l'ensemble des grands réseaux, notamment américains.

La machine est capable d'atteindre 175 km/h avec un train de 250 t. Elle est dotée d'un foyer débordant, donc très large, comportant une grande grille de 4,7 m^2. Le faisceau tubulaire de la chaudière a une longueur exceptionnelle de 7 m. La pression de la vapeur (ou «timbre» en termes de métier) est élevée, avec 20 kg/cm^2. Un surchauffeur et un réchauffeur viennent augmenter le rendement. Les roues motrices ont un diamètre très important avec 2300 mm. Trois locomotives sont construites.

La 05001, essayée en juin 1935, atteint 200,7 km/h avec un train de 205 tonnes, sur la ligne Hambourg-Berlin. L'auteur L.-M. Vilain estime que la puissance atteinte a été de 3137 ch aux cylindres et environ 1605 ch au crochet du tender. Le rendement aux grandes vitesses est très faible, car l'ensemble locomotive+tender absorbe, à 200 km/h, la presque totalité de la puissance au crochet avec 1532 ch. Cet intéressant essai montre que la pratique des grandes vitesses demande beaucoup d'énergie et se pose en termes de rendement et d'opportunité. Le carénage des locomotives type 05 sera d'ailleurs démonté ultérieurement, et ces superbes machines feront une carrière classique dans le roulement normal des Pacific.

Caractéristiques techniques

Type: 232
Moteur: 3 cylindres simple expansion
Cylindres: 550 x 660 mm
Diamètre des roues motrices: 2300 mm
Surface de la grille du foyer: 4,7 m^2
Pression de la chaudière: 20 kg/cm^2
Contenance du tender en charbon: 10 t
Contenance du tender en eau: 37 t
Vitesse maximale en service: 175 km/h
Vitesse record: 200,7 km/h
Masse totale: 213 t
Longueur totale: 26,26 m

LOCOMOTIVE SÉRIE 50

1939

Allemagne

Pas moins de 3164 exemplaires de cette locomotive sont construits en un temps record par l'entreprise Henschel, ceci entre 1939 et 1943, ce qui certainement fait de cette firme la plus performante qui soit dans l'Europe entière à l'époque. En 1945, à la fin de la guerre, il en reste encore 2159 pour assurer, avec les fameuses P8 prussiennes, l'essentiel du trafic ferroviaire allemand.

Une bonne à tout faire infatigable

La série 50 est l'un des chefs-d'œuvre de l'ancienne Deutsche Reichsbahn. Conçue manifestement comme une locomotive pour trains de marchandises, elle fut, dans les faits, une véritable locomotive universelle, capable de tout faire – ceci dans de bien dures circonstances qui, souvent, ne laissaient guère le choix: ses 5 essieux moteurs faisaient d'elle une incomparable locomotive capable d'arracher de lourds trains de marchandises sur les grandes lignes du réseau allemand, mais sa vitesse de 80 km/h lui permettait de faire bonne figure en tête de trains de voyageurs sur les lignes secondaires ou locales. Durant les années 1960, la Deutsche Bundesbahn modifie 730 tenders en les dotant de cabines pour chef de train, ce qui réduit la contenance des soutes à charbon, mais économise la présence et la traction d'un fourgon. De son côté, la Deutsche Reichsbahn est-allemande modifie 208 locomotives de la même série avec une nouvelle chaudière et un réchauffeur Knorr. En 1966 apparaît, toujours sur le réseau de la RDA, la première locomotive de la série 50 équipée de la chauffe au fuel. Enfin le réseau, toujours fidèle à la traction vapeur par obligation, construit 88 nouvelles locomotives sur le même type (série 50-4) mais à châssis en tôles soudées.

Les locomotives unifiées allemandes

C'est en 1925 que la DRG (Deutsche Reichsbahn Gesellschaft), nouvellement créée, entreprend une standardisation exemplaire de son matériel moteur sous la forme d'un programme de construction de locomotives unifiées. Ces locomotives utilisent, dans leur conception, un maximum de pièces communes à différentes séries, ce qui en diminue le coût de fabrication, en réduit aussi le coût de l'entretien et permet la construction de ces locomotives par un grand nombre de fabricants indépendants. Les Pacific de la série 01 ouvrent la marche en 1925, suivies de séries de locomotives pour trains express ou marchandises, de poids par essieu s'échelonnant respectivement entre 20 et 15 tonnes. Les points caractéristiques de ces locomotives unifiées sont une chaudière de fortes dimensions, un foyer large, un mécanisme et un mouvement très robustes, un châssis classique à longerons entretoisés, une cabine de conduite vaste et confortable.

Une locomotive préservée et toujours sous pression

Les dernières locomotives en activité sont retirées du service en 1976. En avril 1976, l'une d'elles, la 50-622 remorque un train spécial entre Cologne et Aix-la-Chapelle, et, en 1984, elle se trouve au dépôt d'Offenburg, ce qui lui permet d'être remise en service et de faire son premier train le 7 juillet lors d'une journée portes ouvertes. La surprise est de taille et le coup parfaitement monté: la Deutsche Bundesbahn se trouve être propriétaire d'une locomotive à vapeur en état de marche et dont l'état est digne d'un modèle de musée. La locomotive est actuellement entretenue par le dépôt de Nuremberg.

Caractéristiques techniques

Type: 150
Moteur: 2 cylindres simple expansion
Cylindres: 600 x 660 mm
Diamètre des roues motrices: 1499 mm
Surface de la grille du foyer: 3,89 m^2
Pression de la chaudière: 15,7 kg/cm^2
Masse: 86,9 t
Longueur totale tender compris: 22,94 m
Vitesse: 80 km/h

Ci-contre, la locomotive préservée N° 50-622 entre Hersbruck et Amberg. Ci-dessous, une vision classique sur le réseau ouest-allemand des années 1960: une 50 et une 93 (ex-T-14 prussienne) en double traction en tête d'une rame typique.

LOCOMOTIVE SÉRIE 50

1942

Allemagne

«Kriegslok», série 52

Peu banale sur bien des points, cette locomotive est née de l'effort de guerre allemand, qui ne pouvait recourir à des méthodes de conception classique devant l'urgence des besoins. Construite à environ 6400 exemplaires en peu de temps, elle reste la série la plus nombreuse pour le même type de locomotive.

Née de la «guerre totale»

En 1942, l'Allemagne est au cœur de la tourmente. La guerre totale est à l'ordre du jour, et toutes les ressources, toutes les forces de production sont mises à la disposition de l'armée. Or, les matières premières et la main-d'œuvre manquent. De plus, la guerre exige des moyens de transport militaires inconnus jusque là: il faut déplacer des millions d'hommes, des millions de tonnes d'équipements et d'armes. Il faut des milliers de locomotives, or les machines ayant survécu aux dures lois de la guerre sont fatiguées ou dépassées. Il faut des locomotives neuves, mais il faut les construire avec moins de matières premières, moins de main-d'œuvre, moins d'heures de travail.

Caractéristiques techniques

Longueur totale: 22,47 m
Poids: 84,1 t
Vitesse: 65 km/h
Diamètre des cylindres: 600 mm
Course des pistons: 660 mm
Diamètre des roues motrices: 1400 mm
Pression de la chaudière: 16 kg/cm^2
Surface de la grille du foyer: 3,9 m^2

Simplicité et efficacité

Les besoins militaires nécessitent une locomotive capable de remorquer des trains pesant jusqu'à 1200 tonnes, ceci en palier et à une vitesse de 65 km/h. La locomotive est une 150, conformément à une tradition allemande de la locomotive de marchandises, mais cette locomotive remorquera tout ce qui se présentera. Toutes les pièces non indispensables sont supprimées: échelles d'accès, systèmes perfectionnés comme des servo-moteurs, des surchauffeurs, indicateurs divers dans la cabine, etc. La locomotive est dépouillée d'aspect, simple, nette. Les bielles sont faites de deux profilés en «T» soudés ensemble sur toute leur longueur pour donner un «H». Le châssis est en tôle soudée. Ces machines sont tellement simples qu'elles peuvent être assemblées par n'importe quelle firme non spécialisée, car les entreprises officielles sont débordées par l'importance de la commande. Pourtant, en dépit de ses simplifications, de sa conception très pragmatique et d'une fabrication souvent improvisée, la «52» est une excellente locomotive. Elle montre à l'historien des techniques que, souvent, perfectionnement et complexité sont ennemis du rendement et de la performance.

Un symbole

Contrairement à d'autres réalisations techniques du Reich, toujours entourées du secret d'État, la «52» est présentée officiellement à la presse en 1942, quand la firme Borsig en produit les premiers exemplaires. Il faut frapper les esprits et montrer que l'Allemagne est en train de gagner la guerre par l'effort industriel et militaire conjugués. Elle sera la locomotive de la victoire, comme, par un retour du destin, la Jeep américaine sera l'automobile de la victoire deux ans plus tard.

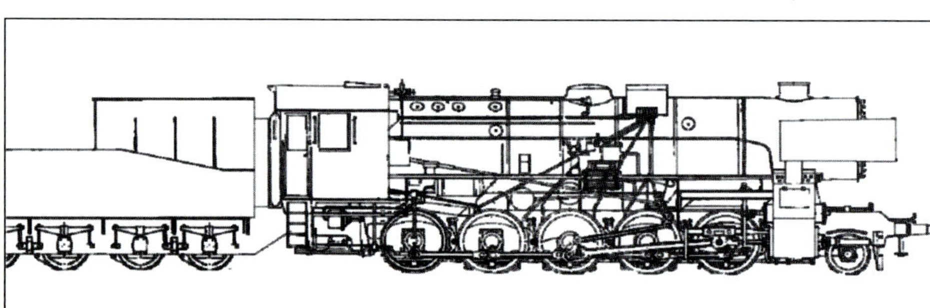

Schéma C. Lamming

Ces locomotives sont appelées «Übergangs-Kriegslokomotiven», ou locomotives de guerre à caractère transitoire. La série 52 en est l'exemple le plus marquant.

«KRIEGSLOK», SÉRIE 52

1949

Allemagne

RÉSEAU DE LA DEUTSCHE BUNDESBAHN: SON HISTOIRE

La séparation de l'Allemagne en deux parties, au lendemain de la Seconde Guerre mondiale, entraîne la création, en 1949, du réseau ouest-allemand, la Deutsche Bundesbahn, et du réseau est-allemand, qui conserve le nom de Deutsche Reichsbahn. Le réseau ouest allemand s'inscrit alors dans le processus d'une modernisation et d'un développement à l'occidentale qui, aujourd'hui, est la norme de l'Allemagne réunifiée.

Le réseau à la création de la Deutsche Bundesbahn

Lors de sa création, la DB doit restructurer un réseau centré, jusque-là, sur Berlin, utiliser, selon un axe nord-sud, des lignes non faites pour un trafic important et sous-exploiter des lignes jadis importantes et orientées ouest-est. Lors de la mise en place de trains Inter-City rapides, la DB se heurte plus particulièrement au problème d'un réseau aux lignes mal adaptées, notamment sur l'itinéraire reliant Hambourg et Brême, d'une part, Stuttgart et Munich d'autre part, ceci par Hanovre et Francfort-sur-le-Main. En 1968, le gouvernement fédéral propose la fermeture de 5150 km de lignes, au vu du déficit: le projet est refusé par l'opinion allemande. En 1975, la DB elle-même propose en vain la fermeture de presque 50 % de son réseau et, à la fin de 1981, elle doit 14 milliards de marks au trésor public. Heureusement, seules quelques fermetures de petites lignes interviennent. La réunification de l'Allemagne permet de reprendre intégralement la question du chemin de fer.

La Deutsche Bahn AG sauve le rail allemand

Créée le 1er janvier 1994, la DBAG est une société de droit privé, issue des deux réseaux Deutsche Bundesbahn et Deutsche Reichsbahn, qui étaient des «biens particuliers de l'État fédéral». On trouve 9 secteurs d'activité, dont les fonctions transport et infrastructure. L'État allemand intervient, d'une part, par l'intermédiaire du Eisenbahn-Bundesamt (EBA) pour les missions de surveillance et de contrôle, les autorisations d'exploitation, le financement et, d'autre part, par l'intermédiaire du Bundeseisenbahn-Vermögen (BEV) qui traite de la gestion du personnel, des charges de retraite antérieure, des terrains inutilisés. Cette réforme importante que représente la création de la DBAG a pour but de libérer le réseau allemand des contraintes de service public, de créer des conditions financières favorables par l'«effacement» des lourdes dettes antérieures et par des prêts, et, surtout, d'apporter au chemin de fer un maximum de trafic tout en remplissant les cahiers des charges écologiques. Le réseau allemand actuel est de 40 200 km, dont 16 000 à double voie et 42 % électrifiés. Le trafic voyageurs est de 1490 millions (61 milliards de voyageurs-kilomètres) et le trafic marchandises de 309 millions de t (70 millions de tonnes-kilomètres). Le parc moteur est de 9970 unités, dont 3600 électriques, 3400 diesel, 2900 locotracteurs, 2600 automotrices. Plus de 16 000 voitures et 200 000 wagons forment le parc remorqué.

Les destructions de la Seconde Guerre mondiale

Le réseau allemand est, pendant la Seconde Guerre mondiale, la cible de prédilection des forces alliées, dans la mesure où il a toujours été d'une importance vitale pour l'Allemagne, desservant parfaitement le pays et assurant un bon maillage entre les grands centres industriels. Le réseau connaît, avant la guerre, une activité double de celle du réseau français et de 25 % supérieure par habitant. En 1945, plus de 50 % des installations sont entièrement détruites, et le réseau ferré ne peut plus fonctionner, faute de matériel et de personnel. En 1948, avec l'aide des Alliés, le parc des wagons et le trafic marchandises est redevenu les $\frac{2}{3}$ de celui d'avant-guerre, et le trafic voyageurs est supérieur à celui de 1936, mais la priorité est donnée aux marchandises et il y a même une réduction forcée du nombre de trains de voyageurs. Dès les premières années 1950, le réseau est, de nouveau, en état de marche.

P. 145, une locomotive électrique E 103 en état actuel en gare de Munich. Ci-contre, la vapeur, avec cette 150 série 42 par exemple, a fait un excellent service sur le réseau.

DB
103 163-2
215

1957

Allemagne

RAME VT 601 TRANS-EUROP-EXPRESS

Type même de la solution ferroviaire pour la desserte rapide des capitales européennes des années 1950-1960, la rame VT 601 des chemins de fer allemands marque la volonté de lutter contre la concurrence aérienne et de conserver une clientèle d'hommes d'affaires soucieux de ponctualité, de rapidité et de confort.

La naissance des TEE

Le groupement Trans-Europ-Express naît en 1957 avec la volonté de créer un parc de rames diesel rapides et confortables desservant les grandes villes européennes à l'intention des hommes d'affaires. Les chemins de fer allemands, belges, français, italiens, luxembourgeois, néerlandais et suisses se groupent et mettent au point quatre types de rames. Les rames SNCF et italiennes ne sont qu'un réaménagement plus luxueux de rames déjà existantes; en revanche, les rames hollando-suisses et allemandes sont une construction intégrale de rames lourdes et très confortables, spécialement étudiées pour ces relations, avec des motrices séparées qui sont de véritables locomotives, des voitures à compartiments ou non, des voitures ou des salles-restaurants, le conditionnement d'air, etc.

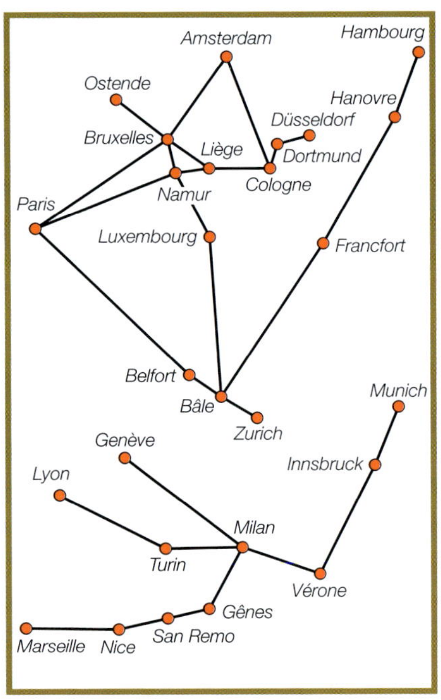

Les relations TEE

Rames françaises: Paris-Amsterdam, Paris-Dortmund, Paris-Zurich et Lyon-Milan.
Rames hollando-suisses: Amsterdam-Zurich, Paris-Amsterdam, Paris-Bruxelles.
Rames allemandes: Amsterdam-Francfort, Dortmund-Ostende, Paris-Dortmund, Hambourg-Zurich.
Rames italiennes: Genève-Milan, Munich-Milan, Marseille-Milan.

La rame allemande

Elle est composée, d'avant en arrière, d'une motrice de tête avec cabine de conduite surélevée, local pour équipements auxiliaires (générateurs, air conditionné, etc.), local pour bagages, compartiment pour police, douane, personnel du train. Puis on trouve une remorque comprenant 6 compartiments à 6 places donnant sur un couloir latéral. Ensuite vient une remorque avec cuisine, office, restaurant 23 places, puis une remorque-bar avec 45 places, une remorque avec une salle comprenant 33 places individuelles. Le train se termine avec une remorque à 6 compartiments de 6 places et couloir latéral identique à la première et une motrice de queue, elle aussi identique à celle de tête. La composition du train peut varier, mais, dans la composition maximale, 308 voyageurs de 1re classe peuvent prendre place dans la rame.

Le nombre de moteurs est de deux et les transmissions sont mécaniques. La longueur de la rame en composition usuelle à 6 éléments est de 133 mètres. La vitesse de pointe est de 140 km/h.

Ci-dessus, une rame VT 601 dans sa livrée d'origine rouge et crème. Ci-contre, une rame près de Chantilly, en France, assurant la relation TEE Dortmund-Paris.

RAME VT 601 TRANS-EUROP-EXPRESS

L'APOGÉE DU RAIL AUX USA

1850

États-Unis

PREMIÈRES LOCOMOTIVES AMÉRICAINES

Cette petite 030 du Pennsylvania RR surprend par sa modestie et sa simplicité. Est-ce là le chemin de fer de la plus grande des nations? Cet immense et puissant pays naît autour de son chemin de fer, et pourtant celui-ci est encore très rudimentaire. Mais la foi des pionniers soulève des montagnes, et dès 1869 les trains relient les océans Atlantique et Pacifique, remorqués par de frêles locomotives.

Deux types de chemin de fer

En regardant de près la situation américaine vers 1880, on constate qu'il y a deux types de chemin de fer. Celui de l'Est, de l'Atlantique jusqu'au Mississippi, est assez dense et il est soumis à une forte concurrence entre de nombreuses compagnies comme le New York-Central (1590 km), le Pennsylvania RR (2354 km), le Baltimore & Ohio (1368 km) qui sont actives, bien que peu étendues. Le nombre de locomotives par 100 km de voies est élevé avec environ 30 à 40, et leurs parcours sont de 40 000 à 60 000 km par an.

Au-delà du Mississippi et jusqu'au Pacifique, c'est l'Ouest américain. Peu ou pas de concurrence, un trafic très faible, des conditions rudes, de grandes distances inhabitées. L'Union Pacific (7162 km), le Central Pacific (4791 km) ou le Santa-Fe (4479 km) ou même le Denver & Rio Grande Western en voie étroite (2495 km) sont de grands réseaux avec moins de 10 locomotives par 100 km, mais effectuant des parcours considérables de plusieurs centaines de milliers de kilomètres annuels. Le personnel est payé au kilomètre parcouru, et non au mois!

Des capitaux faibles

Le voyageur du XIXe siècle visitant le réseau américain est frappé par le faible nombre de locomotives en service, la rareté et la faible longueur des trains, le petit nombre d'ateliers et de dépôts, l'architecture très simple des gares, les ponts rudimentaires en bois, et une voie posée rapidement et de qualité médiocre. C'est le chemin de fer américain de l'époque, et il procède d'un choix: investir faiblement pour amortir plus rapidement les dépenses et dégager des bénéfices immédiats, d'une part, et, d'autre part, amortir rapidement les installations fixes et le matériel roulant pour pouvoir très vite les remplacer par des installations et un matériel plus perfectionné et neuf. C'est un esprit libéral, de profit immédiat, de pragmatisme efficace.

C'est une manière de voir les choses totalement opposée à celle du chemin de fer européen, où les gares et les ouvrages d'art sont construits pour durer, les voies établies avec soin et avec des profils et des tracés faciles, et le matériel roulant conçu pour être performant et durable. C'est le service de l'État, le service public, le désir de ne pas spolier les investisseurs, épargnants ou organismes publics.

Les locomotives

Solides, simples, peu performantes mais jamais en panne, les locomotives varient peu d'une compagnie à l'autre et sont achetées sur catalogue auprès des grands constructeurs. Le type 220 (ou American) règne sur les trains de voyageurs, le type 130 (Mogul) ou encore 140 (Consolidation) sur les marchandises, tandis que d'innombrables 030 assurent les manœuvres et les dessertes des petites lignes d'embranchement, et accomplissent toutes les tâches possibles et imaginables. Le constructeur fournit aussi, à prix modéré et en grande série, les pièces de rechange. Il n'y a pas de stocks dans les ateliers. Tout se fait au moindre coût.

Les trains

Pour les voyageurs, ils sont courts et légers: 4 à 5 voitures à bogies de 30 t donnant des trains de moins de 180 t. Par contre, pour les marchandises, on pousse au maximum les charges, et 900 ou même 1000 t sont atteints vers 1880, avec des serre-freins courant d'un wagon à l'autre, des petites locomotives remorquant le tout à 10 ou 20 km/h et à grand-peine, et restant en quasi-permanence allumées. Tant pis si elles meurent sous le harnais... rendement oblige! La durée moyenne de vie des locomotives pour marchandises est de 15 ans à peine, contre plusieurs décennies en Europe.

Cette petite 030 du Pennsylvania RR, simple à l'extrême et robuste, assure toutes sortes de tâches, semblable à des milliers de locomotives réparties sur l'ensemble du territoire des États-Unis à l'époque.

1855

États-Unis

LA 220 «AMERICAN»

Rendue très célèbre par le film «Le Mécano de la General» de Buster Keaton, ce type de locomotive a été, par excellence, la locomotive de la conquête de l'Ouest américain. Toutes les locomotives du même type 220 dans le monde doivent leur nom d'«American» à ces fameuses héroïnes de la conquête de l'Ouest.

Légèreté, puissance, rapidité

Ce type de locomotive, conçu en 1855 par le fabricant Rogers, de Paterson dans le New Jersey, répondait à un besoin très précis: celui de locomotives à la fois légères pour ne pas fatiguer les mauvaises voies américaines de l'époque, et à la fois assez puissantes et rapides pour remorquer, sur de très longues distances, des trains de voyageurs en un temps assez court. Capables de rouler à 60 km/h, elles atteignaient 100 km/h sans problème.

Des machines «clés en main»

Très rapidement, ce type de locomotive fut imité par d'autres constructeurs américains comme Baldwin, Grant, Danforth et Hinkley, etc., et il suffisait aux directeurs des compagnies de chemin de fer de passer commande auprès de ces firmes, catalogue en main, exactement comme, aujourd'hui, on commande une automobile. Plus de 25 000 locomotives «American» furent ainsi vendues entre 1855 et les années 1880, où elles furent remplacées par des machines à 3 essieux moteurs plus puissantes, de type 230. Ce chiffre de 25 000 exemplaires est considérable dans le monde des chemins de fer.

La vraie histoire de la «General»

Le 12 avril 1862, à la gare de Big Shanty, l'équipe de conduite de la «General» et la plupart des voyageurs de son train se rafraîchissent dans le bar de l'hôtel Lacy. Seize nordistes grimpent en douceur sur le train et la locomotive et la «General» démarre en force avec les premiers fourgons, laissant le reste du train en gare, ceci sous le nez des soldats sudistes qui ne se doutent de rien. Le mécanicien de la «General», Wiliam A. Fuller, se précipite en direction de la gare, mais trop tard: sa locomotive disparaît à l'horizon! Avec deux autres cheminots, il monte alors sur une draisine d'inspection et actionne le bras propulseur du léger véhicule. Il parcourt ainsi 17 km à la force des bras, avant de dérailler sur un morceau de rail enlevé par les ravisseurs de la «General». Puis il s'empare d'une vieille locomotive garée sous pression non loin de là, la «Yonah», qui est bientôt à bout de souffle. Il poursuit sa route sur une autre locomotive, la «William R. Smith», mais, 5 km plus loin, une longue portion de voie est démolie.

Un mécano obstiné

Fuller poursuit sa route en courant, il trouve la «Texas» et fonce à toute vapeur en marche arrière, debout sur son tender. Les hommes de la «General» dételent en marche des fourgons enflammés, mais ceux-ci sont poussés par le train de la «Texas» et se couchent en dehors de la voie. Après huit heures de poursuite sur 140 km, tout prend fin et les voleurs de la «General» sont capturés et pendus. Le mécano aimait vraiment sa «General»!

«Le Mécano de la General», film de et avec Buster Keaton, est sorti en 1926. Quant à la célèbre «Jupiter» de notre photo recto (la «60», avec sa cheminée à bois), elle est préservée sur le site de Promontory Point, dans l'Utah, où fut terminé le grand transcontinental américain en 1869.

Caractéristiques techniques

Type: 220 «American», N° 909 (une des dernières 220)
Réseau d'origine: New York Central & Hudson River Railroad
Effort de traction: 7,38 t
Poids par essieu: 19 t
Cylindres: 2 cylindres de 483 x 610 mm
Diamètre des roues motrices: 2,184 m
Surface de chauffe: 179 m^2
Pression de la chaudière: 12,6 kg/cm^2
Surface de la grille du foyer: 2,85 m^2
Contenance du tender en charbon: 7 t
Contenance du tender en eau: 13,5 t
Poids total: 92,5 t
Longueur totale: 17,63 m
Vitesse maximale: la N° 909 a battu le record du monde en 1893 à plus de 180 km/h

LA 220 «AMERICAN»

1869

États-Unis

CONSTRUCTION DES VOIES AU FAR-WEST

En 1869, le premier transcontinental américain est achevé à Promontory Point, dans l'Utah. La construction des voies de cette ligne de chemin de fer s'est faite selon les traditions de l'Ouest américain: des hommes rudes, un travail soutenu, des outils (et des armes, au cas où...), du pain, du café, du whisky, de la viande de bison, mais pas d'eau ni pour se laver ni pour boire. La ville et sa prison, mobiles, suivent le chantier.

Des techniques très simples

Peu ou pas de ballast: les voies sont posées à même le sol. Peu ou pas d'ouvrages d'art: les voies suivront les courbes de niveau du terrain et enjamberont rivières et précipices sur des ponts en tréteaux de bois rapidement construits. Pas de tunnels, ni de murs de soutènement en pierre de taille, comme en Europe. Aucun luxe, aucun investissement durable. Le tracé est repéré à cheval, une boussole en main, par des équipes d'explorateurs au véritable sens du terme, car les cartes géographiques ne sont pas encore établies ou l'ont été très approximativement. On décide de passer ici, ou là, et souvent il faut rebrousser chemin et reconstruire la voie ailleurs pour éviter une trop forte rampe et passer par un col plus avantageux découvert in extremis.

Le terrain est peu modifié: parfois une tranchée creusée au pic, parfois un remblai fait à la pelle, mais le mouvement des terres est minime. Les rochers sont dispersés à la dynamite. Les traverses sont de simples troncs d'arbre grossièrement équarris à coups de hache, transportés sur la voie déjà construite, et jetés au sol. Les rails sont posés puis les crampons sont enfoncés à coup de masse, à la cadence des coups de sifflet donnés par les contremaîtres ou au rythme des chants.

Ci-contre, la jonction à Promontory Point en 1869. Ci-dessus, la modeste réalité technique.

Des records de vitesse de pose

Lors de la construction du premier transcontinental terminé à Promontory Point en 1869, les ouvriers ont pu battre des records de vitesse incroyables. En posant un rail toutes les 30 secondes sur des traverses jetées à même le sol depuis les wagons plats circulant sur la voie déjà construite, il est possible, durant l'année 1868, de construire jusqu'à 10 km de voie par jour, soit environ 10 fois le rendement des meilleurs chantiers européens contemporains! La motivation est extrême, car les ouvriers ont des primes de rendement. Souvent il faut aller, de nuit et armé, détruire le chantier d'une compagnie concurrente qui veut réaliser la même ligne et détourner à son profit des gains considérables: non seulement on construit vite, mais aussi on détruit vite le travail des autres. Libéralisme absolu oblige!

Qui a construit les voies ferrées américaines?

La main-d'œuvre n'est pas exigeante ni qualifiée. Il s'agit de soldats que la fin de la guerre de Sécession a rendus disponibles et qui arrivent sur les chantiers encore revêtus de leurs uniformes complets ou partiels, d'aventuriers de tout poil et de toutes origines attirés par un salaire de 3 dollars par jour gagné plus paisiblement qu'en attaquant banques et diligences, mais surtout de dizaines de milliers de Chinois débarquant à San Francisco et venant gagner de quoi ouvrir une blanchisserie ou un commerce une fois une maigre fortune amassée.

Les conditions de travail sont dures. On dort soit dans d'immenses wagons-dortoir comportant des hamacs suspendus sur plusieurs niveaux, ou, mieux, dans des baraquements démontables qui, avec le «saloon», la prison, la banque, l'épicerie, forment dans les faits une véritable ville provisoire continuellement démontée et reconstruite au fur et à mesure que la construction progresse. Vols, bagarres, complicités, haine, mais aussi amitié, entraide, voilà le lot affectif d'une vie quotidienne vécue par une population mélangée dont les différences de langue, de comportement, de religion sont un obstacle de plus. Les Indiens, de temps à autre, viennent faire un tour avec l'espoir de tirer profit d'une incursion dans les lieux de stockage ou de négocier le respect de leurs terrains de chasse.

1893

États-Unis

N° 999

Il n'y a pas beaucoup de numéros célèbres dans l'histoire des chemins de fer, mais le N° 999 l'est certainement. Il a en effet été porté par une locomotive type 220 américaine qui a battu un record mondial de vitesse en 1893, roulant à 180 km/h en tête du train Empire State Express. Mais la vitesse de 180 km/h n'a peut-être pas été vraiment atteinte.

Une obsession: la vitesse

Les années 1880-1890 voient un certain nombre de réseaux américains fidèles à la locomotive 220 à 2 essieux moteurs pour leurs trains de vitesse, car les ingénieurs craignent que les mouvements parasites des longues bielles accouplant 3 essieux ne soient préjudiciables à la stabilité à haute vitesse. C'est pourquoi le réseau du New York-Central, par exemple, utilise toujours des 220, mais très puissantes, à la chaudière bien haute au-dessus du châssis, bref, des locomotives tout à fait autres que les 220 de la conquête de l'Ouest. Un poids de plus de 90 t, contre 50 à 60 t pour les premières 220, produit, en effet, une locomotive plus puissante et plus lourde.

La locomotive de l'exploit

La locomotive type 220 est caractéristique du réseau américain. Elle a été conçue par le fabricant Rogers, de Paterson dans le New Jersey aux États-Unis, en 1855. Ce constructeur répond au besoin de locomotives légères pour ne pas fatiguer les mauvaises voies américaines de l'époque, puissantes et rapides pour remorquer, sur de très longues distances, des trains de voyageurs légers mais rapides. Ce type de locomotive est imité par d'autres constructeurs américains comme Baldwin, Grant, Danforth et Hinkley, etc. Plus de 25 000 locomotives du type 220 furent ainsi vendues entre 1855 et les années 1880. Elles furent alors remplacées par des machines à 3 essieux moteurs plus puissantes, de type 230.

La journée du 10 mai 1893

La compagnie du New York-Central & Hudson River entend bien se démarquer de ses concurrentes par une politique de trains de vitesse et de luxe. Pour son fameux Empire State Express qui relie New York à Chicago, elle entend marquer un grand coup publicitaire, car, sur cette relation entre deux des plus importantes villes américaines, la compétition est rude.

Le mécanicien de l'Empire State Express du jour, reliant Chicago à New York, est prié de tenter de rouler le plus vite possible entre deux repères éloignés d'un mile, ceci dans une longue descente à 28 ‰, bien rectiligne, entre la ville de Batavia et celle de Buffalo. Un premier essai, le 9 mai 1893, aurait donné une vitesse de 165 km/h et, le lendemain, un second essai aurait donné 180 km/h. La locomotive, dans les deux cas, remorquait un train de 4 voitures de 50 à 55 t chacune, et aurait donc dû fournir environ 2000 ch.

La vitesse de 180 km/h a-t-elle été vraiment atteinte ? L'absence de moyens précis de chronométrage, à l'époque, fait de ce record ce que l'on appellerait aujourd'hui un record non homologué. Mais, d'après l'auteur français Lucien-Maurice Vilain, la vitesse est plausible, vu les caractéristiques de la locomotive avec son timbre de 13 kg/cm², sa distribution Stephenson à tiroirs plans extérieurs, ses roues motrices de 2184 mm.

Caractéristiques techniques

Type: 220
Moteur: 2 cylindres simple expansion
Cylindres:
2 cylindres de 483 x 610 mm
Diamètre des roues motrices:
2,184 mm
Surface de la grille du foyer: 2,85 m²
Pression de la chaudière: 12,6 kg/cm²
Contenance du tender en combustible: 7 t
Contenance du tender en eau: 13,5 t
Poids total: 92,5 t
Longueur totale: 17,63 m

N° 999

1916

États-Unis

«SWITCHER» N°4466 DE L'UNION PACIFIC

Ces curieuses machines sont surprenantes pour l'amateur européen: en effet, bien que de dimensions imposantes, elles ne reposent que sur 2 ou 3 essieux regroupés au centre de la machine, un peu comme une locomotive jouet qui aurait perdu ses bogies et gardé seulement ses roues motrices. Il s'agit des «switcher», ou locomotives de manœuvres, qui doivent démarrer fréquemment, mouvoir lentement de longues rames de wagons: tout le poids est donc concentré sur les roues motrices.

Les manœuvres: tâche obscure et ingrate

Sur l'ensemble des réseaux mondiaux, il faut trier les wagons de marchandises dans des gares de triage pour leur permettre de «changer de train» et d'arriver à leur gare de destination. Cette tâche, qui fait perdre un temps considérable au chemin de fer par rapport à ses concurrents, est essentielle, et doit être menée activement, et en bon ordre. Pour cela, il faut des locomotives spéciales qui, inlassablement, vont et viennent sur les voies des faisceaux de triage, prennent les wagons, les trient en les faisant passer par-dessus une «bosse» de triage, et parfois vont les «tasser » quand ils se sont arrêtés trop tôt sur les voies de réception.

Les manœuvres sur les réseaux américains

Les chemins de fer américains ont toujours été et sont toujours d'immenses transporteurs de marchandises. Des trains interminables traversent toujours le sol américain nuit et jour, roulant lentement, jouant en quelque sorte le rôle des péniches qui, malgré leur lenteur, ont un débit important du fait de leur nombre et de leur succession sur les canaux.

Transportant un volume de marchandises équivalent à 30 fois celui de la SNCF, qui a dégagé en 1988 quelque 2 milliards de dollars de bénéfice pur, le chemin de fer américain a derrière lui une longue tradition de manœuvres des wagons pour former, rapidement, des trains dépassant parfois les 10 000 tonnes.

La «bonne à tout faire» des réseaux américains

Du temps de la vapeur, c'est la locomotive type 020, ou 030, voire 040, qui assurait les manœuvres. Contrairement au cas européen, il ne s'agit pas de locomotives-tender, car les parcours, sur les interminables triages américains, sont très longs. Il faut même un très important tender à bogies, et certaines locomotives furent même dotées de tenders à grande capacité prélevés sur des locomotives de route amorties.

Le tender ne doit pas, cependant, gêner la vision en marche arrière, d'où sa forme très spéciale en pente douce permettant à l'œil du mécanicien de voir jusqu'au sol depuis la cabine de conduite, et ainsi d'approcher en douceur des wagons à l'arrêt et d'épargner les attelages automatiques.

Construites en 1916 par Baldwin et en 1920 par Lima, les «switchers» de l'Union Pacific finirent leur carrière durant les années 1960 au plus tard.

Caractéristiques techniques

Nombre de cylindres:
2, simple expansion, 537,6 x 665,6 mm
Poids: 76 t
Effort de traction: 16 t
Diamètre des roues motrices: 1305 mm

Ce schéma fait bien ressortir la forme du tender, dont la caisse à eau inclinée dégage la vision en marche arrière. Ci-contre, la «switcher» N° 4466 de l'Union Pacific, photographiée en gare de Sacramento, où elle est préservée.

Schéma C. Lamming

«SWITCHER» N° 4466 DE L'UNION PACIFIC

1937

États-Unis

HUDSON DU HIAWATHA

Le Hiawatha fut, incontestablement, le train le plus rapide du monde en traction vapeur, et des vitesses de près de 200 km/h ne faisaient pas peur à ces fantastiques locomotives Hudson type F7 engagées sur la relation Chicago-Saint Paul et Minneapolis en 1937. C'était la grande époque des trains carénés américains, et l'arrière de celui-ci avait même des ailerons.

La compétition est ouverte

La relation entre Chicago, d'une part, et les villes jumelles de Saint Paul et Minneapolis, d'autre part, attire trois compagnies de chemin de fer qui vont se livrer une lutte sans merci: le Chicago & North Western Railroad avec une ligne longue de 657 km; le Chicago, Burlington & Quincy Railroad avec une ligne de 690 km; et, enfin, le Chicago, Milwaukee, Saint Paul & Pacific Railroad avec une ligne de 663 km.

La première compagnie se lance dans une politique de trains classiques, mais très rapides et capables d'avaler les 657 km en 400 minutes – chiffre psychologique faisant l'objet d'une ample promotion commerciale, on s'en doute. La deuxième se lance dans une politique d'automotrices diesel, les fameux «Zephyr» bien connus, au décor intérieur tapageur et chromé, mais dont le bruit de roulement a vite lassé les voyageurs en dépit de la présence de l'air conditionné. La troisième compagnie, comme la première, est fidèle au train classique, mais quel train! Il s'agit simplement du légendaire «Hiawatha», un impressionnant train caréné peint en orange vif, rouge vif et blanc, et dont les locomotives sont un accomplissement en matière de traction vapeur.

Les Atlantic du Hiawatha

Les premières machines attelées en tête du train sont, très curieusement d'ailleurs puisque nous sommes en 1935, des Atlantic, c'est-à-dire des machines à 2 essieux moteurs seulement. L'espèce a disparu depuis longtemps des rails américains. Mais elles sont immenses, avec leur masse totale de 244 tonnes et une longueur de 27 mètres qui n'a rien à voir avec les 220 de la conquête de l'Ouest. Faites pour la vitesse, d'où le faible nombre de roues accouplées, ces machines roulent à plus de 170 km/h et développent plus de 3000 ch.

Records officieux

Connues sous le nom de F7, ces locomotives de type Hudson auraient fait de nombreuses pointes de vitesse, en service courant, à plus de 200 km/h, mais, malheureusement sans enregistrement officiel. Les ingénieurs avaient prévu que toutes les pièces en mouvement alternatif soient d'une légèreté exceptionnelle (pistons, bielles), et l'équilibrage des masses en mouvement était très soigné. La fin de ces locomotives hors du commun se produit durant les années 1940 avec le passage à la traction diesel. Les performances furent nettement moindres.

Puis les Hudson

Mais ces Atlantic ne suffisent plus à la tâche. Il faut aller encore plus vite. Le passage à la locomotive à 3 essieux couplés est nécessaire, avec le type Hudson ou 232. Les 6 locomotives de la série sont livrées en 1937, et elles font sensation, non seulement par leurs couleurs tout aussi voyantes et assorties à la livrée du train comme les Atlantic, mais par leur puissance inégalée. Elles peuvent rouler à plus de 190 km/h (120 miles à l'heure) en tête d'un train de 12 voitures pesant 550 tonnes.

Caractéristiques techniques

Type: 232
Moteur: 2 cylindres simple expansion
Cylindres: 597 x 762 mm
Diamètre des roues motrices: 2134 mm
Surface de la grille du foyer: 9 m^2
Pression de la chaudière: 21 kg/cm^2
Contenance du tender en eau: 76 t
Contenance du tender en charbon: 22,5 t
Masse totale tender compris: 359 t
Longueur totale tender compris: 30,48 m

Ci-dessous, une Atlantic du Hiawatha. Notez les 2 essieux moteurs seulement.

RESS AGENCY
WIS.

1938

États-Unis

WAR BONNET

Cette locomotive est très populaire aux États-Unis et elle doit son surnom de War Bonnet au fait que sa décoration a été inspirée de la coiffure à plumes que les Indiens mettaient lorsqu'ils étaient sur le sentier de la guerre.

La grande aventure du Santa-Fé

Le véritable nom de ce réseau américain est Atchison, Topeka & Santa Fe Railway Company, souvent abrégé en ATSF et plus souvent encore appelé tout simplement Santa-Fé. La première ligne est ouverte depuis Topeka, dans le Kansas, en 1872.
En 1877, les rails atteignent Los Angeles en Californie, puis peu de temps après San Francisco. Cette compagnie met en service des trains très luxueux: la restauration, par exemple, bien que confiée à un Anglais du nom de Fred Harvey, passe pour l'une des meilleures de tous les réseaux américains.
Le Santa-Fé, de rachat en fusion, arrive jusqu'à Chicago et met alors en service l'un des plus fameux trains du monde, le Chief, qui relie Chicago à Los Angeles à partir de 1923. La traction du Chief, comme on l'appelle sur le réseau, est confiée à des locomotives à vapeur de plus en plus puissantes et complexes jusqu'à ce que, en 1935, l'ATSF se convertisse à la traction diesel et soit une pionnière de ce nouveau mode de traction aux États-Unis.

Le Super Chief et les War Bonnet

Devenu Super Chief en 1938 parce qu'il est encore plus luxueux et plus rapide que le Chief, le train rejoint Chicago à Los Angeles en trois jours. Sa locomotive diesel avec son fameux «nez» et ses deux «yeux» devient une sorte de visage symbole du voyage ferroviaire et figure, au même niveau que les animaux de Walt Disney, dans la fantasmagorie enfantine et populaire. Sa décoration rouge et jaune en «war bonnet» ajoute au charme de l'ensemble. Il s'agit d'une locomotive à deux ou trois éléments de type BB, avec une seule cabine de conduite, construite par l'Electro-Motive Division de la General Motors (EMD). Les séries les plus connues sont les F3, les F5 et surtout les F7 ou les FP7A, avec lesquelles le Super Chief finit sa carrière. Ces locomotives ont une puissance de 1500 ch par élément, donnant donc 3000 ch sous sa forme la plus courante de deux éléments accouplés. Chaque élément pèse environ 125 t et a une longueur d'environ 18 m pour un élément avec cabine et 17 m pour un élément sans cabine. La vitesse maximale est de 85 mph, soit un peu moins de 140 km/h.

Le mythe des War Bonnet

Le mythe de cette locomotive est surtout entretenu par les fabricants de jouets. La célèbre firme américaine Lionel inscrit la locomotive F3 en livrée rouge et jaune War Bonnet sur son catalogue de 1948, sous la référence 2333 et pour l'écartement en «O», et cette locomotive restera sur le catalogue Lionel jusque durant les années 1960-70, perpétuant le souvenir d'une légende immortelle. La firme allemande Märklin inscrit elle aussi une War Bonnet sur son catalogue en 1961-62, sous la forme d'une F7 superbement reproduite pour l'écartement en «HO» (référence 3060): c'est une véritable maquette entièrement en métal moulé avec de nombreux détails classant ce jouet dans les productions haut de gamme de l'époque et dans les pièces de collection recherchées aujourd'hui. Mais, outre ces deux firmes de jouets très connues et d'importance mondiale, on ne pourrait citer l'ensemble des reproductions d'autres marques de cette locomotive mythique. Et sans parler des jouets, il faudrait citer l'imagerie enfantine, l'utilisation sur des publicités, les articles de presse, etc. Vraiment, la War Bonnet est une partie intégrante de l'identité américaine. Mais les Indiens eux-mêmes virent-ils dans ce mythe une reconnaissance implicite de leur culture?

La légende du Super Chief et de sa War Bonnet est encore intacte pour les enfants américains des années 1960 grâce au catalogue Lionel. Ci-contre, une War Bonnet préservée et exposée dans l'ancienne gare de Sacramento.

347C
SANTA FE

1939

États-Unis

6100
PENNSYLVANIA RAILROAD

Sans doute l'une des plus belles ou, du moins, l'une des plus étonnantes locomotives du monde. Dessinée par le talentueux Raymond Loewy, cette machine figure à l'exposition de New York en 1939 et crée la sensation tant par sa ligne que par sa disposition d'essieux inhabituelle du type 3223.

La grande tradition du Pennsylvania Railroad

Ce réseau américain est l'un des plus prestigieux, et ses trains de luxe circulent principalement sur la partie Est du pays – la plus riche et la plus industrialisée à l'époque – et relient des grandes métropoles comme New York, Washington et Chicago. Ce réseau a une tradition de vitesse, et de nombreuses locomotives carénées circulent déjà en tête de trains rapides célèbres comme le Broadway Limited qui relie New York à Chicago en roulant à 140 km/h. Le Pennsylvania Railroad, en 1936, est titulaire du record du monde en traction vapeur avec le train «Detroit Arrow», qui atteint 150 km/h en service, parcourant les 303 km séparant Plymouth et Gary à plus de 120 km/h de vitesse commerciale.

La 6100 ou «S1»

C'est une locomotive expérimentale. Elle est présentée en 1939 à New York, étant annoncée comme pouvant remorquer des trains de 1000 tonnes à la vitesse maximale de 160 km/h (chiffre symbolique aux États-Unis, qui correspond en effet à 100 miles par heure), ou de 700 tonnes à 190 km/h. Il faut comprendre que ces chiffres sont exceptionnels et qu'aujourd'hui cette locomotive de type «S1» de 1939 ne serait pas ridicule sur les lignes de la SNCF: un train de voyageurs de 1000 tonnes est très lourd, et la SNCF parvient à faire circuler des trains «Corail» de ce poids à 160 km/h sur ses lignes classiques, ou des trains de 500 à 600 tonnes à 200 km/h sur certaines sections de lignes.

Dotée de deux bogies à 3 essieux encadrant deux groupes de 2 essieux moteurs, cette locomotive est à simple expansion et comporte 4 cylindres. Elle pèse un poids considérable avec 273 tonnes, et son tender pèse 205 tonnes en charge: l'ensemble pèse donc 478 tonnes... soit le poids d'un train entier courant en Europe aujourd'hui!

Lors d'essais, la locomotive soutient la vitesse de 162 km/h en palier en tête d'un train de 1218 tonnes, et elle réalise une vitesse moyenne de 97 km/h en tête d'un train de 2880 tonnes. En service, elle sera autorisée à rouler à 226 km/h sur certaines portions de lignes.

Malgré ces résultats plus que brillants, elle est retirée du service en 1949, car elle est trop lourde, complexe et, paradoxalement, trop puissante... En outre, comme pour toutes les locomotives carénées, elle connaissait des problèmes de température trop élevée pour la partie mécanique et de maintenance difficile du fait du manque d'accès.

Raymond Loewy, photographié en 1937 sur prototype de la 6100, dont le carénage spectaculaire fut paradoxalement le principal handicap de cette machine.

Caractéristiques techniques

Cylindres: 559 x 660 mm
Surface de la grille: 12,26 m²
Pression de la chaudière: 21 hpz
Diamètre des roues motrices: 2130 mm
Poids en service tender compris: 478 t
Poids du combustible du tender: 24 t
Contenance en eau du tender: 92 m³
Puissance: 7000 ch à la jante
Vitesse maximale en service: 226 km/h

PENNSYL

1939

États-Unis

GM-EMD SÉRIE F

La série F des locomotives produites par l'Electro-Motive-Division (EMD) de la General Motors (GM) est devenue légendaire aux États-Unis. Elle est par excellence la locomotive diesel-électrique des débuts de ce mode de traction et que l'on voit en tête de la plupart des grands trains prestigieux.

La série F

Commencée avec le type FT qui suit immédiatement la période des essais, la série se poursuit avec les F2 durant les années 1940, puis avec les F3 vendues à 1807 exemplaires jusqu'en 1949, puis avec les F7 apparues en 1949, le meilleur modèle. Environ 50 réseaux américains s'équipent en F7, avec ou sans chaudière pour le chauffage des trains de voyageurs. Le type F7 est produit à 3861 exemplaires, ce qui est considérable. Sa production cesse en 1954, et beaucoup de ces engins restent en service jusque durant les années 1980, notamment sur les réseaux canadiens. A noter que les derniers trains à vapeur américains circulent jusqu'en 1960.

Ci-contre, un ensemble de 4 éléments F7 avec une cabine de conduite à chaque extrémité: 5400 ch à la disposition du conducteur!

Un effort de marketing pour une mascotte

Avec son curieux avant ressemblant presque à un visage humain ou animal, cette locomotive est une véritable mascotte nationale. Ainsi, pour bien des quinquagénaires américains des années 1990, la F reste la locomotive de leur enfance et la vedette de leurs trains-jouets. Répandue sur de nombreux réseaux américains des années 1940, elle est un véritable acte de promotion commerciale de la traction diesel.

La série F est née sur la planche à dessin de l'ingénieur Richard M. Dilworth, un fervent partisan de la traction diesel à la General Motors. A ce propos, il faut savoir que les réseaux américains n'étudient pas leurs locomotives comme en Europe: ils se contentent d'acheter sur catalogue ce que les constructeurs leur proposent. La General Motors convoite le marché ferroviaire et veut en chasser les Baldwin, Alco, Lima et autres géants de la locomotive à vapeur, et elle fait tout ce qu'il faut pour intéresser les compagnies de chemin de fer à la locomotive diesel dont elle développe, par tous les moyens, une image de marque de modernité et d'efficacité. La série F3 de la fin des années 1940, avec ses 1807 exemplaires produits, sera même proclamée «série la plus nombreuse de l'histoire des chemins de fer»... ce qui est bien américain, et à vérifier!

Aussi puissante que les machines à vapeur articulées

A la fin des années 1930, les réseaux américains ont un besoin impérieux de machines très puissantes pour affronter la traction de trains de plus de 5000 t (parfois 8000 à 10 000 t), et la solution est la gigantesque machine à vapeur articulée système Mallet, dont la Big-Boy est un spectaculaire exemple.

Dilworth calcule qu'un groupe de 2 locomotives BB+BB totalisant 2700 ch donne autant de puissance qu'une 141 ou une 151 à vapeur classique, et qu'un groupe de 4 locomotives donne autant que les plus grosses articulées avec 5400 ch. Mais, surtout, il démontre que l'effort de traction au démarrage en traction diesel est supérieur à celui de la traction vapeur, effort qui, là, ne croît qu'avec la vitesse jusqu'à une valeur optimale.

Il offre alors à une vingtaine de réseaux américains des essais gratuits de locomotives diesel, et, malgré le scepticisme des ingénieurs, il faut se rendre à l'évidence: 5400 tonnes sont remorquées, en rampe de 4 ‰, à 16 km/h par une Mallet à vapeur type 1-3-3-1 et à 42 km/h par une locomotive diesel type F (d'après l'auteur Brian Hollingsworth). Mais, surtout, au cours d'essais intensifs ayant duré presque une année, aucun incident ne s'est produit. Les réseaux sont convaincus: c'est la fin de la traction vapeur sur le sol des États-Unis et le début d'une diésélisation à outrance.

Caractéristiques techniques

Type: BB (série F7)
Moteur principal: 16 cylindres GM
Puissance du moteur: 1120 kW
Transmission: électrique
Moteurs de traction: 4
Masse: 104 t
Vitesse: 160 km/h

6051
SOUTHERN PACIFIC LINES
98
RADIO EQUIPPED
UTHERN PACIFIC

1941

États-Unis

GS DU DAYLIGHT

Le trajet Los Angeles-San Francisco a toujours été prestigieux: reliant ces deux grandes villes américaines par un itinéraire superbe longeant les plages sauvages du Pacifique. Il demande, avant l'époque de l'avion, le plus beau train pour le confort des milliardaires de Santa Monica, Hollywood ou Nob Hill. C'est le Daylight, fierté de la Southern Pacific.

Une ligne difficile

Cette ligne du Pacifique n'est pas facile: elle comporte de nombreuses courbes, et surtout des rampes à 22 ‰ dans les environs de San Luis Obispo pour franchir une chaîne montagneuse. Les trains les plus légers, avec seulement 12 voitures, pèsent quand même 568 t, car le matériel américain est très lourd, vu son haut niveau de confort.
La vitesse, de ce fait, n'est pas élevée et se situe aux environs d'une moyenne de 80 km/h à peine, ce qui, pour les 752 km du trajet, impose malgré tout un trajet de presque dix heures.

Ci-dessus, la GS-5 N° 4458, de 1942, avec sa cabine complètement fermée montée à partir de la série GS-4. Ci-contre, le Daylight au grand complet prêt au départ.

Le recours à 4 essieux moteurs

Dès la fin des années 1920, la compagnie du Southern Pacific, qui exploite cette ligne et veut en augmenter les performances, songe au type 242 dont les 4 essieux moteurs et le dimensionnement plus généreux donneront toute la puissance de traction nécessaire pour réduire sensiblement la durée du trajet. Dès 1930, la firme Baldwin livre les premières 242, série GS-1, puis, à partir de 1937 et jusqu'en 1942, ce sont les superbes séries GS-2 à GS-5, carénées et peintes en rouge, orange et noir. Une dernière série, les GS-6, noires et non carénées, terminera cet âge d'or.

La durée du trajet est certes quelque peu réduite, grâce surtout à l'emploi de freins à commande électromagnétique permettant de gagner du temps en rapidité de freinage, mais l'accroissement du poids des trains, devant le succès du Daylight, vient très rapidement ramener les performances à ce qu'elles étaient auparavant: le train compte jusqu'à 18 voitures, et roule à un maximum de 100 km/h seulement.

Le luxe dans l'économie

La Southern Pacific est une compagnie qui s'intéresse beaucoup à la chauffe au fuel: la partie ouest des États-Unis ne produit pas de charbon, et faire voyager des millions de tonnes de charbon sur les quelques 4000 km séparant la Californie des mines de l'Est est ruineux. Les GS du Daylight sont donc chauffées au fuel, ce qui fait leur particularité au sein des locomotives de vitesse américaines.

L'un des plus beaux trains du monde

Le Daylight comporte de nombreuses voitures articulées roulant sur des bogies à 3 essieux communs à deux caisses contiguës: les voitures apparaissent comme immenses intérieurement parce que donnant un espace ininterrompu. Des salons, salles à manger, salons de coiffure, bars, se succèdent, et des jeux de miroirs astucieusement disposés augmentent encore l'impression d'espace. La décoration est très soignée et s'inspire des meilleures créations de l'époque en matière d'arts décoratifs. Des voitures d'observation avec dôme vitré sont incorporées aux trains. La Southern Pacific les appelle pompeusement «Stairway to the stars», c'est-à-dire «escalier vers les étoiles»: nous sommes bien en pleine mythologie hollywoodienne, celle dans laquelle l'Amérique des années 1930 à 1940 se reconnaît encore.

Caractéristiques techniques

Moteur: 2 cylindres simple expansion.
Diamètre des cylindres: 648 x 813 mm
Diamètre des roues motrices: 2032 mm
Surface de la grille du foyer: 8,4 m^2
Contenance du tender en fuel: 22,3 m^3
Contenance du tender en eau: 89 t
Poids total: 400 t
Vitesse maximale: 140 km/h

1941

États-Unis

Big-Boy

Les Américains ont souvent abusé des qualificatifs de «plus grand au monde» et tous ces «in the world» finissent par laisser sceptiques. Mais, pour la Big-Boy, ils ont raison: ce fut vraiment la plus grande locomotive du monde, avec son poids de 541 tonnes tender compris, et la plus puissante en traction vapeur, avec plus de 5000 CV permettant de remorquer des trains de 7000 à 9000 tonnes!

La locomotive articulée: un classique des chemins de fer américains

Durant les années 40, les chemins de fer des États-Unis connurent une forte augmentation du trafic marchandises. La puissante compagnie de l'Union Pacific, qui régnait alors sur l'ensemble de l'Ouest américain, avait à résoudre le problème de la traction de trains de plus en plus lourds à travers les Montagnes Rocheuses, notamment sur les rampes à 15,5‰ des monts Wasatch.
Toutefois, l'état précaire des voies nécessitait une limitation du poids par essieu: par conséquent, si l'on voulait des locomotives très puissantes, donc très lourdes, il fallait les allonger pour les faire reposer sur le plus grand nombre de roues possible afin d'épargner la voie. L'idée de la locomotive articulée n'était certes pas nouvelle, mais l'Union Pacific allait la pousser jusqu'à la perfection avec la Big-Boy.

Le système Mallet

La Big-Boy avait une disposition d'essieux de type 240+042: elle comportait, d'avant en arrière, 2 essieux porteurs, un groupe de 4 essieux moteurs, un deuxième groupe de 4 essieux moteurs, et enfin 2 essieux porteurs. Le tender, lui, reposait sur 7 essieux.

La disposition d'essieux moteurs en deux groupes de 4 permettait d'articuler la locomotive selon le système Mallet, du nom de l'ingénieur d'origine suisse qui l'inventa: le deuxième groupe est solidaire de la locomotive, tandis que le premier peut pivoter et se déplacer latéralement pour l'inscription en courbe.

Plus de 200 t de charbon et d'eau

Capables de rouler à plus de 120 km/h, ce qui était exceptionnel pour ce genre de locomotive lourde, les Big-Boy donnaient leur puissance maximale à 100-110 km/h. On les voyait en tête de trains de 4000 t, à 33 km/h sur des rampes sévères de 8‰, mais aussi tirant des trains de 3000 t à 112 km/h en palier. Ainsi, la distance de 94 km séparant Carter de Green River, sur la ligne du Wyoming, était couverte à la vitesse moyenne de 77,5 km/h en tête de trains de 2800 t. Dans ces conditions, les 28,5 t de charbon et surtout les 190 t d'eau du tender étaient avalées en deux ou trois heures!

Caractéristiques techniques

Longueur totale: 40 m
Poids total: 541 t
Surface de la grille du foyer: 14 m^2
Diamètre des cylindres: 604 mm
Course des pistons: 813 mm
Diamètre des roues motrices: 1,73 m
Puissance: 6360 CV à 68 km/h
Vitesse maximale en service: 128 km/h
Contenance du tender en charbon: 28,5 t
Contenance du tender en eau: 95 t

Ce «gros garçon» mérite bien son nom. Longue de 40 m tender compris, la Big-Boy était deux fois plus longue que les plus grandes locomotives européennes ou américaines classiques.

BIG-BOY

1942

États-Unis

TI-4444

Surprenante par une ligne que seul Raymond Lœwy pouvait «oser», étonnante par une disposition d'essieux totalement inhabituelle, cette locomotive fait partie de ces monstres sacrés (432 t!) de l'histoire mondiale des chemins de fer, et elle est d'autant plus inoubliable qu'elle fut un fiasco financier retentissant dont le Pennsylvania se souvient encore... paraît-il. Chère, elle était extraordinairement performante.

La naissance des deux locomotives prototypes T1

Deux locomotives sont construites et livrées en 1942, la 6110 et la 6111 – la différence étant, pour la 2e, la présence d'un «booster» aidant au démarrage. Une distribution à soupapes, des paliers à rouleaux y compris sur les bielles, un embiellage à l'allégement très étudié, des roues en acier moulé, et, enfin, un carénage signé Raymond Lœwy font de cette locomotive un «nec plus ultra» de modernité technique et esthétique. Essayées sur le banc d'Altoona, elles donnent une puissance extraordinaire de 6550 ch à 137 km/h, ce qui les place loin devant la traction électrique ou diesel de l'époque et laisse de grands espoirs dans l'avenir de la traction vapeur.

Les 242 posent des problèmes

Les locomotives de vitesse américaines des années 1930 sont, en majorité, du type 242. Mais ces 4 essieux moteurs, avec leurs longues bielles, leurs masses considérables en mouvement, fatiguent les voies, engendrent des mouvements parasites à certaines vitesses. Les puissances considérables à transmettre pour faire rouler à plus de 150 km/h des trains très lourds avoisinant 1000 t créent des contraintes mécaniques sévères au niveau du mouvement, notamment sur les bielles d'attaque et les manetons des roues motrices.
Les ingénieurs du fameux Pennsylvania RR songent à diviser le mouvement en 2 groupes de 2 essieux moteurs, chacun ayant leur ensemble moteur complet (pistons, bielles, roues). Le cahier des charges est de remorquer des trains de 1000 t à la vitesse symbolique de 100 mph (=160 km/h). Un premier essai est effectué avec une locomotive à disposition d'essieux 3223, la fameuse 6100 qui roula à près de 200 km/h.
Le «Pennsy» veut aller encore plus loin et commande à Baldwin d'autres locomotives, mais du type 2222.

Une carrière mouvementée pour la série

Malheureusement, le Pennsylvania manque de prudence et commande trop rapidement une série de 50 locomotives sans pousser plus loin les essais en ligne. La série est complète en 1946 et est engagée principalement sur la relation Harrisburg-Chicago, parcourant les 1140 km à un bon 160 km/h sans difficulté, enlevant des trains de voyageurs de 1000 t avec une aisance déconcertante – une performance que les meilleures locomotives électriques actuelles pourraient envier, même en Europe. Elles roulent avec une grande douceur et sont appréciées des équipes de conduite.

Caractéristiques techniques

Type: 2222
Moteur: 4 cylindres simple expansion
Cylindres: 501 x 660 mm
Diamètre des roues motrices: 2032 mm
Surface de la grille du foyer: 8,5 m^2
Pression de la chaudière: 21,1 kg/cm^2
Contenance du tender en charbon: 38,5 t
Contenance du tender en eau: 72,5 t
Masse totale tender compris: 432 t
Longueur totale tender compris: 37,4 m
Vitesse maximale: 160 km/h.

Mais, outre leur prix trop élevé, ces locomotives ont un sérieux défaut: de graves et violents patinages peuvent affecter un groupe d'essieux moteurs, tant au démarrage qu'en ligne. Et elles passent beaucoup de temps à l'atelier en réparations et en transformations pour tenter de résoudre le problème du patinage. L'arrivée massive de la traction diesel met fin à leur carrière en 1949: elles n'ont jamais été rentables.

5526

1944

États-Unis

2900 DU SANTA-FÉ

Cette locomotive est l'une des plus prestigieuses de la compagnie américaine déjà la plus légendaire: la compagnie du Santa-Fé, ou plus exactement Atchison, Topeka & Santa-Fé Railroad, mais qui écrivait seulement Santa-Fé sur son matériel roulant. Cela suffisait…

L'arrivée des 2900

En 1941, le type 242 trouve son apogée dans la série des 2900 à 2929, qui sont certainement les locomotives classiques non articulées les plus lourdes jamais construites avec leur 436 t tender compris, soit le poids, à elles seules, d'un train de voyageurs complet européen! Leur ligne impressionnante est soulignée par la présence d'un immense tender reposant sur pas moins de 16 roues en 2 bogies à 4 essieux, et emportant 93 t d'eau et 26,5 t de fuel. Le tout est volatilisé en deux ou trois heures de route, les tenders étant rechargés 15 à 16 fois pour assurer, de Kansas City à Los Angeles, un parcours sans changement de locomotive sur 2830 km et à des vitesses atteignant 160 km/h. Le nombre d'équipes se relayant aux commandes de la locomotive pouvait atteindre, selon les roulements, jusqu'à 10 ou même 12, baissant sous les ponts et tunnels le «hot hat» (littéralement le «chapeau chaud»), c'est-à-dire la cheminée surhaussée. Ces superbes locomotives furent éliminées peu après la guerre par la traction diesel.

Une ligne de 3580 kilomètres

Si l'on examine une carte ferroviaire des États-Unis, on découvre qu'aucune compagnie n'a jamais relié les deux côtes Est et Ouest: la compagnie transcontinentale n'a jamais existé. Le libéralisme et une libre concurrence des plus «sauvages» ont laissé un partage ferroviaire tout à fait incohérent du territoire américain, réglé par achats, reventes, ou... par la force et la subornation dans les pires cas!

Plus d'un millier de compagnies ont existé, certaines n'ayant pu se tailler que quelques kilomètres de lignes, d'autres ayant pu, comme le Santa-Fé, se tailler un empire de plus de 18000 km desservant les États de l'Arizona, de la Californie, du Colorado, de l'Illinois, de l'Indiana, de l'Iowa, du Kansas, de la Louisiane, du Montana, du Nebraska, du Nouveau-Mexique, de l'Oklahoma et du Texas. Tout un programme!

Les proportions très équilibrées des 2900 ne laissent guère supposer leurs dimensions et leur poids exceptionnels. Ci-dessous, sur la N° 2925, notez les marquages ATSF et Santa-Fé et, ci-contre, sur la N° 2928, le «hot hat» en position relevée. Une 2900 est préservée au Musée des Sciences et de l'Industrie de Chicago.

Mais justement, dans cette liste, on trouve à la fois l'Illinois et la Californie, c'est-à-dire que le réseau est le seul à relier Chicago à la côte du Pacifique, sur un trajet de plus de 3580 km. Capitale de l'Illinois, Chicago est d'abord la troisième ville des États-Unis et le premier nœud ferroviaire américain: elle est le «hub» du système ferroviaire, d'où le rôle prépondérant et la richesse du Santa-Fé.

Le Raton Pass

Relier Chicago à Los Angeles ne pose pas de problème majeur tant que l'on est dans les interminables plaines du Middle West. Mais subitement, à quelques 2000 km de Chicago, ce sont les Rocheuses. Et les locomotives type 231 ou 232 de l'entre-deux-guerres commencent à trouver les rampes du col du Raton Pass trop sévères, avec des trains de plus en plus luxueux et lourds à hisser à plus de 2300 m en rampe de 35 ‰, soit deux fois l'altitude des plus hautes lignes européennes en voie normale!

Durant les dernières années 1920, il faut passer au type 242 à 4 essieux moteurs, et dès 1927 le Santa-Fé engage ce type de locomotive sur la ligne du Raton Pass avec succès.

Caractéristiques techniques

Type: 242
Moteur: 2 cylindres simple expansion
Diamètre des cylindres: 711 x 813 mm
Diamètre des roues motrices: 2032 mm
Surface de la grille du foyer: 10 m^2
Contenance du tender en fuel: 26,5 t
Contenance du tender en eau: 93 t
Masse totale tender compris: 436 t
Longueur totale tender compris: 36,83 m

2900 DU SANTA-FÉ

1950

États-Unis

«VISTA-DOME»

Ce type de voiture représente, sans nul doute, le summum en matière de confort à l'américaine durant les années 1950. Le déclin des trains de voyageurs américains est pour bientôt; mais les grands trains transcontinentaux, comme le «California Zephyr», qui relie Chicago à San Francisco en trois jours, séduisent encore une élite fortunée, qui guette, à travers les vitres panoramiques des «vistadome cars», le profil lointain des Rocheuses apparaissant enfin après 2000 km de plaines.

Le premier train à «Vista-Dome»

Le 20 mars 1949, le fameux «California Zephyr» est lancé: il relie Chicago à San Francisco par les voies des réseaux du Burlington, du Rio Grande et du Western Pacific. L'idée de ce train remonte à 1945, quand Wilson Mac Carthy, un des dirigeants du Denver & Rio Grande Western, commande au constructeur de matériel ferroviaire Budd de nouvelles voitures en acier inoxydable et des locomotives diesel. Le coût est de plus de 10 millions de dollars. Le parc de 66 voitures est réparti entre les trois réseaux. Le réseau du Pennsylvania ajoute des voitures-lits pour un service direct de la côte Est à la côte Ouest. Le succès du train est tel que, en 1952, il faut ajouter 12 nouvelles voitures.

Une véritable croisière de luxe

La liaison Chicago-San Francisco est prévue pour 50 heures 30 minutes, ce qui, pour 2532 miles (4051,2 km), donne une moyenne de 81 km/h environ: ce n'est certes pas très rapide, mais, par rapport aux performances des trains de l'époque sur les voies de qualité très inégale du Wild West, c'est plus qu'honorable... Et le «California Zephyr» de 1995 ne fait guère mieux, et souvent moins, avec des retards de 4 à 6 heures, chose habituelle pour les trains américains transcontinentaux d'aujourd'hui! Mais il faut dire que l'horaire est tracé pour permettre la traversée des Rocheuses de jour, et le service à bord comme l'équipement luxueux du train sont irréprochables. Il s'agit, en fait, bien plus d'une croisière de luxe que d'un déplacement en train à l'européenne.

Le déclin, malgré les «Zephyrettes»

Vers 1960, le déclin ferroviaire américain s'amorce, et le «California Zephyr», hélas, n'est pas épargné: la clientèle est devenue rare, en dépit des attentions des «Zephyrettes», le personnel de service féminin du train. Les cinq voitures «Vista-Dome» du train, les voitures-bar avec téléphone, la voiture-restaurant, les voitures-lits sont presque vides: le train n'est occupé qu'à 23% en 1968. En 1970, le service cesse. Mais dès 1971, la nouvelle société nationale «Amtrak», créée par le gouvernement du président Nixon pour maintenir quelques relations ferroviaires voyageurs aux États-Unis, relance le «California Zephyr», et ce train roule toujours, mais avec un matériel actuel, à deux niveaux.

Coupe d'une voiture «Observation Car» avec «Vista-Dome»

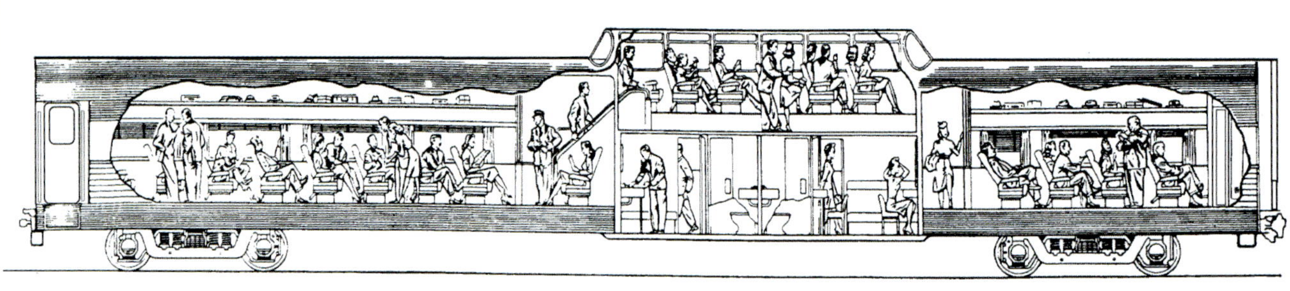

Schéma C. Lamming

1969

États-Unis

DD 40

Pour un monstre, ç'en est un, quelque chose comme la Big Boy des locomotives diesel, avec un poids de 247 tonnes. Construites pour le centenaire de l'Union Pacific Railroad, elles manifestent en quelque sorte la volonté de voir les choses en grand et d'être toujours le plus grand, rapide, lourd, beau, etc. «in the world». Quant aux performances . . .

Franchir la ligne de partage des eaux

Si, en France, nous avons notre modeste «Seuil de Bourgogne», les États-Unis ont leur *continental divide* qui joue le même rôle, mais sur la route de l'Ouest. Ligne de partage des eaux et, surtout, relief à franchir, dans les deux cas les ingénieurs des chemins de fer ont eu à résoudre le problème de la traction de lourds trains sur des rampes sévères. Ici, cela se passe sur la grande ligne de l'Union Pacific, quelque part près de Cheyenne, exactement sur le fameux site de Sherman Hill, dans la chaîne des Rocheuses. Une rampe de 64 kilomètres de long et à 15 ‰ attend les trains venus de Chicago ou de New York.

Faire mieux que les Big Boy

Jusque durant les années 1960, c'est la vapeur qui domine. Et les locomotives seules capables de hisser des trains de plus de 8000 t sur le Sherman Hill sont justement les fameuses Big Boy. Ces immenses engins articulés pesant 541 t peuvent développer environ 6360 ch à 68 krn/h, et quand leur règne touche à sa fin, force est à la traction diesel de relever le défi. Mais les locomotives diesel traditionnelles sont tellement peu puissantes qu'il en faut jusqu'à 6 ou même 8 ou 10 par train, réparties par groupes de 4 ou 5 sur toute la longueur du convoi! La General Motors propose alors des locomotives très puissantes, dotées de la motorisation de deux locomotives classiques, et que l'on peut mettre en renfort en queue du train pour aider à la montée sur la rampe de Sherman Hill. Il s'agit des DD 35 reposant sur deux bogies de 4 essieux. Ces bogies sont très «raides» pour la voie, s'inscrivant mal en courbe, mais la locomotive est efficace.

La DD 40

Issue des DD 35, cette impressionnante machine de 247 t est en quelque sorte une double locomotive type GP 40. Avec ses deux moteurs diesel, elle dispose de 4925 kW fournis à 8 moteurs de traction électriques. Notons que cette puissance n'est vraiment pas extraordinaire. A titre de comparaison, une CC 6500 électrique SNCF contemporaine, pesant 115 t, donne 5900 kW! Mais, pour comparer ce qui est comparable, une CC 72000 diesel SNCF pèse 114 t et donne 2250 kW: les rapports poids/puissance sont donc sensiblement les mêmes des deux côtés de l'Atlantique et montrent l'infériorité de la traction diesel, où que ce soit dans le monde, par rapport à la traction électrique en matière de poids/puissance.

La DD 40 est tirée à 47 exemplaires entre 1969 et 1971. Cette machine est très réussie esthétiquement et, vue sur des illustrations, elle ne montre pas l'énormité de ses dimensions. Par contre, quand on voit la 6900 au musée d'Ogden (Utah) où elle est préservée, on reste étonné par les dimensions de cette locomotive qui est pratiquement deux fois plus longue et beaucoup plus haute que les machines diesel américaines courantes. Ces machines restèrent sans descendance, car l'Union Pacific trouva en fin de compte plus rentable et plus souple d'adapter la puissance de traction au poids des trains en multipliant des locomotives classiques. Aujourd'hui donc, dans l'Ouest, on voit toujours des trains tirés par une bonne dizaine de locomotives, souvent 5 en tête et 5 en queue, plus un renfort de 5 au centre pour franchir les Rocheuses.

Caractéristiques techniques

Type: DD
Moteurs principaux: 2
Transmission: électrique
Moteurs de traction: 8
Puissance: 4925 kW
Masse: 247 t
Longueur: 30 m
Vitesse: 140 km/h

DD 40

RECORDS ET SYSTÈMES EXCEPTIONNELS

1903

Allemagne

LE RECORD MARIENFELD-ZOSSEN

C'est un événement considérable dans l'histoire mondiale des chemins de fer, non seulement par la vitesse très élevée de 210,2 km/h atteinte entre ces deux villes allemandes par une automotrice électrique AEG, mais aussi parce que la traction électrique fait, enfin, la démonstration éclatante de ses possibilités en matière de grande vitesse et de puissance - deux qualités qui lui étaient refusées jusque-là !

La ligne des records

Une courte ligne militaire, longue de 23 km, réunit Marienfeld à Zossen, près de Berlin. Elle offre la particularité de ne comporter que des courbes à grand rayon (2000 m) et des faibles rampes (5 ‰), aucun passage à niveau, aucun embranchement de voie en ligne, et, ainsi, de pouvoir recevoir un curieux système de «caténaire» à trois fils disposés à la verticale sur de simples poteaux de bois, sur le côté de la voie. Ce système est le plus économique possible et interdit, en particulier, la présence d'appareils de voie. Il sera démonté après les essais. Les automotrices sont munies de simples archets, de type tramway, montés à l'horizontale sur deux supports verticaux pour offrir un débattement latéral.

La centrale électrique d'Oberschöneweide, proche, fournit le courant électrique industriel à 10 000 V 50 Hz, amené par un câble de 13 km.

L'Allemagne, pionnière de la traction électrique

Dès la fin du XIXe siècle, les grandes firmes allemandes comme AEG ou Siemens s'intéressent à la traction électrique et veulent ajouter le chemin de fer à la liste, déjà considérable, des clients de l'industrie qui leur commandent déjà des moteurs et des équipements. Si elles fournissent des tramways à de nombreuses villes du monde entier déjà, ces firmes sont convaincues que la «grande» traction électrique, celle de trains rapides et lourds roulant sur les grandes lignes, est une chose possible, mais à condition d'utiliser ce qu'elle savent déjà faire: le moteur à courant industriel utilisant le courant alternatif triphasé.

La création, en 1899 à Berlin, de la Société d'Études pour les Chemins de Fer électriques à Grande Vitesse disposant d'un budget de 1,5 million de marks pour financer des essais, voilà ce qui offre à AEG et à Siemens à la fois l'opportunité et la motivation pour concourir et tenter de montrer leur savoir-faire.

Caractéristiques techniques

Type: motrice électrique AIA-AIA
Courant: triphasé industriel
10 000 V 50 Hz
Moteurs: 4 x 1100 V (Siemens)
et 4 x 435 V (AEG)
Puissance: 360 kW unihoraire
Masse: 77 t (Siemens) et 90 t (AEG)
Longueur: 22 m

Le programme des essais

Les deux firmes AEG et Siemens fournissent donc chacune leur automotrice d'essai, différentes l'une de l'autre par les équipements de transformation du courant, la suspension des moteurs, etc. Dès le premier jour des essais, le 8 octobre 1901, la vitesse de 95 km/h est atteinte, et elle est déjà considérable. Les jours suivants la vitesse de 160 km/h est dépassée, cette vitesse étant, par elle-même, nettement supérieure à celle des locomotives à vapeur de l'époque. Les ingénieurs constatent d'ailleurs que cette vitesse est dangereuse et crée des mouvements de lacet. Ils décident de changer les bogies et d'en installer de plus longs, ayant un empattement de 5 m au lieu de 3,8 m, et ayant une suspension réglée différemment. La voie est l'objet de travaux de ballastage soignés pour obtenir une planéité la plus parfaite possible.

En 1903, plusieurs essais à plus de 200 km/h sont effectués sans problème majeur. L'automotrice Siemens atteint 206,7 km/h le 23 octobre, et l'automotrice AEG 210,2 km/h le 27 octobre. L'ère de la grande vitesse est ouverte, mais ne deviendra une réalité que 60 ans plus tard! Le rêve des ingénieurs est suivi, à distance et prudemment, par ceux qui détiennent le pouvoir de décision politique et économique.

Ci-contre, l'automotrice AEG qui a atteint la vitesse record de 210,2 km/h. P.183, l'automotrice Siemens qui roula a 206,7 km/h. Notez le système de captage du courant triphasé à nappe de fils verticale.

LE RECORD MARIENFELD-ZOSSEN

1925

Grande-Bretagne

RAILPLANE

Aller plus vite pour moins cher et en moins compliqué, voilà une des vieilles obsessions des ingénieurs des chemins de fer. Or la voie est certainement à la fois ce qui coûte très cher, ce qui pose des complications et limite la vitesse pour des questions de stabilité et de contraintes mécaniques. L'ingénieur anglais George Bennie trouve la solution en 1925.

Le projet de George Bennie

Le train suspendu Bennie est formé de voitures automotrices à hélices. Chaque voiture est liée au rail supérieur par des bogies à galets de roulement montés sur billes pour réduire les frottements. Les voitures sont étudiées suivant les formes et les gabarits des avions, ceci pour que, à grande vitesse, elles tendent à s'élever légèrement pour réduire les frottements au roulement. Un autre rail, ou rail inférieur, est présent sous les voitures et sert à limiter d'une part les débattements du véhicule et d'autre part à réduire les actions de flexion du rail supérieur occasionnées par le poids des voitures.

Les voitures automotrices comprennent 2 hélices, une avant et une arrière, chacune actionnée par un moteur électrique alimenté par un système de captage ferroviaire classique du type frotteur et conducteur. Il est possible de monter des moteurs à combustion interne de type aviation si nécessaire. La vitesse escomptée est de 200 km/h avec un moteur de 200 ch, et de 48 km/h avec un moteur de 80 ch, ce dernier cas étant prévu pour une version urbaine ou à courte distance.

Suspendre le train au lieu de le poser

Il est bien connu qu'un objet posé sur le sol peut être renversé si on le pousse, alors que s'il est suspendu, il ne peut l'être et tend même toujours à revenir en position stable s'il subit une poussée latérale. Un certain nombre d'ingénieurs ont, ainsi, songé à suspendre les trains à la voie au lieu de les poser dessus. On gagne en stabilité, en sécurité, et on peut ainsi rouler beaucoup plus vite.

Le problème est que ces innovations sont totalement incompatibles avec le chemin de fer existant, qui, lui, a un réseau qui va partout et qui a coûté une fortune à construire durant plus d'un siècle et demi. Faut-il casser tout cela pour reconstruire un autre «chemin de fer» à côté des restes de l'ancien ? C'est la raison pour laquelle toutes ces inventions sont restées lettre morte, et seuls les trains à grande vitesse, comme le TGV, ont pu apporter une révolution d'abord parce qu'ils utilisent la voie classique du chemin de fer telle qu'elle a toujours existé.

Le coût du projet

Les arguments de Bennie ne manquent pas de s'appuyer sur des considérations économiques intéressantes. Publiés dans le Railway Gazette de l'époque, ils établissent les prix suivants au mile (1609 m):

- Voie double classique type grandes lignes £ 47 500
- Voie double classique type intérêt local £ 21 000
- Voie double classique en souterrain £ 800 000
- Voie double classique surélevée £ 135 000
- Ligne de tramway urbaine double voie £ 30 000
- Ligne voie double système Bennie £ 19 000
- Ligne voie double système Bennie urbaine £ 15 000

Effectivement le système Bennie, vu les avantages de la propulsion par hélices, accepte les fortes rampes et peut suivre les dénivellations du terrain, donc il demande peu ou pas d'ouvrages d'art. Les frais de traction sont moindres que ceux des trains classiques, vu la légèreté des véhicules. La grande vitesse offerte permet d'escompter de grands bénéfices. Le système Bennie, toutefois, n'eut aucun succès auprès des compagnies de chemins de fer ou des municipalités...

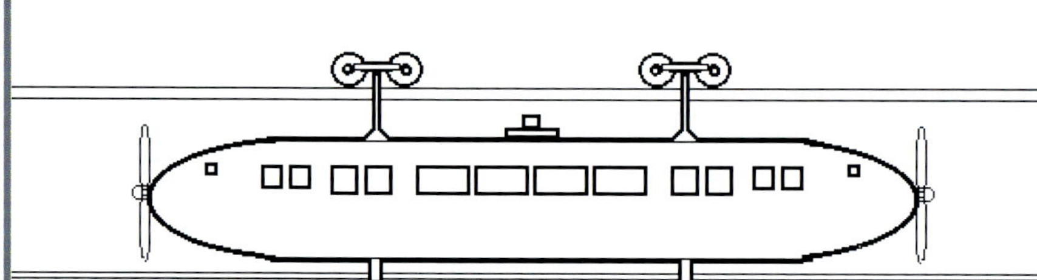

Schéma: C. Lamming

Swift
Safe
Sure
G·B·R
LNER
ERECTED OVER
L·N·E·R LINE—
MILNGAVIE STATION
(NEAR GLASGOW)

1931

France

MICHELINE TYPE 5

Ce curieux engin mérite bien sa place au sein des records et des exceptions, car il est né, semble-t-il, des amours d'une automobile et d'un avion, mais pour donner un véhicule ferroviaire bizarre qui eut un tel succès qu'il fut même reproduit en jouet. En outre, il établit un record de vitesse en 1931.

André Michelin, l'innovateur

Non seulement Michelin fabrique des pneus pour l'automobile, mais la firme est convaincue de la nécessité de conquérir d'autres marchés et de doter de pneumatiques tout ce qui roule, y compris le matériel ferroviaire. Mais le poids par essieu, dans les chemins de fer, se chiffre en tonnes et atteint couramment 20 t sur une ligne: un pneumatique ne peut à peine en supporter que le tiers ou le quart. Il faut donc construire léger, et c'est là que Michelin a l'idée de la Micheline, un véhicule léger et rapide, circulant sur les voies ferrées et transportant dans des conditions de grand confort un nombre restreint de voyageurs.
Mais André Michelin, qui dirige la firme qui porte son nom, sait que pour promouvoir une idée, il faut en organiser ce qu'aujourd'hui on appellerait sa «médiatisation» et ce qui, à l'époque, était plus simplement sa réclame.
Après avoir conçu un certain nombre de prototypes d'essai, Michelin dessine donc ce type N° 5, qui est réellement conçu pour la démonstration.

Un moteur de voiture et une carlingue d'avion

Avec un moteur de voiture Hispano-Suiza 46 ch et une carlingue d'avion Wibault 280 T, André Michelin obtient son type N° 5. Le moteur propulse un châssis de voiture classique à 2 essieux, disposé à l'avant de l'engin. La carlingue repose d'une part sur le 2e essieu de ce châssis et d'autre part sur un 3e essieu indépendant situé à l'arrière, le tout formant un ensemble rigide pouvant s'inscrire en courbe par le jeu latéral des essieux. Il est vrai que l'avant de l'engin, avec ses ailes, son capot et sa cabine de conduite issus directement du monde de l'automobile, donne à cette Micheline toute son originalité et minimise quelque peu l'origine aéronautique de la carlingue. Le duralumin et la toile d'avion ignifugée sont utilisés au maximum, et même le pavillon de la toiture est en toile.

Un événement très mondain

Le 10 septembre 1931, André Michelin invite André Citroën et Madame, Raoul Dautry, directeur du réseau de l'État, quelques journalistes, des officiels et un baron pour faire un voyage d'essai Paris-Deauville aller et retour. Le trajet se fait en 2 h. 14 min. et le retour demande 2 h. 3 min. La presse est au départ et à l'arrivée pour donner à l'exploit tout le retentissement désirable: la vitesse moyenne de 107 km/h tenue pendant plus de 4 heures et des pointes à plus de 130 km/h sont véritablement triomphales pour Michelin et ouvrent l'ère de la Micheline, c'est-à-dire de l'autorail sur pneus.
Certes, les responsables des réseaux ferrés restent sceptiques devant la petitesse et la fragilité de l'engin, devant son roulement sur pneus, générateur de crevaisons et incapable de «shunter» les circuits de signalisation des voies, mais Michelin saura vaincre ces réticences avec de solides arguments – prouvés à l'usage – en matière d'économie, de rendement et surtout de confort.

Caractéristiques techniques

Type: Micheline 5
Disposition d'essieux: 1A1
Puissance: 46 ch
Masse: 4,2 t
Capacité: 10 places
Vitesse: 130 km/h

Schéma: C. Lamming

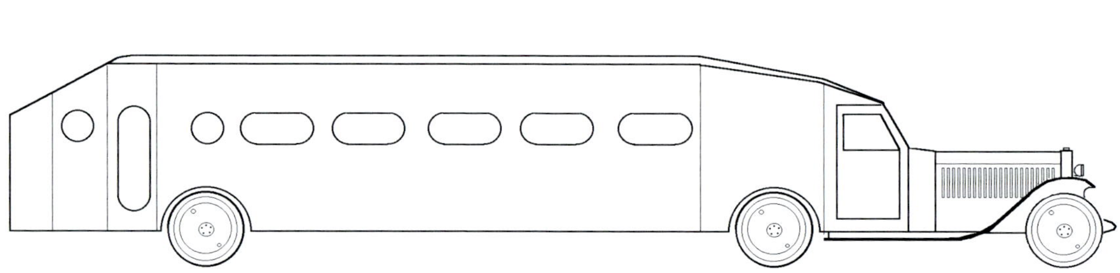

MICHELINE TYPE 5

1931

Allemagne

SCHIENENZEPPELIN KRUCKENBERG

Un dirigeable sur rails? C'est en tout cas le nom en langue allemande de cet engin exceptionnel. La propulsion par hélices intéresse en effet les ingénieurs des années 1930 dans la mesure où elle démontre, avec l'aviation, que l'ère des très grandes vitesses est désormais possible grâce aux progrès faits en matière de moteurs. Mais la transposition sur rails n'est pas évidente.

Les premiers essais

C'est en 1919 que sont effectués les essais d'une automotrice à hélices; mais il n'y est pas donné suite du fait des circonstances peu favorables que sont un lendemain de guerre. Ils sont repris en 1924 et, en 1930, sous l'égide des chemins de fer du Reich, une automotrice est construite dans les ateliers de Hanovre-Leinhausen. Elle est présentée le 18 octobre 1930 et essayée sur la ligne en cours de construction reliant Hanovre à Celle.

Les prémices

Pendant la Première Guerre mondiale, un engin sur rails propulsé par une hélice circule en Allemagne. Mais il ne s'agit pas, à vrai dire, d'un projet ferroviaire: il n'est question pour l'instant que d'essais de carlingues d'avions dont on vérifie le bon aérodynamisme et la moindre résistance à la pénétration dans l'air. Toutefois, par les vitesses atteintes sur rails, ce banc d'essai d'avions suggère la construction d'une véritable automotrice à hélices.

Des résultats étonnants

Soixante-six secondes après le démarrage, l'automotrice atteint 100 km/h, soit en une distance de 985 m. Deux minutes après le démarrage, on est à 150 km/h. La vitesse maximale prévue est de 180 km/h, mais un record à 230 km/h, battu le 21 juin 1931, confirme les possibilités de l'engin. Le secret? Une forme rigoureusement identique à celle des filets d'air, un abaissement de la caisse du véhicule à 50 cm du rail, au point que les roues sont enveloppées, un poids aussi réduit que possible, soit 18,5 t pour un véhicule de 26 m de longueur.

Une conception originale et novatrice

On a abandonné la classique construction ferroviaire avec un châssis supportant une caisse: ici la caisse est une poutre cylindrique en acier. De nombreux métaux et autres matériaux très légers sont utilisés, ceci selon les techniques de l'aviation. L'entrée est située vers le centre du véhicule et se trouve hermétiquement fermée durant la marche. Un moteur d'avion BMW de 500 ch est placé à l'arrière et actionne l'hélice. Le tout roule sur 2 essieux seulement, espacés de 19,6 m, mais orientables en courbe par le conducteur.
L'axe de l'hélice est légèrement incliné de manière à ce que la poussée de l'hélice contribue aussi à plaquer l'automotrice sur les rails. A 150 km/h, la consommation est de 60 l d'essence aux 100 km, ce qui est très peu si l'on songe à la capacité de 40 places offertes et à la consommation d'une grosse voiture automobile de l'époque qui dépassait 20 litres.

Ci-dessus, le premier essai du Schienenzeppelin entre Hanovre et Burgwedel. Ci-contre, un autre prototype exposé à la curiosité du public en 1930 à la gare de Grünewald. Une des différences apparente entre les deux modèles réside dans l'hélice à 4 pales.

Un essai sans lendemain

Malgré toute la passion de l'ingénieur Franz Kruckenberg, le concepteur de l'engin, malgré les résultats remarquables obtenus, les chemins de fer du Reich ne poursuivirent pas les essais. Ceci à cause des contraintes d'exploitation des réseaux de l'époque, tracés pour des trains omnibus ou de marchandises roulant à 60 km/h, des trains rapides à 100 km/h, ou à 120 km/h exceptionnellement. Or, insérer une automotrice roulant à 200 km/h dans une circulation beaucoup plus lente ne pouvait se faire qu'en garant de nombreux trains à l'avance, donc en faisant perdre beaucoup de temps à beaucoup de gens, et en perdant de l'argent. C'est bien une question de cohérence et d'homogénéité des vitesses qui, en matière de chemins de fer, a toujours posé un problème lors de la mise en service d'engins performants. Le Schienenzeppelin, ou «Zeppelin sur rails», n'a pu échapper à cette règle: il aurait fallu lui construire un réseau de lignes spéciales à très grande vitesse comme on l'a fait pour le Shinkansen japonais, le TGV français ou l'ICE allemand.

SCHIENENZEPPELIN KRUCKENBERG

1931

Suisse

AE 8/14 DU SAINT-GOTHARD

Il ne s'agit pas d'un animal mythique qui hanterait la célèbre vallée suisse, mais bien d'une réalité technique et ferroviaire qui sort du commun seulement en termes de puissance et de poids. C'est la plus puissante locomotive du monde à l'époque, et, pour une fois, elle n'est pas américaine.

La Suisse, pionnière de l'électrification

Possédant un réseau-carrefour situé au cœur de l'Europe, la Suisse voit transiter de lourds trains de marchandises. Bien entendu, elle utilise, au XIXe siècle, la traction vapeur comme tous les pays, mais ce mode est peu rentable du fait de la cherté du charbon entièrement importé et du profil difficile des lignes demandant de très fortes puissances. C'est pourquoi le réseau suisse entreprend, dès le début du siècle, une intense électrification: la ligne du Lötschberg, ouverte en 1907, est déjà électrique, mais le Saint-Gothard est électrifié entre 1918 et 1922.

Ci-dessous, la première Ae 8/14, N° 11852, exposée au Musée suisse des Transports de Lucerne. Jusqu'à sa mise au rebut en 1972 (incendie dans le tunnel du Saint-Gothard), elle fut la plus puissante locomotive du monde. On notera le design très moderniste pour une locomotive électrique abandonnant le style fonctionnel avec rivets, trappes et capots apparents: ici la caisse est lisse. Ci-contre, la N° 11801, la première de la série: tout le charme des anciennes locomotives avec leur caisse rivetée et, surtout, les capots d'extrémité!

Le problème: la puissance pour faire face au trafic

Hisser des charges sur des rampes demande au chemin de fer un surcroît de puissance considérable par rapport à la circulation en palier (voie plane, exempte de rampes et de pentes). En effet, en palier, le besoin de puissance est très faible, tellement la résistance au roulement d'un train est faible. Mais dès la moindre rampe, le poids se fait immédiatement sentir. De même, l'accroissement du poids des trains, s'il ne pose guère de problème de traction en palier, demande que l'on multiplie la puissance des locomotives sur les lignes de montagne. C'est ce qui se passe, entre les deux guerres, sur la ligne du Saint-Gothard: les rampes de 27 ‰ voient désormais passer des trains de 750 t en marchandises, circulant à 50 km/h. Les chemins de fer suisses se doivent de dimensionner encore plus leurs locomotives électriques pour faire face à cette tâche sans précédent.

La réponse: la locomotive double

Les techniques de l'époque ont atteint leur limite en matière de dimensionnement et de puissance des locomotives. La seule solution est de doubler les locomotives: ainsi, en 1931, on voit apparaître un immense engin, long de 34 mètres, et dont la disposition d'essieux est en quelque sorte une suite de roues motrices et porteuses alternées, les roues porteuses pouvant, par un dispositif pneumatique, prendre appui avec plus ou moins de force sur le rail et soulager plus ou moins les essieux moteurs. De disposition 1B1B1+ 1B1B1, cette locomotive comporte 8 moteurs lui donnant un effort de traction de 4560 kW. Un deuxième prototype est construit en même temps, mais est doté de 12 moteurs lui donnant 6000 kW. Enfin, en 1939, un troisième prototype 1B1B1+1B1B1 est construit et comporte 16 moteurs lui donnant 8400 kW, soit, en termes d'époque, environ 12 000 ch! En rampe de 27 ‰, cette locomotive arrache des trains de 770 t à 70 km/h. Sans parler des 2000 t enlevées en palier à 60 km/h, ou même de trains de voyageurs de plus de 1000 t à 110 km/h en palier.

Caractéristiques techniques

Année de construction: 1931
Puissance: 8400 kW (12000 ch)
Vitesse maximale: 110 km/h
Longueur totale: 34,01 m
Poids total: 235,7 t

Une locomotive sans descendance

Elle reste sans descendance malgré des performances exceptionnelles et un comportement irréprochable, car, sur le terrain, on s'aperçoit peu à peu qu'il est plus souple de disposer de 2 ou 3 locomotives simples que l'on peut coupler en fonction des besoins que d'une seule locomotive dont la puissance, parfois, est sous-utilisée. Les ingénieurs se tournent à nouveau vers la locomotive classique simple, mais que l'on équipe de systèmes permettant la double ou la triple traction avec deux ou trois locomotives en tête d'un train selon la demande.

1933

France

TRAIN À SUSTENTATION ÉLECTRIQUE BACHELET

S'affranchir de tout ce qui pose des problèmes a toujours été l'une des démarches fondamentales en matière de recherche technique, et les chemins de fer n'ont pas échappé à ce processus. La voie, le contact roue-rail, la complexité mécanique des locomotives classiques, le gaspillage de combustible en traction vapeur, la complexité de l'alimentation en traction électrique (couple pantographe-caténaire), voilà quelques unes des raisons qui ont poussé les ingénieurs à chercher d'autres solutions.

L'électricité sans le «chemin de fer»

Telle est l'idée de l'ingénieur Bachelet, dont la postérité n'a pas plus retenu le nom et la biographie que ce curieux projet présenté ici. Vraisemblablement Français et vivant durant les années 1930, donc né au début du siècle, Bachelet présente un projet de train à sustentation électromagnétique particulièrement innovant. Peut-être est-ce là un des premiers projets du genre.

L'idée est de construire de véritables électroaimants en forme de bobine classique, mais de dimensions gigantesques puisque de plusieurs mètres de diamètre. Ces électroaimants sont placés sur une succession de pylônes, chaque pylône supportant un électroaimant, et chaque pylône étant à une dizaine de mètres du précédent en parfait alignement.

Un obus volant

Le «train» est un véhicule en acier, en forme d'obus, qui est placé dans l'alignement des électroaimants, et qui va «sauter» ou «voler» d'un électroaimant à un autre successivement, au fur et à mesure que l'on alimente chaque électroaimant en courant électrique. C'est pratiquement le principe du moteur électrique classique, à ceci près que le moteur électrique a été «déroulé» de manière à ce que son stator ne soit plus circulaire mais plan.

Le centrage du véhicule se fait naturellement au passage dans chaque électroaimant, puisque les forces électromagnétiques s'équilibrent au centre de l'ouverture formée par chaque électroaimant. Avec la vitesse acquise, le passage d'un électroaimant à un autre se fait pratiquement en ligne droite, alors qu'au démarrage ou à vitesse très lente, on peut penser que le véhicule accusera une trajectoire irrégulière, «tombant» quelque peu entre chaque pylône.

La «fée électricité»

Durant l'entre-deux-guerres, l'électricité est l'objet d'un très grand engouement, notamment dans le domaine ferroviaire. Car cette source d'énergie est enfin devenue un produit industriel: on sait désormais transporter l'électricité à haute tension sur de très longues distances et, de plus, on est capable de la produire en grande quantité. L'électricité apparaît donc comme la solution de l'avenir et range définitivement la locomotive à vapeur parmi les survivances historiques du siècle précédent. Beaucoup d'ingénieurs pensent même que l'électricité est un produit du futur à un tel point qu'il est dommage de l'insérer dans le chemin de fer traditionnel, dont le système technique archaïque en limitera les possibilités en l'enfermant dans un véritable carcan. Puisque l'on abandonne la vapeur avec ses pistons et ses bielles, son charbon et son eau, pourquoi ne pas abandonner les rails, les roues en acier, les wagons attelés, bref tout ce fatras hérité tout droit des mines du XVIIIe siècle? Abandonnons donc le «chemin de fer» au sens propre du terme, c'est-à-dire ce chemin de rails qui pose tant de problèmes de construction, d'entretien et de stabilité des véhicules.

La vitesse? 1000 km/h

C'est la vitesse prévue par Bachelet. Et les progrès accomplis actuellement avec les prototypes de trains à sustentation magnétique allemands ou japonais laissent penser que cette vitesse sera bientôt atteinte par ces trains sans roues ni rails.

Mais les trains à sustentation magnétique effectivement réalisés actuellement laissent apparaître un handicap très grave: une consommation de courant électrique absolument déraisonnable pour la simple sustentation déjà, sans parler de la propulsion, et de graves problèmes en cas de panne de courant, le train «tombant» immédiatement sur la voie... et finissant sa course sur des patins de secours.

La panne? Un scénario catastrophe

Au fait, avec le projet de Bachelet, qu'aurait donné une panne de courant? Une superbe catastrophe, avec le train déviant vers le sol à 1000 km/h, fauchant successivement tous les pylônes et les pulvérisant dans des gerbes d'étincelles, et finissant sa course au sol dans la grande tradition des catastrophes aériennes. Tout compte fait, non merci, monsieur Bachelet: vive la roue et le rail! Car une simple panne de courant, cela arrive quand même, et nos trains, dans ce cas, continuent tranquillement leur course sur les rails. Et quand le courant revient, le train réaccélère en douceur, et aucun voyageur ne s'en est aperçu. C'est peut-être mieux ainsi.

TRAIN À SUSTENTATION ÉLECTRIQUE BACHELET

1935

France

TRAIN CARÉNÉ DU PLM

Ce train curieux est peu connu du grand public. Il constitue une tentative intéressante de promotion de l'image de marque du chemin de fer alors en déclin au milieu des années 1930, ainsi qu'une étude des possibilités de réduction de la résistance à l'avancement par le carénage intégral des trains. Le succès a été réel, mais la formule offrait beaucoup d'inconvénients.

L'esthétique et la technique: des impératifs inconciliables?

Durant l'entre-deux-guerres, le chemin de fer perd du terrain face à la concurrence routière et aérienne, ceci surtout au sein de la clientèle aisée qui est, justement, celle qui lui rapporte le plus. Les gens fortunés commencent à préférer leur Rolls-Royce ou leur Hispano-Suiza aux compartiments enfumés des trains.

A l'instar des compagnies américaines, les réseaux européens se lancent dans une politique de trains carénés, ceci à la fois pour que le train devienne «moderne» sur les affiches, mais aussi pour tenter de gagner de précieux kilomètres-heure, puisque la vitesse, elle aussi, est à la mode.

Si ce «relookage» fut réussi, en revanche les résultats furent moins évidents du point de vue technique. En effet, sous cette carapace de tôle, les mécanismes avaient trop chaud et le carénage créait une gêne réelle pour les opérations d'entretien.

Caractéristiques techniques

Cylindres haute pression: 370 x 650 mm
Cylindres basse pression: 560 x 650 mm
Surface de la grille du foyer: 2,98 m^2
Pression de la chaudière: 16 kg/cm^2
Diamètre des roues motrices: 200 mm
Poids total: 75,8 t
Puissance estimée: 1700 ch
Vitesse limite: 150 km/h

Le train du PLM

En 1935, la compagnie française du PLM décide de créer des rames rapides entre Paris et Lyon, afin d'offrir aux hommes d'affaires la possibilité d'un aller et retour dans la même journée. Les Pacific semblant trop puissantes pour la remorque d'un train composé de 4 voitures: le PLM songe alors à ses antiques 221 datant de 1907, série 221A ex-2900, mais compound et dotées de roues assez grandes, donc capables de rouler vite.

Moyennant l'application de perfectionnements comme la surchauffe, on pensait obtenir une machine capable de rouler à 140 km/h en tête de trains légers.

Ci-dessus, le Bulletin PLM de septembre 1935, avec une reproduction de la bande de l'appareil d'enregistrement placé à bord de la locomotive: la vitesse de 150 km/h a été atteinte peu après le départ de Laroche (16 h 01) et soutenue sur 12,8 km, avec une pointe à 156 km/h. Ci-contre, le train caréné du PLM à l'arrêt en gare de Laroche-Migennes. Aucune photographie en couleurs de ce train n'existe, vu l'époque. Le train était peint en bleu ton sur ton.

Les performances sont au rendez-vous

Dès les premiers essais, la vitesse de 150 km/h est atteinte entre Joigny et Sens. En service courant, la vitesse de 140 km/h est soutenue sur certaines parties de la ligne, et celle de 130 km/h sur les autres parties moins favorables à la vitesse. Les 512 km séparant Paris de Lyon sont couverts en 5 heures, soit à une moyenne de 102 km/h, ce qui est remarquable par rapport aux trains ordinaires qui, à l'époque, demandent encore 7 à 8 heures. Le carénage permet de gagner une puissance de l'ordre de 120 ch à 120 km/h et de 190 ch à 140 km/h: il y a donc bien gain de vitesse et économie de combustible. Mais la guerre d'une part, le développement des autorails rapides d'autre part mettent fin à l'expérience qui, pourtant, aurait du être prolongée jusqu'à Marseille, permettant la relation Paris-Marseille en 8 heures. Les Marseillais auront à attendre encore un demi-siècle et les TGV pour avoir, enfin, une liaison ferroviaire rapide avec la capitale!

1951

États-Unis

BBBB GAS-TURBINE

Cet engin peu commun mérite bien sa place dans cette partie de l'encyclopédie, au moins par son aptitude à faire cuire les oiseaux qui survolaient la sortie des gaz chauds de la turbine et qui tombaient rôtis sur le sable avoisinant des déserts de l'Utah! A une époque d'énergie bon marché, les ingénieurs pouvaient imaginer les locomotives les plus fantastiques sans aucun scrupule écologique.

Le diesel, c'est bien, mais...

Au moment où la traction vapeur atteint son apogée sur les lignes de l'Union Pacific avec les fameuses Big Boy, ceci au lendemain de la Seconde Guerre mondiale, les coûts en combustible et en conduite font envisager une reconversion à la traction diesel. Les locomotives diesel de l'époque sont certes moins sujettes aux pannes, mais les puissances sont encore modestes: il faut accumuler les locomotives diesel en tête des immenses trains de l'Union Pacific pour espérer les décoller et les faire rouler à une vitesse acceptable.
Pendant la guerre et durant les années qui suivent, les ingénieurs des réseaux de chemin de fer américains et européens s'intéressent à la turbine à gaz. Le principe est connu depuis le début de notre siècle, mais à la fin des années 1940, le progrès technique permet enfin de mettre sur le marché des turbines capables de développer des efforts intéressants pour le chemin de fer, ceci pour un poids réduit et pour une simplicité mécanique inégalable.

Caractéristiques techniques

Type: BBBB
Puissance: 3360 kW
Moteur principal: turbine à gaz
Transmission: électrique
Moteurs de traction: 8
Masse: 250 t
Longueur: 25,46 m
Vitesse: 100 km/h

Huile lourde ou poussière de charbon

Le réseau de l'Union Pacific est riche en charbon du fait des nombreuses mines présentes sur son territoire. Il s'intéresse à la turbine à gaz dans la mesure où il est possible de la faire fonctionner non avec de l'huile lourde d'origine pétrolière, mais avec de la poussière de charbon.
L'Union Pacific emprunte une locomotive d'essai à disposition d'essieux BBBB (soit 4 bogies de 2 essieux) comportant des moteurs de traction électriques alimentés par une génératrice elle-même entraînée directement par une turbine à gaz, mais à l'huile lourde. La machine est capable de fournir 4500 ch, soit 2 à 3 fois plus qu'une locomotive diesel classique de l'époque, ce qui fait d'elle, aux yeux des dirigeants de l'Union Pacific, la machine digne de prendre la relève des Big Boy.

Oiseaux rôtis et vitres cassées

Une série de 10 locomotives est alors commandée et livrée en 1952-1953, et leur puissance est très appréciée en tête de trains de 5000 t sur les rampes des Rocheuses entre Ogden et Green River. Le succès est tel que le réseau en commande 30 autres, mais dotées d'une turbine pouvant fournir 8500 ch. La machine est alors passée au type CC en deux éléments jumelés, le premier recevant la turbine et la génératrice, l'autre les équipements auxiliaires. En outre, un grand tender à 2 bogies de 3 essieux transporte le combustible. La locomotive est de très loin la plus puissante «in the world» en matière de traction autonome.

Mais les choses se gâtent peu à peu: le renchérissement du prix du pétrole, les dégâts sur l'environnement comme les oiseaux brûlés par les gaz d'échappement ou les vitres cassées par les ultrasons des turbines, ainsi que les progrès accomplis par la locomotive diesel classique en matière de puissance et de fiabilité, voilà ce qui fait disparaître peu à peu ces dinosaures. L'un d'entre eux est toutefois préservé au musée ferroviaire d'Ogden, près de Salt Lake City, et la vision vaut le détour.

UNION PACIFIC
UNION PACIFIC

1954

États-Unis

LOCOMOTIVE ATOMIQUE

Une centrale nucléaire roulante? Oui sans doute pour les universitaires de l'Utah durant les années 1950, mais sans doute non pour les écologistes d'aujourd'hui qui, malgré leur goût pour les chemins de fer, n'auraient pas aimé une telle bombe roulante. Et pourtant une locomotive à énergie nucléaire a bien été étudiée. Heureusement sans suite!

L'imagination...

La locomotive représentée au recto n'est sans doute pas nucléaire, mais peut-être à réaction... Il s'agit en effet d'une vision du train de l'an 2000, tel qu'un illustrateur anglais de livres pour enfants le voyait en 1940. Seule l'architecture est exacte, mais les formes très animalières de la locomotive non.

...et le sérieux

Le schéma ci-dessous est l'un des très rares documents représentant le projet de l'Utah, redessiné par nos soins. Le réacteur est dans la partie centrale surbaissée de la locomotive, et la turbine est juste derrière. La deuxième partie de la locomotive est uniquement consacrée aux radiateurs.

Deux unités sur 14 essieux

«Eu égard à la nouveauté du sujet et aux espoirs fondés, quoique à échéance encore assez lointaine, sur l'utilisation de l'énergie atomique pour la traction des trains, nous croyons utile de donner ci-après un bref aperçu de ce projet tiré de l'analyse de la S.N.C.F.» Voilà ce qu'écrit prudemment la *Revue générale des Chemins de Fer* en 1955 en présentant ce sujet. Le projet des étudiants de l'Utah était-il sérieux?

La locomotive est formée de deux unités: l'une sur 9 essieux moteurs, l'autre sur 3 essieux moteurs et 2 essieux porteurs. Elle a 48,77 m de long et son poids est de l'ordre de 360 t, dont 326 t pour l'unité à 9 essieux. Elle peut développer une puissance maximale de 9000 à 12 000 ch, l'effort de traction sur le crochet d'attelage atteignant 71 t à la vitesse de 23 km/h.

Quatre génératrices

Une solution de sulfate d'uranyle contenu dans un récipient de forme hexagonale parfaitement étanche, en acier inoxydable de haute qualité, fournit l'énergie. Le réacteur a environ 0,3 m de large et 0,91 m de haut, et il est traversé par 10 000 tubes de 6,45 mm de diamètre extérieur et 0,38 mm d'épaisseur de parois (dans lesquels se produit la vapeur d'eau), qui constituent l'élément essentiel de l'échangeur.

La vapeur, saturée à la pression de 17,5 kg par cm^2 (204 °C) et non surchauffée, est admise dans une turbine qui commande par réducteurs à engrenages un groupe de 4 génératrices alimentant des moteurs de traction électriques classiques.

Un blindage de 180 tonnes

Des précautions minutieuses sont prévues dans le projet contre les dangers d'émanations radioactives. Le réacteur est à double paroi, de manière à permettre une circulation d'air, d'eau et de produits détecteurs de radiations propres à déceler les fuites. Les tubes de l'échangeur seront aussi à double paroi. Le réacteur est logé dans un blindage de 180 t assurant, en cas d'accident, déraillement ou collision, une protection contre la rupture du récipient contenant le liquide réactif. Par ailleurs, des dispositifs sont prévus pour arrêter le plus vite possible la réaction en chaîne «dans tous les cas (d'accident) imaginables». Il est ajouté que, bien que la vapeur appelée à travailler dans la turbine soit «contaminée», on n'a pas prévu le blindage de celle-ci, à raison de son faible niveau de radioactivité comparé à celui du réacteur. On pense enfin que, si l'établissement de la réaction en chaîne est une opération «longue et délicate» nécessitant un opérateur entraîné et expérimenté, disposant «d'instruments de mesure de haute qualité», il faudrait une demi-heure au plus après la prise de service de l'agent pour obtenir une puissance égale à 1 % de la normale, puissance évidemment très faible mais dont l'augmentation sera ensuite «facile et rapide», d'après les promoteurs de l'idée. Toutefois, au repos, la réaction sera arrêtée, mais demandera «une surveillance très sérieuse» pour la remise en route.

Dangereuse et trop chère

La locomotive atomique coûterait, en prix de revient, le double de celui de 4 locomotives diesel de puissance équivalente sur 10 ans d'utilisation – ceci pour autant que le prix du gramme d'uranium reste stable. Or le prix du pétrole, déjà très bas durant les années 1950, reste modique pour les Américains. Déjà dangereuse, la locomotive atomique est donc trop chère et en restera à l'état de projet.

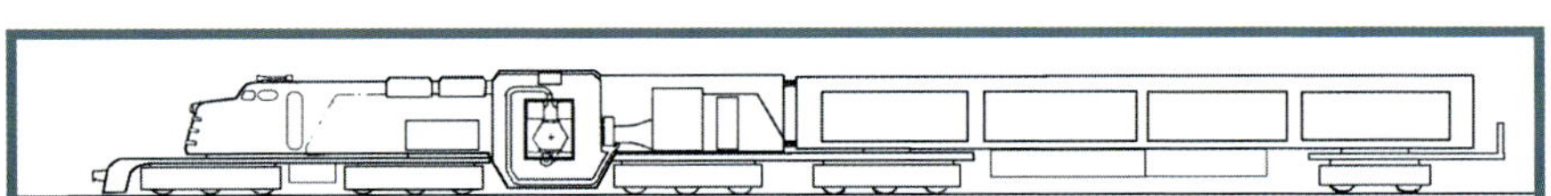

Schéma C. Lamming

Caractéristiques techniques

Puissance: 12 000 ch
Génératrice: nucléaire uranium
Moteurs: 9
Type de moteur: électrique
Masse: 360 t
Longueur: 48,77 m
Année: 1954

LOCOMOTIVE ATOMIQUE

1955

France

RECORD DU MONDE A 331 KM/H

Souvent présentés comme de purs essais techniques, ces records à 331 km/h de 1955 frappent l'opinion publique et montrent bien qu'ils étaient aussi faits pour cela. Frapper l'opinion, attirer l'attention des pouvoirs publics sur les possibilités du chemin de fer, redonner courage aux cheminots démotivés devant la concurrence aérienne et routière, voilà quelques-uns des enjeux. Mais ces records furent avant tout une grande victoire technique.

Les enseignements des essais précédents

Les essais de février 1954 entre Dijon et Beaune, une des rares portions de ligne droite disponible pour de tels essais à l'époque, montrent qu'une locomotive CC à adhérence totale, mise en tête d'un train de 3 voitures, le tout non modifié, peut rouler en toute stabilité à 243 km/h, en n'exerçant que des contraintes latérales normales pour la voie, et en tout cas bien inférieures à ce que des calculs exploratoires faisaient craindre.

Mais ces essais donnent à penser qu'au prix de quelques aménagements simples, notamment le changement du rapport des engrenages de la locomotive, on pourrait tester le comportement à des vitesses supérieures et vérifier expérimentalement un certain nombre d'hypothèses d'école. En outre, l'arrivée des BB 9000, dont la tenue en service n'occasionne que des éloges et dont le prix de revient est plus avantageux que celui des CC, amène la SNCF à pousser ces prototypes dans leurs limites extrêmes avant d'en envisager la commande en grande série. Ces essais prennent donc un caractère définitif et engagent, à long terme, la SNCF en matière de politique de traction.

Deux locomotives devenues célèbres

La section de ligne choisie est, cette fois, la section Lamothe-Morcenx de la ligne Bordeaux-Dax, car, sur 66 km, la voie est pratiquement en alignement, sauf une courbe à très grand rayon de 3700 m, et presque en palier.

Les deux locomotives sont d'une part la CC 7107, pesant 107 tonnes et disposant de 3500 kW, construite en janvier 1953, et comportant 6 moteurs alimentés en demi-tension et en série, et, d'autre part, la BB 9004, pesant 83 tonnes, disposant de 3240 kW, construite en mai 1954, et comportant 4 moteurs alimentés en pleine tension.

Les journées des 28 et 29 mars 1955

La journée du 28 mars ayant offert une température assez basse (14°), les essais ont lieu avec le train remorqué par la CC 7107, puis, le lendemain, avec le train remorqué par la BB 9004. Seuls des problèmes de pantographes se posent et limitent la vitesse à 331 km/h pour la CC 7107. Et l'entourage de Fernand Nouvion est d'avis d'en rester là, car si le second essai réussissait, il ne pourrait vraisemblablement dépasser le premier, qui était à la limite des possibilités techniques (une consommation de 5000 ampères avait même été nécessaire) et il n'ajouterait rien au succès du constructeur de la deuxième locomotive. Par contre, si ce second essai échouait, il était préjudiciable à l'entreprise. Mais Fernand Nouvion décide de prendre le risque; c'est pourquoi la seconde locomotive fit son essai, et exactement à la même vitesse, au km/h près, que la première, et fut donc limitée à la vitesse de 331 km/h.

Le plus beau déraillement du monde n'aura pas lieu

Ces records sont bien, d'abord et d'emblée, une affaire de techniciens. La «médiatisation», elle, est en plus, et si les journalistes d'une chaîne de télévision américaine se dérangent pour filmer la scène en avion, c'est bien parce qu'ils espéraient filmer en direct le déraillement le plus sensationnel du monde: la SNCF n'était pourtant pas disposée à aller jusque-là...

L'ingénieur Fernand Nouvion, qui organise ces essais, prend un risque certain, mais il gagne. Les journalistes américains sont, certes, frustrés de leur déraillement à plus de 300 km/h, mais ils assurent aussi, avec des centaines d'autres journalistes du monde entier, la promotion du chemin de fer et gratuitement, sans aucun budget de communication de la part de la SNCF.

P.201, la «cornette» de raccordement aérodynamique de la locomotive CC 7107 à la rame. Ci-contre, la BB 9004 en plein effort.

RECORD DU MONDE A 331 KM/H

1976

Grande-Bretagne

«HIGH SPEED TRAIN»

Les dirigeants des réseaux européens et nord-américains des années 1960-70 veulent faire de la grande vitesse pour ne pas se laisser distancer par l'avion,. et essaient de nouveaux systèmes qui sont loin d'être au point. Puis ils commencent à penser que le chemin de fer de l'an 2000 ressemblera fort à celui des décennies précédentes. C'est le cas avec le «High Speed Train» britannique, un classique du genre.

Trop de technique tue la technique

Le réseau britannique a d'excellents projets dans ses cartons durant cette période mouvementée des années 1960-70 où tout le monde veut rouler à 200 km/h. C'est entre autres l'«Advanced Passenger Train» (APT), expression que l'on peut traduire par «train de voyageurs techniquement avancé».

L'idée de départ est excellente, mais utilise un progrès technique qui, à la longue, n'en est plus un, dans la mesure où, focalisé sur un seul problème, il en pose trop d'autres une fois la solution trouvée. Le problème est de rouler à très grande vitesse sur des voies anciennes, donc sinueuses, que l'on conserve telles quelles au lieu de se lancer, comme le Japon ou la France, dans la construction d'un réseau nouveau. La caisse inclinable est une réponse théoriquement satisfaisante, mais les techniques mises en œuvre sont si complexes que l'APT, après quinze années d'essais et de déboires, est oublié depuis le milieu des années 1980.

Le plus rapide du monde en traction diesel

Mis en service en 1976, le HST reste en 1995 le seul survivant de cette période très riche d'essais britanniques de la grande vitesse. Il s'agit de rames diesel-électriques très classiques formées de 2 motrices d'extrémité encadrant un train formé de voitures grandes lignes Mark III. Donc rien d'exceptionnel, pensera-t-on d'emblée, mais l'exploit est bien là: le HST est le train le plus rapide du monde en traction diesel, avec un record à 230 km/h en 1973 et un service quotidien à 200 km/h. Le HST donne une nouvelle dimension à ce mode de traction principalement réservé, jusque-là, aux marchandises ou aux manœuvres, et jamais placé sous le signe de la grande vitesse. Ultérieurement, le service des HST prendra le nom d'Intercity 125 du fait de la vitesse de 125 miles à l'heure, soit approximativement 200 km/h. Plus de 80 trains HST circulent aujourd'hui quotidiennement à cette vitesse au départ de Londres vers l'Ouest et le Nord, et font de ce service le plus rapide du monde en traction diesel. La décision d'électrifier les grandes lignes britanniques a toutefois réduit les possibilités d'extension futures du service HST.

Le HST: le TGV britannique?

On ne peut pas dire que le réseau britannique ait véritablement connu, comme le réseau japonais ou français, une nouvelle période grâce à ses HST. Il a certes pu entrer discrètement dans ce que l'on appelait, à l'époque, le «club des 200 km/h», un club très fermé des réseaux qui pratiquaient cette vitesse en service quotidien pour certains de leurs trains, et constitué par le Japon, la France, l'Allemagne, les États-Unis et le Canada. Mais pour l'homme de la rue, ce ne fut nullement une révolution et l'image du chemin de fer britannique ne s'en trouva pas modifiée dans l'opinion publique: aujourd'hui, au milieu des années 1990, l'opinion de l'Anglais moyen sur son réseau ferré reste très péjorative... Et c'est très dommage et injuste, dans la mesure où ce réseau offre des dessertes rapides et serrées avec ses HST que bien d'autres réseaux européens pourraient envier. Le pays qui a inventé le chemin de fer n'aimerait-il plus les trains?

Ci-dessus, la rame HST 254-007 au départ de la gare londonienne de King's Cross pour Newcastle durant les années 1980. Le conducteur reçoit les dernières instructions par liaison sol-train. La grande ligne de la côte Est, avec ses quatre voies bien rectilignes, se prête à la vitesse. Ci-contre, l'une des motrices d'essais du HST, la N° 252001. La forme de la vitre avant lui a valu le nom de «Flying TV»: il y a, en effet, analogie avec les postes de télévision d'époque! Pour la série, l'avant fut heureusement redessiné.

Caractéristiques techniques

Type: rame automotrice diesel
Motrices: 2 motrices type BB
Puissance totale: 4500 ch
Vitesse: 200 km/h

«HIGH SPEED TRAIN»

1990

France

TGV: LE RECORD A 515,3 KM/H

Pour un record, c'est un record! 515,3 km/h: jamais on n'aurait pensé une telle vitesse possible sur des rails avec du matériel de chemin de fer classique. Cette vitesse est en effet celle des avions de ligne des années 1950, et aucune voiture de course n'a jamais fait un tel chrono.

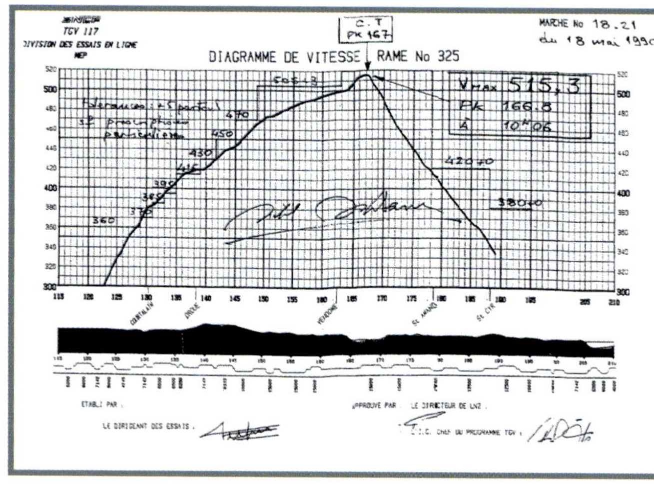

Le diagramme de vitesse de la rame 325. Il est signé par le ministre des Transports et les ingénieurs responsables des essais. La vitesse de 515,3 km/h est atteinte au point kilométrique 167, comme on peut le lire. En dessous du diagramme: le profil de la ligne, avec la cuvette où la rame a battu le record.

Schéma: Doc. SNCF / Coll. Lamming

Une politique à long terme

Les records à 482,4 km/h et à 515,3 km/h du TGV français ne font que s'inscrire dans un long programme de préparation technique du chemin de fer du prochain millénaire, avec des vitesses en service qui se situeront entre 350 et 400 km/h quotidiennement. Mais encore faudra-t-il qu'économiquement cela se justifie, car la pratique de très grandes vitesses coûte, mais peut être très rentable. En outre, il faudra aussi disposer à de telles vitesses d'un système de freinage ne reposant plus seulement sur l'adhérence roue-rail: des progrès techniques restent à faire. Mais il est vrai, la vitesse a été très payante jusqu'à présent pour la SNCF, et le TGV a été l'un des meilleurs investissements faits ces dernières décennies par la collectivité nationale. Il semble donc normal que cette politique soit maintenue.

La journée du 18 mai 1990

La SNCF convoque la presse et des personnalités du monde ferroviaire pour un rendez-vous donné tôt le matin en gare de Montparnasse. L'auteur de cette série *Trains de Légende* est personnellement invité par le service de communication de la SNCF et aura la chance de vivre en direct l'événement, et de traduire en langue anglaise les données techniques précises intéressant la presse étrangère du monde entier.

Une rame TGV-Atlantique attend la presse et les personnalités et gagne, à vitesse normale d'environ 300 km/h, la toute nouvelle gare de Vendôme, située sur la ligne nouvelle à 162 km de Paris. Transformée en véritable QG de commandement et de presse, la gare permet, par ses grandes baies vitrées, d'avoir une vue très directe sur les voies qui la traversent.

Le site est bien choisi non seulement pour cette raison, mais aussi parce que la ligne, à cet endroit précis, est à l'amorce d'une cuvette dans laquelle la rame du record pourra descendre et prendre de la vitesse. Le creux de la cuvette est au point kilométrique 167, et c'est là que la rame devra atteindre sa vitesse maximale.

L'exploit minute par minute

Transmis par haut-parleurs peu avant 10 heures, le départ de la rame N° 325, puis sa montée en vitesse, sont suivis par l'assistance dans un silence total. La rame est à 300 km/h à Courtalain, au point kilométrique 130, puis à 415 km/h à Droué, puis à 470 km/h au point kilométrique 150. La rame apparaît subitement dans le champ de vision de l'assistance, des éclairs visibles de très loin jaillissant des pantographes. Elle franchit la gare de Vendôme dans un bruit de tonnerre assourdissant et disparaît à l'horizon à une telle vitesse qu'il est impossible de tourner la tête à temps pour la suivre des yeux. Une pluie de cailloux arrachés du ballast tombe autour de la gare. A 10 h 06, on apprend que la rame N° 325 a roulé à 515,3 km/h au point kilométrique 167. Des applaudissements éclatent. Le président de la SNCF, Jacques Fournier, demande aux journalistes de ne pas encore divulguer la nouvelle: il faut être sûr de l'exploit et attendre le dépouillement des enregistrements. L'exploit nous est confirmé 15 minutes plus tard et, dans le monde entier, on apprend qu'un TGV a roulé à la vitesse fantastique de 322 miles à l'heure (chiffre arrondi par nos soins!): le «322-Train» est né et entre dans la légende.

Caractéristiques techniques

Type: TGV-Atlantique
Composition: M+3R+M (au lieu de M+10R+M)
Diamètre des roues motrices: 1090 mm (au lieu de 920 mm)
Masse: 206 t (au lieu de 490 t)
Longueur: 106 m (au lieu de 237 m)

TGV: LE RECORD A 515,3 KM/H

VERS LA MODERNITÉ ET LA GRANDE VITESSE

SHINKANSEN

1964

Japon

C'est avec ce train japonais que l'espoir naquit de nouveau pour les chemins de fer du monde entier dans les difficiles années 1960 durant lesquelles les technocrates de tous les horizons voyaient dans le chemin de fer un monstre antédiluvien à supprimer d'urgence. Le train, c'était fini, pensaient-ils. Place à l'automobile et au roi pétrole! Mais le train avait encore un atout: la grande vitesse.

Le premier train à grande vitesse

Dès le 1er octobre 1964, la grande vitesse est une réalité au Japon avec l'ouverture de la ligne du Tokaïdo reliant Tokyo à Osaka. Construite en cinq années, cette ligne est destinée exclusivement au transport des voyageurs, et elle doit son existence au fait que l'ensemble du réseau japonais est impropre à la pratique de vitesses satisfaisantes, soit du fait de tracés et de profils peu favorables, soit surtout d'un écartement étroit (1067 mm) limitant les performances à un modeste 110 km/h.
Avec des rayons de courbure minimals de 2500 m, puis de 4000 m sur les sections construites ultérieurement, une électrification en courant monophasé 25 000 V 50 Hz permettant de fournir de très fortes puissances, la nouvelle ligne japonaise est naturellement favorable à des vitesses supérieures à celles couramment pratiquées à l'époque sur l'ensemble des réseaux mondiaux dotés de lignes datant de plus d'un siècle et demi.
Voulue surtout pour assurer un fort débit de voyageurs dans un pays saturé, et construite dans le cadre des Jeux olympiques d'été, la ligne s'apparente, en fait, à un «supermétro» sur lequel se succèdent un grand nombre de rames à cadence serrée (plus de 100 trains par jour dans chaque sens). La formule automotrice est retenue pour sa souplesse d'exploitation et son aptitude à repartir immédiatement en sens inverse du terminus.

Une grande vitesse efficace

Cette grande vitesse à la japonaise est, en fait, une vitesse relativement modérée si l'on songe aux 210 km/h en pointe, et à une vitesse moyenne effective de 163 km/h seulement pour le trajet Tokyo-Osaka couvert en 3 h. et 10 min. Mais pour le Japon la performance est exceptionnelle, car les lignes classiques, lentes et saturées, ne permettent que des vitesses très moyennes et les temps de trajet y sont interminables. Les routes offrent aussi les mêmes caractéristiques de saturation et de lenteur, et, sur les distances relativement réduites de ce pays, l'avion ne parvient pas, non plus, à être performant, d'autant plus que le trafic est chargé. Les 3 h. et 10 min. du trajet sur la ligne nouvelle sont, dans l'ensemble des cas de figure pour un utilisateur japonais, la moitié du temps mis jusque-là par n'importe quel autre moyen de transport.
Réelle grande vitesse ou pas, on parle de ce nouveau réseau japonais dans le monde entier en lui imputant explicitement d'être d'abord un train à grande vitesse. Symbole aussi de la renaissance industrielle japonaise, de la perfection performante dont ce pays sait se doter comme image de marque à l'époque, le Shinkansen frappe fortement l'opinion publique: les Japonais passent pour avoir inventé le train comme, déjà, ils passent pour avoir inventé l'appareil photographique et la motocyclette.

Ci-contre, l'arrière de la rame avec ses grands feux rouges caractéristiques.

Caractéristiques techniques

Type: rame automotrice 16 éléments
Courant traction: 25 000 V monophasé 50 Hz
Nombre de moteurs par rame: 64
Puissance par rame: 11 840 kW
Masse: 922 t
Longueur: 401,8 m
Vitesse: 210 km/h

Le secret de la réussite: des horaires denses

Mais, surtout, il y a en 1964 un parc de 360 rames. En 1975 il en faut 1820 avec le prolongement vers Hakata, et on pense qu'il en faudra 2415 en 1980! Et effectivement, en 1980, l'horaire comprend bien 205 trains par jour par sens, avec des pointes à 255 trains. La fréquentation de la ligne, dès le premier jour, dépasse les prévisions. Le succès du Shinkansen sert de référence et devient source d'émulation dans le monde entier.

Ci-contre, une rame classique du Shinkansen s'approche de la gare de Tokyo. Notez la livrée bleue d'origine. En médaillon, une vue plongeante sur une rame du Shinkansen pénétrant dans Tokyo et son environnement urbain très surchargé.

TGV 001

1972

France

Qui se souvient encore que le TGV initial était à turbine à gaz? Il est vrai que le choc pétrolier a imposé le «tout électrique» pour ce qui est de la grande vitesse ferroviaire. Mais se souvient-on aussi que ce TGV devait être pendulaire? Bien des incertitudes et des échecs, notamment sur les réseaux étrangers, ont aussi créé l'oubli de cette technique du pendulaire dont, maintenant, on constate un retour en force.

A l'origine du TGV

La rame A et l'automotrice Z 7001 (ou «Zébulon») servent de base d'études pour les rames TGV à venir. La rame A amène le système d'une rame articulée non modulable et ayant des bogies d'intercaisse, c'est-à-dire supportant chacun les deux extrémités de deux caisses de remorques contiguës. Le principe n'est pas nouveau dans l'histoire des chemins de fer. Par contre l'anneau qui repose sur le bogie, et fait office de liaison mécanique entre deux caisses, transmet les efforts de traction et de freinage et sert aussi d'élément d'intercirculation pour les voyageurs. Il est une réelle innovation qui pose des problèmes de mise au point (amortissement de certains mouvements parasites à grande vitesse) mais qui apporte une stabilité exemplaire et une grande simplicité mécanique.

L'automotrice «Zébulon» permet de concrétiser vingt années de recherches dans le domaine de la dynamique du bogie avec l'apport du bogie Y-226, qui comporte une séparation des éléments porteurs (le bogie proprement dit) et des éléments moteurs, eux, reportés sous la caisse de l'engin. Les deux moteurs correspondant à chaque bogie entraînent chacun leur essieu par l'intermédiaire de cardans et de «tripodes» d'inspiration automobile à traction avant assurant le jeu latéral et angulaire nécessaire. Les essieux moteurs deviennent dynamiquement «libres» et forment, pratiquement, à eux seuls, le peu de masse non suspendue.

Un projet innovant

Le 28 avril 1969, le cahier des charges pour deux rames expérimentales du projet C-03 (Train à Grande Vitesse) est élaboré. Ces deux rames, A et B, auront 5 caisses et 6 bogies, tous moteurs.
Avec deux groupes de deux turbines totalisant 3280 kW, une transmission électrique, ces rames de 101 m de long comporteront un anneau de liaison entre les caisses, permettant à la fois la liaison mécanique et l'intercirculation des voyageurs. Mais si la rame A est prévue sur des bogies classiques, la rame B recevra des bogies à faible masse non suspendue et, surtout, elle est pendulaire (l'axe d'inclinaison des caisses étant haut: 1,8 m au-dessus du rail). Cette rame B devra aussi être le champ d'expériences sur la pendulation, le freinage par courants de Foucault, et autres problèmes techniques peu connus dans le monde ferroviaire.
En fait, seule la rame A sera construite.

Les essais du TGV-001

A partir de 1972, les essais de la rame A, appelée «Turbotrain» à l'époque, donnent des résultats très prometteurs. Appelée ensuite TGV-001, cette rame révèle des qualités d'aérodynamisme exceptionnelles par le fait d'un espacement des bogies optimal et d'un carénage efficace y compris sous les caisses. Sa puissance massique de 18 kW/t lui permet de très nombreuses circulations à des vitesses record, y compris le spectaculaire record à 318 km/h du 8 décembre 1972. Les années 1973-1974 sont celles de l'apogée du projet du TGV à turbines. Le concept Turbotrain et le concept TGV se recoupent parfaitement, tant pour la SNCF que pour les pouvoirs publics. En 1976, pourtant, la SNCF abandonne la turbine: le choc pétrolier a changé toutes les données, et l'option électrique, prévue dès le départ, l'emporte définitivement.

Ci-dessous, la rame A en cours d'essais passe dans les Landes devant une maquette fixe grandeur nature (à gauche) servant à étudier les effets aérodynamiques lors des croisements.

TGV·001

1976

Italie

ETR-401 PENDOLINO

Le pendulaire n'a jamais été une joie pour les ingénieurs du chemin de fer: les Français ont timidement essayé puis discrètement renoncé, les Anglais ont été très loin pour échouer encore plus cruellement, les Japonais ont trouvé quelque chose qui marcherait. Les Italiens auraient-ils trouvé la recette miracle? Car leur Pendolino, ils l'exportent même!

Problèmes de dévers

Pour qu'un train puisse rouler plus vite en courbe, il faut incliner la voie vers l'intérieur de la courbe. Cette inclinaison entraîne une différence de hauteur entre les deux rails qui s'appelle le dévers. Quel dévers choisir? Un train très rapide en demande beaucoup, plus d'ailleurs pour des raisons de confort des voyageurs que de stabilité du train. Un train de marchandises très lent en demande très peu. Il faut penser à des arrêts inopinés en pleine courbe et donc limiter le dévers pour cette raison aussi. Le dévers ne peut dépasser environ une dizaine de centimètres pour satisfaire, encore que mal, ces deux exigences contradictoires.

Le problème des trains rapides en courbe

Les trains très rapides, eux, n'ont donc jamais assez de dévers s'ils circulent sur des lignes où circulent aussi des trains de marchandises. Beaucoup d'ingénieurs ont eu l'idée d'incliner le train lui-même pour compenser l'inclinaison insuffisante de la voie et permettre des vitesses plus élevées sur les lignes anciennes et sinueuses. C'est ce que l'on appelle un train pendulaire. Le grand avantage de cette solution est qu'elle évite la construction de lignes nouvelles et permet de vendre un train à tout réseau candidat à la grande vitesse sans imposer d'autre dépense que celle du seul train.

Les pendulaires dans le monde

Depuis 1981, les chemins de fer espagnols font circuler entre Paris et Madrid, une rame articulée Talgo pendulaire. Le train d'essai suédois à grande vitesse X-2000 est pendulaire et semble donner satisfaction. Les trains japonais de la série 381 utilisent un parc de 150 voitures pendulaires depuis 1973, mais la solution n'a pas été étendue. Le jeu en vaut-il la chandelle?

Le Pendolino italien

Étudié et construit par la FIAT, ce train a de l'avenir. Il est ce qu'on appelle un train pendulaire actif, l'inclinaison des caisses étant liée au dévers. La rame automotrice prototype ETR-401 a 5 éléments, et les rames de série ETR-450 en ont 11. Les Pendolino circulent depuis 1988 entre Milan et Rome à 200 km/h sur les lignes classiques (où un gain de temps de 25 % est réalisé) et à 250 km/h sur la Diretissima. La Suisse utilise le Pendolino italien depuis 1996 sur la relation Genève-Milan et il se nomme Cisalpino. L'Allemagne et l'Autriche s'intéressent à ce train et de nombreuses marches d'essai ont lieu.

Ceux qui ont renoncé au pendulaire

Les chemins de fer français ont fait des essais avec une voiture pendulaire construite en 1959 et essayée pendant plus de 10 ans. Les voitures à voyageurs «grand confort» des trains Le Capitole et L'Étendard, datant de 1969, avaient été prévues pour être pendulaires, d'où la forme de la caisse avec ses faces inclinées à 5°. Une des rames prototype du T.G.V. devait aussi être pendulaire. Mais dans tous ces cas, la SNCF a renoncé. Le train anglais APT ne put jamais donner satisfaction et fut abandonné après plus de 10 années d'essais, le système de commande d'inclinaison étant trop délicat à régler.

Caractéristiques techniques

Type: rame automotrice
Courant traction: 3000 V continu
Puissance: 2000 kW
Moteurs: 8 x 250 kW
Masse: 161 t
Longueur: 103,7 m
Vitesse: 250 km/h

Ci-contre, un intéressant cliché montrant, à l'arrêt, un essai d'inclinaison de la caisse à environ 10°.

ETR-401 PENDOLINO

1978

France

TGV - PSE

Inutile de présenter le TGV, à l'origine d'une véritable renaissance du chemin de fer français et européen. Le train le plus rapide du monde, avec un record à 515,3 km/h et une vitesse en service de 300 km/h, est aussi celui de tous les jours pour des millions de voyageurs. Acte d'audace et de foi, il a aussi su se révéler comme le meilleur des investissements collectifs.

La fin du chemin de fer...

Dans les années 60, le chemin de fer n'a aucun avenir: il est économiquement et techniquement mort. Les voyageurs pressés prendront l'avion, les autres la voiture, et les marchandises circuleront par camion. La France sera couverte d'autoroutes. Le chemin de fer est un fossile historique. C'est à peu près ce que disent les décideurs des années 60. C'est alors que l'on tente de réinventer le train, par exemple avec l'«Aérotrain» de l'ingénieur Bertin qui, en 1965, propose un système inédit de trains à réaction sur coussin d'air. C'est d'ailleurs ce qui va réveiller le chemin de fer classique: les pouvoirs publics se tournent vers la SNCF et lui demandent si elle a quelque chose à proposer en face de l'«Aérotrain». Elle a bien un projet «C-03» dans ses cartons...

Le projet «C-03»

Le véritable nom du projet «C-03» est: «possibilités ferroviaires sur infrastructures nouvelles». L'idée est donc d'abord de construire un réseau de lignes nouvelles sur lesquelles on roulerait plus vite par la qualité même des lignes, exactement comme les autoroutes permettent à des voitures classiques d'aller plus vite. Le TGV (le nom est donné par l'ingénieur Robert Geais) est donc d'abord une LGV, une ligne à grande vitesse.

La Direction du Matériel de la SNCF est convaincue que les possibilités du chemin de fer classique sont loin d'être épuisées, et le TGV est bien né de ce constat et non d'une pure opération commerciale. Études, essais, prototypes à turbine ou électriques vont ainsi se succéder pendant une période enfiévrée qui dure de 1966, année de la création du Service de la Recherche de la SNCF, jusqu'à 1981, année de la mise en service commercial d'une partie du TGV Paris-Sud-Est.

Le système TGV

On ne voit souvent que le train, alors que le TGV est d'abord tout un système: la conception des rames intègre l'entretien, l'exploitation des rames intègre la régulation de l'énergie et des circulations. L'entretien, ce sont des ateliers spéciaux, des cycles de visite très précis et programmés d'une manière rigoureuse pour assurer une disponibilité maximale des rames en fonction des fluctuations du trafic (connues grâce à la réservation des places).

L'exploitation, ce sont des rames se succédant toutes les 4 minutes parfois, au nombre de 165 dans une journée de pointe (70 000 places), avec 7000 kW à fournir par rame, avec un plan des circulations en constante réadaptation, avec une répartition de l'énergie nécessitant de jongler avec des millions d'ampères sur une ligne de 400 kilomètres, avec un véritable PC surveillant tout, chaque mouvement de chaque train, chaque événement, jusqu'à la température de chaque essieu.

Le TGV et ses objectifs

La vitesse est l'objectif TGV le plus évident pour le grand public, et les records de vitesse ont tout fait pour «médiatiser» le TGV: de 380 km/h en 1981 à 515,3 km/h en 1990. Mais deux autres objectifs sont tout aussi prioritaires: transporter tout le monde, car le TGV n'est pas un train de luxe, mais bien un train ouvert à tous, surtout aux voyageurs de 2e classe. Mis en service en 1981, le TGV-PSE transporte 15 millions de voyageurs la première année, et dépasse les 50 millions en 1986, avec une augmentation de 10% par an dans les années suivantes. Quant au troisième objectif, il est d'aller partout: train classique, le TGV peut quitter la ligne à grande vitesse et aller, sur les lignes anciennes. Le mot clé est l' «interconnexion»: le TGV, contrairement aux apparences, n'est pas réduit à des lignes en étoile autour de Paris: désormais, aucune ville française n'échappe au «système» TGV.

Caractéristiques techniques

	TGV-PSE	TGV-A	Eurostar
Longueur:	200,19 m	237, 59 m	393,72 m
Masse:	379 t	444 t	752,4 t
Vitesse:	270 km/h	300 km/h	300 km/h
Distance d'arrêt:	2800 m	3300 m	3300 m
Puissance:	6450 kW	8800 kW	12 240 kW
Courant:	1500 V /25 000 V.	1500 V/25 000 V	675 V/3000 V/25 000 V
Composition:	M+8R+M	M+10R+M	M+18R+M
Capacité:	368 places	485 places	794 places
Année de constr.:	1978-1985	1988-1992	1993-...
Nombre de rames:	110	105	(en cours)

TGV - PSE

1981

Grande-Bretagne

ADVANCED PASSENGER TRAIN

Forts du principe du «innovons peu mais bien», beaucoup de réseaux des années 1970-1980 pensent que l'avenir se joue dans une seule politique de traction innovante en la combinant avec un autre perfectionnement qu'est la caisse inclinable. Le réseau britannique pousse le projet très loin. C'est la naissance de l'«Advanced Passenger Train» (APT), expression que l'on peut traduire par «train de voyageurs techniquement avancé».

Des performances équivalentes pour cinq fois moins cher

C'est bien ce que doit réaliser l'APT anglais si on le compare au TGV français, par exemple. Ce dernier demande avant tout la construction intégrale et sur de longues distances de lignes spéciales à grande vitesse dont le coût est bien sûr élevé. L'auteur Brian Hollingsworth prend comme exemple un trajet Paris-Marseille: avec le TGV, il se fait à une moyenne de 165 km/h, le tracé n'étant pas intégralement en ligne nouvelle (il emprunte la ligne classique au sud de Lyon). Pour lui, l'APT anglais réaliserait la même vitesse sur la même distance d'environ 800 km, ceci entre Londres et Glasgow, mais sur des voies classiques déjà existantes, grâce au système d'inclinaison des caisses. On économise donc la construction d'une ligne nouvelle spéciale.

Une histoire longue et mouvementée

L'histoire de ce train mériterait un ouvrage entier, les essais ayant tout compte fait duré 15 ans! L'idée de départ du centre d'essais anglais de Derby, en 1960, est excellente: elle procède de ce genre de progrès technique qui, à la longue, n'en est plus un, dans la mesure où, focalisé sur un seul problème, il en pose trop d'autres une fois la solution trouvée. Le problème est de rouler à très grande vitesse sur des voies anciennes, donc sinueuses, mais les solutions, elles, ont finalement tué dans l'œuf le train lui-même: l'APT, en effet, ne fera pas partie du chemin de fer de l'an 2000, oublié depuis le milieu des années 1980. Et pourtant, ironie du sort, les Italiens ont utilisé le même principe pour leur Pendolino, qui rencontre un grand succès actuellement: le réseau allemand en essaie avec une intention ferme de l'adopter!

Des essais très prolongés et une publicité très anticipée

Les études du train anglais, commencées en 1960, donnent en 1973 une rame à 4 caisses mue par une turbine à gaz capable de rouler à plus de 240 km/h. Des essais encourageants permettent d'envisager la construction d'une rame de série composée de 14 caisses et de 2 motrices (non inclinables) donnant 5970 kW. Comme le TGV français qui, lui aussi, connaît un stade turbine transitoire, l'APT abandonne la turbine pour des raisons de prix d'énergie et choisit la traction électrique. Mais un système très original de freinage par turbines hydrauliques est adopté. La première rame roule en 1978. Mais le système d'inclinaison des caisses, qui peut incliner jusqu'à 9°, n'est pas au point et donne des soucis, provoquant même un déraillement.

Les essais se prolongent et les British Railways vendent un peu trop tôt la peau de l'ours avant de l'avoir tué, ceci en diffusant trop largement et trop en avance des horaires publics: est-ce cela qui porte malheur à ce train exceptionnel et injustement frappé par le sort ? Toujours est-il que les pannes et problèmes techniques s'accumulent et que jamais la rame d'essais n'assurera un service régulier. Le Gouvernement britannique refuse l'autorisation de construire des rames de série et, malheureusement, le projet est abandonné, laissant aux seuls HST actuels de pratiquer des vitesses élevées en service régulier sur le sol britannique.

Caractéristiques techniques

Type: rame automotrice
Courant traction:
monophasé 25 000 V 50 Hz
Moteurs de traction: 4
Masse totale: 460 t
Capacité: 534 places
Longueur totale: 293,6 m
Vitesse: 240 km/h

Ci-dessus à la gare de York, une intéressante vue montrant le profilage très original de ce train.

APT-E

1985

Allemagne

ICE

L'«Inter-City-Express» (ou ICE) est un train de liaison entre les importantes métropoles allemandes, et il est destiné à rouler à 280 km/h. C'est un train très rapide, lourd, au grand confort très classique, mais différent du TGV français ou du Shinkansen japonais. Il a battu un record à 406 km/h en 1988.

Le concept Inter-City: le réveil

L'Allemagne de l'Ouest s'américanise après la guerre, et le «time is money» gagne les esprits. Mais c'est d'abord l'automobile allemande, avec ses autoroutes, qui relève le défi. La Deutsche Bundesbahn (le réseau ouest-allemand d'après-guerre) lance alors les relations rapides Inter-City avec des rames Diesel ou électriques, et le succès est tel qu'il faut assurer ces relations par trains classiques avec des locomotives capables de tenir le 200 km/h sur les portions de ligne l'autorisant. En particulier, le «Lufthansa Airport Express» traite, pour le compte de la compagnie aérienne allemande, des relations rapides par le rail et montre, d'une manière exemplaire, le pragmatisme des compagnies aériennes qui savent prendre le moyen de transport le plus performant selon les cas.

La vitesse: une tradition allemande

Il y a une tradition allemande de la vitesse, inaugurée dès 1903 avec le record du monde à 210 km/h, entre Marienfeld et Zossen, et, surtout, la mise en service, en 1933, des rames automotrices Diesel «Fliegender Hamburger», roulant à 160 km/h entre Berlin et les grandes villes allemandes. Mais la dernière guerre laissa le réseau allemand complètement détruit, puis la partition du pays en deux États indépendants impliqua une restructuration complète du réseau: au lieu d'un réseau comportant des relations Ouest-Est et Nord-Sud, il y eut deux réseaux orientés Nord-Sud, coupant entre eux la presque totalité des relations transversales et réduisant à l'état de tronçons les grandes lignes au départ de Berlin.

Cet état de fait ne permit plus une politique de vitesse: d'autres priorités étaient à l'ordre du jour, et le réseau est-allemand, en particulier, survécut dans un état de pénurie. Les lignes partant de Berlin, jadis lignes prestigieuses pour trains rapides, étaient tronquées par le rideau de fer. Les lignes Nord-Sud, comme celle de la vallée du Rhin, n'étaient pas tracées pour la vitesse. Le chemin de fer allemand des années 50 à 70 était lent, malgré quelques courtes relations à 200 km/h en RFA. C'est alors que le concept d'Inter-City vit le jour.

L'ICE: rêve devenu enfin réalité

Le succès du Shinkansen japonais, mais surtout celui du TGV français à partir des années 80, apparaît, pour les Allemands, comme un défi. Il n'est plus possible d'être en retard dans le domaine ferroviaire, alors que l'industrie allemande se trouve dans le peloton de tête des pays européens. L'ICE sera donc une image de marque pour l'industrie allemande et, surtout, permettra à cette industrie d'avoir quelque chose à exporter et de concurrencer l'hégémonie française dans le domaine de la vitesse sur rail. Mais la définition du prototype est longue et la mise au point laborieuse: l'unique rame ICE circule, bat des records de vitesse, et est montrée abondamment à la presse, alors que des centaines de TGV transportent déjà quotidiennement des millions de voyageurs depuis des années en France, à 270 ou 300 km/h sur un réseau de lignes nouvelles.

Caractéristiques techniques

Longueur de la rame: variable (jusqu'à 14 caisses)
Longueur d'une caisse: 26,4 m
Poids total: variable
Vitesse maximale: 280 km/h
Puissance: 9600 kW
Gabarit (largeur): 3,02 m
Gabarit (hauteur): 3,84 m

L'ICE est un train excellent, d'un très haut niveau de confort avec son gabarit généreux (au-dessus de celui du TGV, par exemple), mais à qui il manque, pour le moment, son réseau de lignes nouvelles, et à qui il manque surtout d'être fabriqué en série et de connaître l'expérience du service quotidien.

ICE

1987

Espagne

AVE

Si, pour les Français, l'AVE est très proche du TGV, il est au contraire très différent du matériel circulant sur le réseau ibérique. Mais il a su faire appel à des solutions originales pour parfaire son intégration.

L'Europe, une priorité

En 1987 a été lancé en Espagne un nouveau Plan de transport ferroviaire, portant notamment sur la modernisation des grandes lignes au départ de Madrid. Parallèlement se développait l'idée d'une ligne à grande vitesse sur le modèle du TGV français ou de l'ICE allemand. Après avoir hésité avec l'axe Madrid-Saragosse-Barcelone-frontière française, le plus chargé du réseau, le gouvernement a décidé de réaliser en priorité la liaison Madrid-Séville, à la faveur de l'Exposition universelle de Séville en 1992... et des origines sévillanes du premier ministre Felipe Gonzales.

Très raisonnable, le projet initial porte sur la seule section nouvelle Brazatortas-Cordoue (118 km) et la modernisation des extrémités existantes vers Séville et vers Madrid. En cas de succès, cette ligne à grande vitesse serait un élément décisif pour la réalisation de la liaison Madrid-Barcelone.

Mais, dans un souci d'intégration européenne – la CEE doit financer 30 % du projet – et dans l'euphorie d'une économie espagnole alors en pleine expansion, l'écartement standard européen (1,435 m) est choisi, et non la voie large de 1,668 m du réseau espagnol. Dès lors, il faudra construire la ligne Madrid-Séville en totalité – d'où un doublement du devis initial – et, contrairement aux autres réseaux européens, les trains à grande vitesse ne pourront poursuivre leur route sur les lignes classiques.

Cependant, la ligne nouvelle sera inaugurée comme prévu le 21 avril 1992, avec des hôtes de marque parmi ses premiers voyageurs: le roi Juan Carlos et toute sa famille. Une solution typiquement espagnole sera trouvée pour assurer les parcours directs au-delà de Séville sur le réseau à voie large: le recours à des rames TALGO équipées d'essieux à écartement variable, comme il en circule depuis la fin des années 1960 entre la France et l'Espagne. Suite au succès commercial de la ligne à grande vitesse Madrid-Séville, la décision a été prise de construire la ligne Madrid-Saragosse-Barcelone-France; les premiers travaux ont commencé en 1996, et l'exploitation (à l'horizon 2000-2005) s'effectuera dans un premier temps à l'écartement ibérique.

Le NAFA: Nouvel Accès Ferroviaire de l'Andalousie

Longueur: 471 km à voie de 1,435 m (soit 100 km de moins que la ligne classique par Linares - Baeza)
Viaducs: 31, totalisant 9,8 km
Tunnels: 17, totalisant 15,8 km
Rampe maximale : 12,5 ‰
Gares desservies: Madrid Atocha, Ciudad Real (nouvelle gare à l'extérieur de la ville), Puertollano, Cordoba Central, Sevilla Santa Justa (nouvelle gare), Sevilla Expo (nouvelle gare temporaire)

AVE (Alta Velocitad Española)

Similaire au TGV-Atlantique, l'AVE comporte 8 remorques intermédiaires au lieu de 10, et les aménagements sont répartis en 3 classes :

- club : 30 places
- preferente : 78 places
- tourista : 213 places

Longueur de la rame: 200 m
Masse totale en charge: 421 t
Charge maximale à l'essieu: 17,2 t
Puissance: 8800 kW sous 25 kV-50 Hz / 5400 kW sous 3 kVcc
Motorisation: 2 x 4 moteurs triphasés synchrones autopilotés, alimentés par onduleurs à thyristors
Caténaire et signalisation: équipement Siemens analogue à l'ICE
Parc: 16 rames, plus 8 en commande, dont 6 temporairement à l'écartement 1,668 m

Ci-contre et ci-contre, l'AVE avoue son air de famille avec le TGV français. Toutefois, l'aménagement intérieur est différent. Notez la voie standard.

AVE
07

1990

Suède

X-2000

Exportatrice de matériel ferroviaire, la Suède se devait d'avoir, elle aussi, son train à grande vitesse, ne serait-ce que pour affirmer l'image de marque de son industrie et conquérir de nouveaux marchés. Ce train existe et porte le nom très avant-gardiste de X-2000.

Une vitesse appréciable pour les réseaux existants

Le X-2000 roule à 200 km/h en service. Cette vitesse est certes celle de bien des trains classiques français depuis les années 1960 (comme le Capitole ou l'Étendard), mais elle constitue un progrès très net par rapport aux performances classiques du réseau suédois, surtout dans la mesure où elle est pratiquée sur les lignes existantes. Des essais à plus de 280 km/h ont d'ailleurs confirmé que le X-2000 peut réellement rouler très vite si l'infrastructure s'y prête.

Le X-2000 vu en courbe et du côté opposé à la motrice: la remorque d'extrémité est équipée d'une cabine de conduite pour la circulation en sens inverse. Les remorques sont des voitures classiques sur 2 bogies: il n'y a pas de bogies communs à 2 caisses comme dans le cas du TGV.

La technique du pendulaire

Le X-2000 reprend la technique dite du train pendulaire, essayée par les Britanniques avec leur Advanced Passenger Train sans succès, puis par les Italiens avec leur Pendolino, qui est une réussite. Le principe consiste à incliner les caisses du train dans les courbes, ce qui permet d'augmenter les vitesses sur les lignes classiques sinueuses sans créer de gêne pour les voyageurs et en conservant une haute sécurité. Le X-2000 a donc des caisses inclinables en courbe.

L'intérêt du système est d'ordre purement économique, donc commercial: il n'est nul besoin, avec un train pendulaire, de construire intégralement un réseau nouveau spécialement conçu pour la grande vitesse, comme c'est le cas en France avec le réseau du TGV. Il suffit simplement de faire rouler le train immédiatement sur les lignes déjà existantes: on obtient, à peu de frais, un gain de vitesse se situant entre 20 et 30 %.

Mais, à la présence du système pendulaire s'ajoute celle de la présence d'essieux radiants, c'est-à-dire d'essieux montés sur des bogies spéciaux assurant un guidage radial en courbe: l'inscription en courbe est parfaite, et les boudins de guidage des roues n'«attaquent» pas les rails en biais.

Un train à vendre

Tous ces arguments, d'après les techniciens de la firme suédoise ABB, sont très importants commercialement auprès de réseaux de pays à faibles moyens financiers mais désireux d'améliorer leurs performances. C'est le cas, par exemple, du réseau voyageurs américain qui se débat dans de graves difficultés – les Américains ne prennent jamais le train – et doit lutter dans une âpre concurrence pour survivre: un train pendulaire pourrait être la solution, dans la mesure où les pouvoirs publics américains n'avanceront jamais un centime à leur réseau ferré pour la construction de lignes nouvelles. Des essais entre New York et Washington à 240 km/h (au lieu des 200 km/h des Metroliner classiques américains) en 1993 ont été intéressants, mais apparemment non suivis d'une commande ferme. Pour le moment, le X-2000 circule entre Stockholm et Göteborg, en Suède.

Caractéristiques techniques

Type: rame automotrice
Composition: motrice + 5 remorques
Puissance: 3260 kW
Courant: 15 000 V alternatif 16 2/3 Hz
Capacité: 288 places
Longueur: 140 m

1992

France

TGV RÉSEAU

Les rames dites du TGV Réseau sont dérivées de celles du TGV Atlantique. Elles sont plus courtes pour pouvoir circuler sur l'ensemble du réseau et ne pas poser des problèmes de garage, mais elles sont plus performantes et plus confortables. Mais surtout, elles assureront le service Nord-Europe.

L'idée de réseau TGV

Cette appellation est un prélude à la création d'un véritable réseau TGV en France et dans le nord de l'Europe. Jusqu'à présent, en effet, la SNCF disposait de trois lignes spéciales à grande vitesse: Paris-Lyon, Paris-Tours/Le Mans et Paris-Fréthun (Calais). Les deux premières lignes citées ont des prolongements sur des lignes classiques améliorées ou non irriguant l'une le sud-est de la France et l'autre la façade atlantique.
L'étape suivante, entrée dans les faits depuis 1994, consistait à créer un véritable réseau TGV: jonctions entre les lignes existantes, interconnexions en Ile-de-France, prolongements de lignes à grande vitesse comme celle atteignant Valence et bientôt Marseille, gares nouvelles comme Lille-Europe, Roissy, Marne-La-Vallée-Chessy, Satolas (Lyon) ou encore Haute-Picardie (Amiens/Saint-Quentin), études de lignes nouvelles comme le TGV Languedoc-Roussillon ou le TGV Rhin-Rhône. Bref: en 1994, la SNCF dispose, pour faire circuler ses TGV, de 1215 km de lignes nouvelles à grande vitesse (270/300 km/h) intégrées dans un réseau de 5700 km de lignes classiques aménagées (200/220 km/h).
En 1995, le trafic voyageurs TGV était de 260 millions de personnes, et environ 50 % du trafic grandes lignes était assuré par des TGV.

Caractéristiques techniques

Type: rame automotrice
Composition: M+8R+M
Courant: 25 000 V 50 Hz, 1500 V continu, 3000 V continu, 15 000 V 16 2/3 Hz
Puissance: 8800 kW
Capacité: 377 places
Vitesse: 300 km/h
Masse: 383 t

Le matériel roulant

Les rames TGV Réseau sont des rames TGV Atlantique, mais modifiées. Le premier coup d'œil montre qu'elles sont plus courtes, puisqu'elles n'ont que 8 remorques (au lieu de 10) encadrées par 2 motrices. La rame est donc de la même longueur que celles de la ligne Paris-Sud-Est, mais elle s'en distingue par une livrée bleue et argent et un avant de type purement TGV-A. Elles offrent 377 places au lieu de 485 pour une rame Atlantique. Elles sont capables, avec leur plus grande puissance massique, de soutenir plus facilement de grandes vitesses sur de longs parcours. Elles sont plus confortables du fait de leur étanchéité aux ondes de pression (entrées dans les tunnels, croisement avec d'autres trains). Et elles sont plus sûres grâce à leur équipement de contrôle de vitesse par balise (dit KVB).
Il existe deux types de TGV Réseau: d'une part les 50 rames (sur 80 commandées) bicourant et tricourant circulant sur le réseau SNCF et d'autre part les 4 rames (sur 14 commandées) tricourant circulant aussi sur les réseaux belge et néerlandais dont les types de courant diffèrent.
Les TGV Réseau ont commencé à circuler en mai 1993 entre Paris, Arras et Lille, soit l'amorce de ce que la SNCF appelle le service Nord-Europe. En 1996, ce service forme un réseau englobant Londres, Bruxelles, Cologne, Francfort et Amsterdam.

Un TGV Réseau en pleine vitesse sur la ligne de la vallée du Rhône rive gauche. Les anciennes rames orange, toujours en circulation sur la ligne bien sûr, seront repeintes en livrée type TGV-A et il faudra un bon coup d'œil pour les distinguer des TGV-R. Ci-contre, un TGV Réseau au départ dans la gare du Nord à Paris pour Lille. La livrée et le carénage sont bien du type TGV-A.

TGV RÉSEAU

1994

Italie

ETR 500

Le développement de la grande vitesse en Italie est un fait acquis depuis plusieurs années. Les rames automotrices électriques ETR 450, 460 et 500 circulent à des vitesses plaçant leur pays dans le club très fermé des nations connaissant la grande vitesse ferroviaire en service quotidien. Mais le ETR 500 est le seul type à pouvoir offrir, dès que la direttissima le permettra, la vraie grande vitesse à 300 km/h.

L'arrivée attendue des ETR 500

Alors que les ETR 450 et 460 courent et s'inclinent dans les courbes, l'ETR 500 fait, depuis la fin des années 1980, des essais intensifs. Une très belle rame verte et blanche, au «design» signé Pininfarina, est apparue avec l'appellation ETR X-500. Mais, pendant quelques années, elle a joué quelque peu les Arlésiennes en faisant attendre sa mise en service effective et sa production en série.

Il y a eu ensuite 2 rames de présérie, dont l'une s'est distinguée par un parcours à 316 km/h sur la direttissima avant d'assurer des liaisons en service dans le sud de l'Italie. Classiques, et sans système pendulaire cette fois, ces rames ETR 500 ont montré de réelles qualités. Elles sont capables d'atteindre rapidement un bon 300 km/h grâce à leurs 8800 kW (4400 kW par motrice), en dépit de la charge représentée par 11 remorques et 592 voyageurs.

La livraison récente de 4 autres rames ETR 500 – ce qui porte le parc à 6 rames – permet de les intégrer dans le service à grande vitesse effectué déjà avec les ETR 450 et ETR 460, mais en roulant pour le moment à 250 km/h.

La genèse de la grande vitesse italienne

C'est bien l'association de trois types d'automotrices à grande vitesse, les ETR 450, ETR 460 et ETR 500, qui constitue la réalité de la grande vitesse italienne actuelle. L'ouverture complète, en 1992, de la ligne «direttissima» Rome-Florence a certes marqué une étape importante, avec la circulation à 200 km/h de trains classiques qui roulaient, jusque-là, à 160 km/h sur des lignes conventionnelles aménagées.

La descendance de la rame automotrice pendulaire ETR 401, datant de 1976, a donné une série de 15 rames du type ETR 450, capables de donner 54 000 kW, et de rouler à 250 km/h dès 1988 sur les liaisons Milan-Rome, puis Rome-Bologne-Venise, et enfin Rome-Florence-Gênes. La circulation, à partir de 1992, sur la direttissima, a sensiblement augmenté les performances de ces rames.

Les enseignements des ETR 450 ont conduit les chemins de fer italiens à commander une version différente, les ETR 460, apparus en 1995: ces nouvelles rames, pendulaires toujours, se distinguent par une puissance accrue passée à 5880 kW et permettant de meilleures accélérations. Elles sont engagées sur les relations déjà assurées par les ETR 450, laissant à ces dernières de nouvelles relations comme Rome-Naples, Milan-Ancône, Rome-Turin par Florence, etc.

Le 300 km/h sans le pendulaire

Quand la signalisation de la direttissima sera transformée pour le permettre, les ETR 500 rouleront à 300 km/h sur cette nouvelle ligne. La liaison Rome-Florence-Milan sera alors effectuée en moins de 4 h 30 min, et l'Italie aura une ligne nouvelle et une grande vitesse tout à fait comparable au TGV français. Il est intéressant de noter que l'Italie, après s'être faite la championne du pendulaire jusqu'à des vitesses de l'ordre de 250 km/h, semble renoncer à cette technique pour le 300 km/h et revenir à une conception classique du type TGV non pendulaire, roulant sur une ligne nouvelle à grande vitesse spécialement construite. La technique du pendulaire aurait-elle ses limites?

Caractéristiques techniques

Type: rame automotrice 2 motrices, 8 à 14 remorques
Courant traction: 3000 V continu
Puissance: 8800 kW
Moteurs: asynchrones
Capacité maximale: 714 voyageurs
Longueur maximale: 355 m
Vitesse: 300 km/h

Élégance et classicisme sont au rendez-vous de la réussite technique. A quand le 300 km/h en service courant.

ETR 500

1995

France / Grande-Bretagne

LE TUNNEL SOUS LA MANCHE

Le projet remonte à 1802. Il est présenté à Napoléon qui, bien que rêvant d'envahir l'Angleterre, ne croit guère dans ce tunnel pour chevaux et fantassins, éclairé par des torches et nettoyé par une armée de balayeurs faisant la chasse au crottin. Le chemin de fer en général et Eurostar en particulier ont rendu les choses plus faisables.

Le forage

Il a fallu réaliser 152 km de tunnels, dont 100 à grand gabarit de 100 m^2 de section, entre la France et la Grande-Bretagne, ceci au moyen d'immenses machines de forage (ou tunneliers), conjugués avec la technique du confinement de l'eau en avant d'une cloison étanche placée derrière la tête de forage. L'évacuation des déblais a créé, en France, une colline artificielle et, en Angleterre, des lagons artificiels pris sur la mer et équivalant à la surface de 45 ha, soit 40 terrains de football, d'après l'auteur Jérôme Spick. La mise en place de voussoirs (ou éléments de tunnel en béton préfabriqués et stockés à Sangatte et à Isle of Grain) s'est faite au fur et à mesure de l'avancée des tunneliers, transportés par des trains de chantier dont les voies ont été posées dans les tunnels provisoirement. Le percement proprement dit, commencé en 1989, a été terminé en 1991. Il n'a causé aucun accident et n'a fait aucune victime.

Le traité de Cantorbéry

Signé le 12 février 1986 et entré en vigueur le 29 juillet 1987, ce traité met fin à presque deux siècles de projets et de démarches, d'avancées et de reculs, de débuts de creusement et d'abandons de chantier. Du pont suspendu au tunnel en verre permettant d'admirer les fonds sous-marins, du train étanche roulant sur le fond de la mer au train flottant, tout a été envisagé, mais rien n'a été fait, et quand, en 1883, quelques centaines de mètres d'un tunnel ferroviaire classique sont enfin creusés de part et d'autre, on croit que, enfin, les choses ont pris une tournure décisive! Il ne reste plus qu'un siècle à attendre encore.

Ce traité prévoit que l'ouvrage est concédé à un consortium privé sans aucune intervention financière directe ou indirecte de la part de la France ou de la Grande-Bretagne. Il bénéficiera alors d'une liberté de gestion tant pour la politique commerciale que tarifaire. Toutefois les pouvoirs politiques ont un droit de contrôle en ce qui concerne la sécurité avant tout, mais aussi les problèmes militaires et la protection de l'environnement. De nombreuses inconnues, notamment en matière de sécurité, ont du être précisées et concrétisées: ventilation, risque d'incendie à bord des trains, risque de collision des trains, risque de pénétration de personnes indésirables ou d'attentats.

Les terminaux

A Coquelles, en France, par exemple, il a fallu déplacer 12 000 000 de m^3 de terre pour réaliser l'immense gare dans laquelle les navettes évoluent sur une boucle avant de se mettre à quai. L'atelier de maintenance du matériel roulant occupe une surface de 10 000 m^2. Du côté britannique, il a fallu pomper l'eau de la mer à partir d'un bateau pour surélever de 12 m le terminal, qui est situé dans une cuvette.

La signalisation ferroviaire

Elle est identique à celle de la ligne à grande vitesse du nord de la France. Elle comprend des postes d'aiguillage pour les commandes des itinéraires (notamment pour les mouvements de l'un à l'autre des deux tunnels jumelés), et un système de transmission voie-machine, le TVM 430 assurant la visualisation des informations vitesse en cabine et le contrôle de la vitesse depuis le poste. Elle permet la prise en compte de plusieurs catégories de trains à vitesses et capacités de freinage très différentes, tout en permettant une faible longueur des cantons pour maintenir un fort débit dans le tunnel. Un calculateur embarqué à bord du train permet la circulation de trains aussi différents que les Eurostar, les navettes Shuttle type poids lourds ou voitures de tourisme, et les trains de marchandises classiques.

Ainsi chaque heure, 4 navettes avec voitures particulières et passagers, 5 Eurostar, plusieurs navettes avec des poids lourds pourront circuler dans chaque sens, le nombre total de voyageurs par heure pouvant atteindre 14 000. La Grande-Bretagne n'est plus une île, mais elle devra s'habituer à cette réalité et changer bien des habitudes politiques, commerciales, économiques.

Ci-dessous, une vue de l'un des deux tunnels à voie unique formant le tunnel sous la Manche: 152 km de tunnels sont creusés sur une distance de 50 km, si l'on ajoute le troisième tunnel de service.

LE TUNNEL SOUS LA MANCHE

1996

France

TGV DUPLEX

Comment transporter presque deux fois plus de personnes sans augmenter la longueur d'un train? Les ingénieurs de la SNCF viennent d'appliquer au TGV la très ancienne formule de l'«impériale» sous Napoléon III, qui consiste à loger les voyageurs sur deux niveaux. Mais une gageure supplémentaire s'est présentée: la limitation du poids. Alors, vive l'aluminium!

Faire léger et solide

L'ensemble de la conception du TGV Duplex a été placé sous cette double contrainte: la légèreté et la solidité. Les remorques sont en alliage d'aluminium dit de type 6000 (alliage au magnésium et au silicium) et sont composées d'extrémités moulées en une seule pièce pouvant résister à 2000 kN en compression, et de faces latérales obtenues par assemblage de profilés tubulaires. Les planchers sont constitués de profilés et de panneaux composites en aluminium en «nid d'abeilles», et les parties supérieures sont en aluminium soudé.

Les bogies, les freins ont fait l'objet de nouvelles études avec des outils de simulation permettant un allégement et une robustesse accrues. Par exemple, les axes des essieux sont forés et chaque pièce du châssis a été allégée, donnant une réduction de poids d'une tonne par bogie.

Pourquoi un TGV à deux niveaux?

C'est le succès. Ce train transporte de plus en plus de voyageurs, et la SNCF est bien consciente du fait que répondre rapidement à la demande c'est assurer l'avenir. Or une réponse, même rapide, se prépare longtemps à l'avance, et c'est dès 1987 que le projet d'un TGV 2 Niveaux est lancé, avant de prendre le nom de Duplex.

On aurait pu, pensera-t-on, simplement augmenter le nombre de rames en circulation, ou bien les allonger par adjonction de remorques supplémentaires. Mais augmenter le nombre de trains en circulation sur une ligne crée de lourdes contraintes de signalisation et d'exploitation. Allonger les trains demande, alors, un allongement des quais et, même, la reconstruction entière de gares ou, pour le moins, le remaniement en profondeur des installations et du tracé des voies.

La seule solution économiquement rentable et rapide à mettre en œuvre est bien le train à deux niveaux, comme le dernier matériel très moderne et performant que la SNCF engage sur la banlieue. Mais il ne suffit pas d'augmenter les capacités, avec le TGV: il faut rester au-dessous de la charge à l'essieu permise. Le choix final a été fait en faveur de l'aluminium, confirmé par des essais de collision expérimentale en grandeur réelle dont la presse n'a pas manqué l'aspect spectaculaire.

Ci-contre, une des premières rames TGV Duplex en service. Notez la cabine proche de celle des «Thalys». Ci-dessous, la liaison entre les caisses avec intercirculation par le niveau supérieur.

Caractéristiques techniques

Type: rame automotrice 2 motrices et 8 remorques
Courant traction: monophasé 25 000 V 50 Hz/continu 1500 V
Puissance: 8800 kW (sous 25 000 V)
Moteurs: 8
Type de moteur: triphasé synchrone
Masse: 380 t
Masse en charge: 424 t
Capacité: 515/520 places
Longueur totale: 200,19 m
Vitesse: 300 km/h

Mais offrir de l'espace...

La circulation d'une remorque à l'autre se fait uniquement par le niveau supérieur, des escaliers permettant, dans chaque remorque, l'accès au niveau inférieur. L'espace entre les sièges est augmenté par rapport à celui des TGV classiques, et, surtout, tous les sièges offrent une visibilité complète, faisant oublier les «places pour aveugles» disposées derrière les trumeaux (séparant deux fenêtres). Les hauteurs sous plafond, bien qu'il s'agisse d'un train à deux niveaux, sont tout à fait dans les normes habituelles: il n'y aura pas de sentiment de claustrophobie.

... et de la vitesse

Reconnaissable à ses nouvelles cabines à poste de conduite central et à son gabarit plus haut que celui des rames classiques, ce nouveau TGV roulera à 300 km/h comme ses prédécesseurs, et a été mis en service progressivement dès fin 1996.

TGV DUPLEX

1997

France

LE NOUVEAU THALYS

Les «vraies» rames Thalys quadricourant sont livrées au fur et à mesure de leur sortie d'usine. Capables de circuler sous les courants français, belge, hollandais et aussi allemand, elles ont une forme très proche de celles des rames TGV Duplex à deux niveaux de la SNCF. Leur arrivée modifie complètement les données des voyages dans le nord de l'Europe.

Un changement de ligne

C'est la nouvelle ligne Lille-Bruxelles qui permettra bientôt aux TGV de relier Paris à Bruxelles par la ligne Paris-Lille à une vitesse de 300 km/h, mettant la capitale belge à un peu moins d'une heure et demie de la capitale française. La ligne Paris-Bruxelles par Creil, Saint-Quentin, Aulnoye prend, dès maintenant, un statut de ligne régionale, mais la qualité et le nombre des relations Paris-Saint-Quentin-Maubeuge, assurées par trains Corail, reste à son niveau précédent, remarquable par sa vitesse commerciale élevée.

Les TGV sont, pour le moment, soit des rames classiques bleues et grises de type «Réseau», soit des rames dites Thalys, tout à fait analogues techniquement, mais de couleur rouge sombre et gris, et offrant un confort intérieur accru. Composées de 2 motrices encadrant 8 remorques, comme les rames «Réseau», ces rames sont toutefois tricourant pour accepter le monophasé 25 000 V 50 Hz français, le 3000 V continu belge et le 1500 V continu hollandais. Elles sont en service à titre provisoire en attendant les «vraies» Thalys.

Le nouveau matériel

Les 4 réseaux concernés ont commandé 27 rames à grande vitesse aptes à atteindre 300 km/h (et 220 km/h sur lignes classiques aménagées), et 9 de ces rames seront la propriété de la SNCF. La commande, d'une valeur de 548 millions d'écus, a été passée auprès de GEC Alsthom après une consultation internationale. La société néerlando-belge «Total Design» a trouvé le nom «Thalys» et conçu l'aménagement intérieur et la livrée des rames.

La cabine de conduite comporte un pupitre central, comme pour les TGV Duplex. La sécurité, surtout pour la résistance aux chocs frontaux, est primordiale. La rame est équipée de téléphones, toilettes pour handicapés, compartiments 6 personnes en 1re classe, nursery, bar et espace jeux pour enfants. La majorité des places sont non-fumeurs (68 % en 1re et 78 % en 2e classe).

Le temps de voyage définitif sera, depuis Paris, de 1 h 20 pour Bruxelles (contre 2 h 05 actuellement), 3 h 15 pour Amsterdam ou pour Cologne (contre plus de 5 h actuellement).

Caractéristiques techniques

Type: rame automotrice
Composition: M+8R+M.
Courant: monophasé 25 000 V 50 Hz, 1500 V continu, 3000 V continu, et monophasé 15 000 V 16 2/3 Hz
Puissance: 8800 kW
Capacité: 377 places (dont 120 en 1re cl)
Vitesse: 300 km/h

Un marché immense

Pourquoi Thalys et ce projet nord-européen? Effectivement, la SNCF, jusqu'à présent, a privilégié les relations nationales pour son réseau TGV, commençant par la desserte Paris-Sud-Est, puis celle de la façade atlantique. Ce n'est pas parce que le marché du nord de l'Europe était moindre, bien au contraire. Mais il fallait, pour construire ce réseau, un accord international qui a été très long à obtenir, même quand le TGV avait déjà abondamment fait ses preuves. Ce n'est que le 28 janvier 1993 que les réseaux belge, français, allemand et néerlandais ont signé un protocole d'accord relatif à l'exploitation de la liaison Paris-Bruxelles-Cologne-Amsterdam, et ce n'est que le 17 janvier 1995 que le directeur général des Grandes Lignes internationales de la SNCF a pu présenter les étapes du projet Thalys à la presse.

En ce moment, on peut compter 21 millions de voyages annuels effectués par train, par avion ou par route entre la région de l'Ile-de-France, la Ruhr, la Rhénanie et l'agglomération Rotterdam-La Haye-Amsterdam. Il suffit de regarder une carte routière pour constater l'existence d'un réseau très dense d'autoroutes reliant ces pôles. L'objectif des réseaux ferrés concernés est, avec Thalys, de prélever 6,5 millions de voyages sur ce marché.

Page 233, le «faux» et le «vrai» Thalys côte à côte en gare du Nord. Ci-contre, la cabine inspirée de celle des TGV Duplex.

LE NOUVEAU THALYS

1997

Allemagne

ICE-2

En 1997, l'ICE-2 voit le jour, en Allemagne, sous la forme d'un prototype qui annonce la nouvelle génération de trains Inter City Express. Le succès des 60 rames ICE, qui transportent tous les jours environ 70 000 voyageurs, a conduit le réseau allemand à commander d'autres rames, mais qui sont différentes sur bien des points.

Le projet de l'ICE-2

C'est pourquoi les ingénieurs du réseau allemand ont étudié d'autres solutions et en sont venus à adopter le principe de rames courtes ne comportant que 5 à 6 voitures et une seule motrice. La rame peut circuler dans les deux sens grâce à la présence d'une voiture pilote comportant une cabine de conduite à l'extrémité opposée à celle de la motrice. Mais il est possible de coupler deux rames pour obtenir, en cas de besoin, une grande rame double, dont la contenance équivaut pratiquement à celle d'une rame ICE classique. A la fin de 1992, la DB lance son appel d'offres pour ses nouvelles rames ICE-2 auprès de l'industrie allemande. Si les moteurs asynchrones et le freinage de l'ICE, tout comme les cabines de conduite et les formes générales, restent conservées, d'importantes différences marquent le nouveau matériel. D'abord, la présence d'attelages type Scharfenberg permettant le couplage des rames et assurant aussi la jonction des conduites pneumatiques et des fibres optiques transmettant les informations. Ces attelages bénéficient de la protection de trappes rétractables quand ils ne sont pas utilisés. Ensuite, une informatique complètement remaniée, de nouveaux équipements pneumatiques, de nouveaux systèmes annexes électriques, constituent aussi la nouveauté de l'ICE-2. Enfin, la présence d'une cabine de conduite dans une voiture pilote constitue, pour l'observateur, un élément significatif.

L'enseignement des premiers ICE

Les premières rames ICE en service commercial étaient formées de deux motrices encadrant un long train pouvant comporter jusqu'à 14 voitures.
La conception même des voitures, indépendantes comme celles de trains classiques, permettait ce que l'on appelle la «modularité», c'est-à-dire l'ajout ou le retrait de voitures en fonction des besoins ou caractéristiques des services à assurer. Au contraire, bien des trains à grande vitesse d'autres pays, comme le Shinkansen japonais ou le TGV français, ne sont pas «modulables» et sont des rames indéformables formant un ensemble articulé. Tout au plus peut-on, avec le TGV, obtenir une «modularité» restreinte en couplant les rames en cas de besoin. L'expérience du service commercial de l'ICE, à partir de 1991-1992, enseigna que, dans les faits, la «modularité» est peu exploitable dans le cadre d'horaires serrés et que l'ajout ou le retrait de voitures entraîne des immobilisations et des complications affectant l'efficacité du service. De fait, la DB fait circuler des rames à composition constante.

Caractéristiques techniques

Courant: 15 000 V 16 2/3 Hz
Puissance: 5000 kW
Capacité: 394 pl. dont 105 en 1re classe
Masse (motrice): 78 t
Masse (voiture pilote): 52,8 t
Masse (voiture): 46,5 à 52 t
Longueur totale: 205,4 m
Vitesse: 280 km/h

La réversibilité à 280 km/h?

La grande inconnue reste le comportement d'un train intégralement poussé par une motrice se trouvant donc en queue, ceci à une vitesse prévue de 280 km/h. Les ingénieurs craignent surtout les effets de forts vents latéraux et songent à équiper les lignes de paravents sur les points sensibles ou à réduire la vitesse des trains en cas de conditions climatiques défavorables. Mais les calculs et les essais les laissent confiants. Déjà, ils songent à la troisième génération de ICE, le ICE-2.2, qui aurait, à l'instar des trains à grande vitesse japonais, un nombre d'essieux moteurs soit intégral, soit très élevé, et offrirait plus de 450 places assises.

Ci-contre et ci-dessous, en attendant l'ICE-2, retour sur l'ICE-1 en service quotidien et avec succès sur les lignes allemandes.

50
6

1997

France

NOUVEL AUTOMOTEUR TER

La grande vitesse, en France, a changé les habitudes et les exigences de la clientèle de la SNCF; ainsi, notamment, elle admet avec réticence de prolonger un voyage, commencé en TGV, avec un autorail lent et inconfortable, datant d'un autre âge. L'automoteur TER est désormais chargé de relever le défi.

Les origines

La SNCF s'est engagée, depuis 1987, dans une réflexion avec les collectivités régionales pour redéfinir et remodeler les transports quotidiens régionaux, les moderniser, les accélérer, mais aussi pour mieux informer les clients effectifs et potentiels, et enfin pour équilibrer les comptes. De cette réflexion est né le concept de Transport Express Régional ou TER, et, concrètement, on a vu des trains ou des autorails classiques circuler sous cette appellation, notamment en Alsace avec le TER 200.
Mais, en 1991, les Conseils régionaux et la SNCF ont mis en place des études d'un matériel spécifiquement TER, et dont le design a été particulièrement soigné pour aider à la mise en place d'une image forte, ceci avec les stylistes MBD et Cabinet Avant-Première. Les amateurs de chemins de fer n'ont pas manqué de noter, à la vue des premières maquettes ou dessins, que l'automoteur TER ressemblait quelque peu au fameux autorail Bugatti des années 1930: un rappel volontaire ou non?

Un marché de 250 exemplaires

En 1996, le constructeur GEC-Alsthom signe, avec la SNCF et les régions de la France, un contrat portant sur 250 exemplaires (dont 100 sont commandés ferme) de ce que l'on appelle désormais l'automoteur TER. Pratiquement financé par les régions, l'automoteur – que l'on ne veut pas appeler autorail pour préserver une image de marque spécifique – traduit la volonté des collectivités régionales françaises de redévelopper le transport par rail et d'en faire, à leur échelon, un prolongement du réseau à grande vitesse offrant les mêmes qualités de rapidité et de confort.

Si la Basse-Normandie commande 15 exemplaires tricaisses formés de deux motrices encadrant une remorque, l'ensemble des autres régions commande des bicaisses: 12 pour le Centre, 15 pour le Rhône-Alpes, 12 pour l'Aquitaine, 10 pour la Loire et le Midi-Pyrénées, 5 pour le Languedoc-Roussillon et pour le Poitou-Charentes. D'autres régions, comme l'Alsace ou la Champagne-Ardennes sont en attente de convention.
Les véhicules seront livrés à ces régions à partir d'août 1997, après la livraison de 2 rames de présérie destinées à des essais intensifs en 1996.

Originalité et performances

L'automoteur TER est constitué de 2 motrices dont chaque bogie a un essieu moteur et un essieu porteur. Comme chaque motrice comporte 2 moteurs diesel, la rame totalise donc 4 moteurs. Même en cas de défaillance d'un moteur, les performances commerciales annoncées sont maintenues. Chaque moteur possède sa propre transmission hydraulique, et si le freinage est à disques, il est possible d'obtenir un freinage hydraulique pour maintenir une vitesse stabilisée dans les longues pentes, ce qui économise les semelles de frein.
Les caisses, entièrement carénées, sont en acier inoxydable et sont prévues pour l'absorption des chocs. Le confort est exemplaire, notamment avec des espaces dégagés pour les voitures d'enfant ou les fauteuils roulants. Les planchers sont surbaissés et d'un accès facile. La SNCF songe à un futur TER électrique pouvant rouler à 200 ou même à 250 km/h.

Ci-dessous, la finesse du design soigné jusque dans les moindres détails.

Caractéristiques techniques

Type: A1+1A couplé avec ou sans remorque intermédiaire

Moteurs: 4, diesel
Puissance: 4 x 300 kW
Transmission: hydraulique
Masse totale: 125,8 t

Capacité: 140 places
Puissance totale: 1200 kW
Longueur d'un élément: 25,45 m
Vitesse: 160 km/h

C. Lamming

NOUVEL AUTOMOTEUR TER

1998

France Suisse

TGV «LIGNE DE CŒUR»

Si le réseau à très grande vitesse de la SNCF est bien perçu comme un fait national pour les Français, il est tout aussi vrai que les TGV vont en Suisse, ceci depuis leur création. Les rames tricourant construites spécialement pour la Suisse ont desservi Lausanne, puis ont prolongé leur trajet jusqu'à Berne. Maintenant, c'est Zurich, avec un nouveau logo et une nouvelle décoration.

Le GIE France-Suisse

Né en 1993, le Groupement d'intérêts économiques pour le développement des TGV reliant la France et la Suisse comprend une équipe d'une demi-douzaine de personnes détachées des réseaux des deux pays concernés et dispose d'un budget octroyé par les deux réseaux, celui de la SNCF et celui des CFF (Chemins de Fer fédéraux suisses), budget qui est principalement consacré à la promotion du TGV. Les recettes sont directement encaissées par les réseaux et la part versée au GIE est à raison de 8/9e pour la SNCF et de 1/9e pour les CFF. Sur les 9 rames tricourant TGV, une a été achetée par le réseau suisse et les 8 autres restent la propriété du réseau français. Le chiffre d'affaires du GIE a dépassé 300 millions de francs en 1996. La création la plus remarquée a été celle du TGV des Neiges (Paris-Sion-Brigue). Pour l'année 1996, l'ensemble des lignes concernées par le GIE a transporté plus de 1 200 000 voyageurs.

Et Genève?

Les TGV bicourant assurant la liaison Paris-Genève connaissent un bon taux d'occupation, et bien des relations sont assurées en unité multiple avec deux rames. Toutefois, les TGV de Genève ne dépendent pas du GIE qui, pour le moment, gère surtout les relations vers Lausanne et Zurich. La concurrence aérienne est très forte sur la relation Paris-Genève. Les nombreux avions font le vol en 45 min, un temps qui est, bien sûr, à augmenter de la durée des trajets entre les aéroports de Roissy ou de Genève-Cointrin et le centre des villes, et des formalités douanières (la Suisse n'est pas encore dans la CEE), ce qui donne un total dépassant 2 heures. Le voyage en TGV demande actuellement 3 h 30 de centre ville à centre ville, ce qui reste compétitif avec un billet TGV en 1re classe coûtant seulement le quart du billet avion en classe économique et offrant un tout autre confort. Les TGV de Genève pourraient mieux rivaliser avec les avions si, après avoir quitté la ligne à grande vitesse, ils prenaient la ligne directe rejoignant Bourg à Bellegarde par Nantua, évitant alors le long détour par Culoz. Il faudrait électrifier cette ligne et la doter d'un système de signalisation permettant la circulation en voie unique. Mais les finances manquent...

La «Ligne de cœur» Paris-Zurich

Comme les relations Thalys et Eurostar, les TGV reliant Paris et la Suisse ont reçu une appellation, «Ligne de cœur». Cela se traduira par une redécoration complète des 9 rames tricourant, un logo spécial, un magazine trimestriel distribué à bord, des services de haute qualité, une restauration signée Mitropa. Si le TGV desservait Berne jusqu'à présent, la prolongation vers Zurich est intéressante dans la mesure où l'on accède à un bassin de population de plus d'un million d'habitants. Le trajet demandera environ 6 heures, mais intéressera surtout les touristes – groupes arrivant à l'aéroport de Zurich et voulant visiter la Bourgogne ou Paris après la Suisse. L'entrée en service de cette nouvelle relation mettra fin à la relation classique directe par train Corail utilisant la ligne Paris-Bâle et effectuée en grande partie en traction diesel.

P.239, et ci-contre, les rames affectées à la «Ligne de cœur» se reconnaissent à leur sigle spécial en forme de cœur.

TGV «LIGNE DE CŒUR»

INDEX